国家社科基金一般项目"基于生态视角的资源型区域经济转型路径创新研究"(15BJL034)

资源型区域经济转型路径创新研究
——基于生态视角

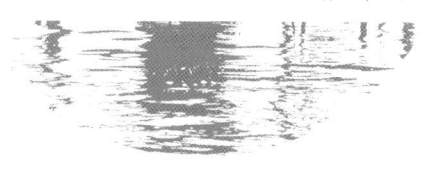

张国兴 等 著

中国社会科学出版社

图书在版编目（CIP）数据

资源型区域经济转型路径创新研究：基于生态视角／张国兴等著．—北京：中国社会科学出版社，2022.5
ISBN 978-7-5227-0164-6

Ⅰ.①资… Ⅱ.①张… Ⅲ.①区域经济发展—资源经济—转型经济—研究—中国 Ⅳ.①F127

中国版本图书馆CIP数据核字（2022）第073013号

出 版 人	赵剑英
责任编辑	刘晓红
责任校对	周晓东
责任印制	戴 宽
出　　版	中国社会科学出版社
社　　址	北京鼓楼西大街甲158号
邮　　编	100720
网　　址	http://www.csspw.cn
发 行 部	010-84083685
门 市 部	010-84029450
经　　销	新华书店及其他书店
印　　刷	北京君升印刷有限公司
装　　订	廊坊市广阳区广增装订厂
版　　次	2022年5月第1版
印　　次	2022年5月第1次印刷
开　　本	710×1000 1/16
印　　张	20.25
插　　页	2
字　　数	324千字
定　　价	118.00元

凡购买中国社会科学出版社图书，如有质量问题请与本社营销中心联系调换
电话：010-84083683
版权所有　侵权必究

前　言

　　资源型区域的经济转型是世界性难题,长期重工业化的发展模式使得资源富集区的产业经济水平较低,缺乏科技含量高和创新能力强的产业支撑,导致区域经济产业链条短和经济发展缺乏可持续性,最终不得不经历由初期资源高强度开发到资源枯竭期的"资源陷阱",由此引发严重的经济增速放缓、环境破坏和失业等问题。在中国经济高质量发展背景下,资源型区域经济转型过程中必然面临着资源开发与补偿、资源产业衰退与援助、新旧产业续接与发展和生态环境等关键性矛盾,当前亟须通过经济转型路径创新破解发展瓶颈和生态困境。因此,基于生态视角的资源型区域经济转型路径创新,是促进资源型区域生态环境与经济协调发展,也是实现资源型区域高质量发展的必由之路。

　　本书以资源诅咒理论、经济转型理论、可持续发展理论和路径选择理论,对资源型区域按空间分布和生命周期进行界定;依据资源型区域的界定划分,分析了不同资源型区域经济发展的路径依赖;根据高质量发展理念,构建资源型区域经济转型评价体系;运用计量经济学和博弈方法,检验了由路径锁定效应带来的资源型区域煤炭租值耗散与治理问题,并进一步解析经济转型中的利益博弈;界定了生态补偿的内涵,并使用动态仿真分析资源开采区的生态服务价值损失量、修复成本等确定生态补偿标准;从多维视角下提出不同类型资源型区域经济转型创新路径,并以河南省资源型区域进行了案例分析。本书创新性地从生态视角研究资源型区域经济转型路径问题,用资源依附理论探讨资源型经济转型的路径创新,并借助系统动力学仿真分析了资源型区域的生态补偿机制,提出动态生态补偿的思想。

本书由华北水利水电大学张国兴教授负责全书撰写提纲设计和最终定稿。具体分工如下：第一章由张国兴、马玲飞执笔，第二章由郑书耀执笔，第三章由徐澈执笔，第四章由张国兴、苏钊贤执笔，第五章由何慧爽执笔，第六章由李晓燕、吴菲菲执笔，第七章由刘徐方执笔，第八章由张国兴、孟守卫、马玲飞执笔，第九章由张国兴、苏钊贤执笔。

本书在写作过程中，借鉴和参考了大量文献资料，引用了国内外专家学者的理论、方法和观点，在此向各位专家学者表示最诚挚的感谢。同时，非常感谢中国社会科学出版社刘晓红老师的帮助，正是由于她的认真负责，才使本书能够以最快的速度与读者见面。最后，由于作者水平有限，敬请读者对本书的缺点不足提出批评和指正，以便我们完善本书。

张国兴等
2022年3月

摘　　要

　　资源型区域指依赖于某一种或者多种不可再生资源的开采和加工所发展起来的经济区域。在经济转型过程中，面临着资源开发与补偿、资源产业衰退与援助、新旧产业续接和生态环境等问题。因此，本书在生态视角下研究资源型区域经济转型的路径创新，以全国具有典型性和代表性的资源型地区经济转型为例，通过理论研究和实证分析，采用资源诅咒理论、经济转型理论、资源依赖理论和可持续发展理论，选取典型区域进行生态补偿标准、路径锁定效应和资源型区域经济转型评价等实证分析，从生态视角探索资源型区域经济转型路径问题，建立适合资源型区域经济发展的生态补偿机制，实现生态—经济—社会系统的协调发展。同时，通过建立经济转型中各利益主体的博弈激励机制及资源型区域可持续发展长效机制，提出资源型区域生态转型路径的具体措施，解决资源型区域经济发展中的各类逆向选择和道德风险问题，为政府制定经济转型升级政策提供有针对性的措施和对策，促进资源型区域经济增长方式的转变，实现资源型区域经济转型的目标。

　　本书研究的核心是协调经济发展和生态环境之间的关系，初步建立生态视角下资源型区域经济转型路径创新研究框架体系。资源型区域"高强度开发、低水平利用"的传统模式已不能满足我国当前经济的发展需要，亟须在经济转型路径上破解发展瓶颈和生态困境。因此，本书通过对生态视角的资源型区域经济转型路径创新研究，全面分析了生态文明建设与资源型地区经济转型的耦合关系、资源型地区经济转型路径依赖的特性及打破"锁定"状态的条件、资源型区域生态补偿标准及生态补偿机制等内容，从区域发展方向、制度创新、产业重构和区域互动等方面提出资源型区域经济转型的发展路径，实现经济转型各方利益的均衡。

以资源诅咒理论、经济转型理论、可持续发展理论和路径选择理论，对资源型区域按空间分布和生命周期进行界定；依据资源型区域的界定划分，分析了不同资源型区域经济发展的路径依赖，并构建资源型区域经济转型评价体系。系统阐释了以下问题：资源型区域产业路径依赖的锁定效应是什么？路径依赖的形成机制如何？相应的解锁条件有哪些？不同资源型区域转型效果如何？如何破解资源型区域经济转型难点？在此理论基础与假设上运用计量经济学和博弈方法，检验了由路径锁定效应带来的资源型区域煤炭租值耗散与治理问题，并进一步解析经济转型中的利益博弈；界定了生态补偿的内涵，并使用动态仿真分析资源开采区的生态服务价值损失量、修复成本等确定生态补偿标准；从多维视角下提出不同类型资源型区域经济转型创新路径，并以河南省资源型区域进行了案例分析。本书创新性地从生态视角研究资源型区域经济转型路径问题，用资源依附理论探讨资源型经济转型的路径创新；并借助系统动力学仿真分析了资源型区域的生态补偿机制，提出动态生态补偿的思想。研究内容如下：

（1）引入路径依赖的分析框架。对资源型区域发展路径形成锁定的原因进行探讨，并以44个资源型城市为例进行路径锁定效应分析，提出资源型产业从路径依赖向路径创新转变的思路，从生产要素、需求条件、相关和支持产业、企业战略结构和同业竞争、机会、政府六个方面提出资源型区域产业路径依赖的解锁条件，并以环保政策优化为例，对解锁机制进行设计，丰富了路径依赖理论的定量研究。

（2）完善资源型区域经济转型评价体系。基于高质量发展的时代背景，从产业经济水平、资源利用与保护水平、生态环境水平、社会保障水平四项维度对资源型区域经济转型进行定量评价，并以黄河流域资源型区域为研究对象进行实证分析，评价结果将黄河流域资源型区域划分为3个类型，资源型产业的路径依赖、发展思路不清晰、制度供给不足以及人本观念的缺失是区域经济转型共性难点，针对不同资源型区域经济转型提出路径参考。

（3）建立经济转型中各利益主体的博弈激励机制。本书根据激励相容原理，研究资源富集区矿业寻租中的租值耗散与治理问题，利用区位熵和纳尔逊方法，考虑制度创新、技术进步、产业结构升级和资源配置等各要素的利益博弈，分析经济转型中的多主体（中央政府、地方政府、企业、居民）间的利益博弈，构建中央和地方利益趋于一致的政策框架，提出破解矿业寻租租值耗散的治理对策，并通过模拟实验的方法进行验证，建立要素变迁利益博弈的激励机制，实现生态—经济—社会三维复合系统的协调发展。

（4）构建资源型区域动态生态补偿机制。运用资源、能源、生态、环境经济学理论，系统分析资源生态环境难题的成因和形成机理，分析生态补偿标准的组成。从区域分工、生态公平的视角提出资源型区域经济转型的动态生态补偿观点，通过动态仿真确立生态补偿的标准，建立生态补偿考核和监督机制，并以资源型区域平顶山市为例进行实证分析。

（5）从多维视角分析资源型区域经济转型问题。根据区域主体功能定位不同，从国土空间、制度创新、产业演化、区域互动多维视角下探讨了资源型区域经济转型的路径选择，充分考虑资源禀赋、区位条件，结合资源型区域各种资源分布和管理状况，在吸取已有研究成果与先进经验的基础上，提出适合资源型区域各种资源禀赋与经济发展特点的经济转型路径建议，促进资源的有效管理和合理流动，为资源型区域经济发展服务。

（6）探讨河南省资源型区域经济转型方式。在区域发展现状、转型压力和转型条件的基础上，对焦作和平顶山模式的经济转型方式进行案例分析，深入剖析资源型区域存在共性的相关问题以及采取的转型策略措施，为资源型区域顺利实现经济转型打下坚实的基础。

资源型区域经济转型是一个较为复杂的研究课题，不仅仅涉及经济问题，还关系到环境问题、生态问题、社会问题。本书研究对可持续发展理论视角下资源型区域经济转型路径做了深入研究，但尚存在一些不足之处，需要进一步完善。

关键词：资源型区域；生态视角；经济转型；路径创新

Abstract

Resource – based regions refer to the economic regions developed by the exploitation and processing of one or more non – renewable resources. The economic transformation of resource – based regions is a worldwide problem. In the process of economic transformation, it is inevitable to encounter such problems as resource development and compensation, resource industry recession and assistance, the continuation of new and old industries, development and ecological environment, and so forth. Therefore, this research studies the path innovation of resource – based regional economic transformation from the ecological perspective. Taking the typical and representative resource – based regional economic transformation in China as an example, through theoretical research and empirical analysis, the research applies the resource curse theory, economic transformation theory, resource dependence theory and sustainable development theory, selects typical regions for such empirical analysis as ecological compensation standard, path locking effect, and evaluation of resource – based regional economic transformation, The research explores the path of resource – based regional economic transformation from the ecological perspective, and establishes the ecological compensation mechanism suitable for the development of resource – based regional economy so as to achieve the coordinated development of ecology, economy and society. Meanwhile, by establishing the game incentive mechanism and the long – term mechanism of sustainable development of resource – based regions, the research puts forward specific measures for the ecological transformation path of resource – based regions, solves various adverse selection and moral hazard problems in the economic development of resource – based regions, provides targeted measures and countermeasures for the government to formulate economic transformation and upgrading policies, so as to promote the transition of resource – based regional economic growth modes and achieve the goal of resource – based regional economic transformation.

The core of the research is to coordinate the relationship between economic development and ecological environment, and initially establish the research framework system of resource – based regional economic transformation path innovation from the ecological perspective. The traditional mode of "high – intensity development and low – level utilization" in resource – based regions cannot meet the needs of China's current economic development any more, and it is urgent to solve the development bottleneck and ecological dilemma in the path of economic transformation. Therefore, by studying the economic transformation path innovation of resource – based regions in the ecological perspective, this research comprehensively analyzes the coupling relationship between the construction of ecological civilization and the economic transformation of resource – based regions, the characteristics of the path dependence of economic transformation in resource – based regions, the conditions for breaking the "lock – in" state, the standards and mechanisms of ecological compensation for resource – based regions and proposes the development path of resource – based regional economic transformation in terms of institutional innovation, industrial restructuring and regional interaction, so as to achieve the balance of interests of all parties in economic transformation.

Based on the resource curse theory, economic transformation theory, sustainable development theory and path selection theory, the research defines the resource – based regions according to the spatial distribution and life cycle; according to the definition and division of resource – based regions, it analyzes the path dependence of economic development of different resource – based regions, and establishes the evaluation system of resource – based regional economic transformation. The following issues are systematically illustrated: What is the lock – in effect of industrial path dependence in resource – based resource areas? How can the mechanism of path dependence be established? What are the corresponding unlocking conditions? What are the transformation effects of different resource – based regions? How can the difficulties of resource – based regional development be solved? On the theoretical basis and hypothesis, using econometrics and game theory, the research examines the problem of coal rent dissipation and governance in resource – based regions caused by path locking effect, and further analyzes the interest game in economic transformation; it defines the connotation of ecological compensation, and applies dynamic simulation to analyze the loss of ecological service value and restoration cost in the resource exploitation area to determine the ecological compensation standard; from a multi – dimensional perspective, it puts forward different types of resource – based regional economic transformation and innovation path, and makes a case study of resource – based regions in Henan Province. The contents of this study are as follows:

(1) The analysis framework of path dependence has been introduced. The research discusses the reasons for the lock – in of resource – based regional development path, analyzes the path locking effect of 44 resource – based cities, puts forward the idea of transforming resource – based industry from path dependence to path innovation, and proposes the unlocking conditions of industrial path dependence in resource – based regions from six aspects: production factors, demand conditions, related and supporting industries, enterprise strategic structure and horizontal competition, opportunity and government, In addition, taking environmental protection policy optimization as an example, the unlocking mechanism is designed. These have enriched the quantitative research of path dependence theory.

(2) The evaluation system of resource – based regional economic transformation has been improved. Based on the background of high – quality development, this study quantitatively evaluates the economic transformation of resource – based regions from the four dimensions: industrial economic level, resource utilization and protection level, ecological environment level and social security level. It makes an empirical analysis on the resource – based

regions in the Yellow River Basin. The evaluation results divide the resource – based regions of the Yellow River basin into three types, and show that the common difficulties of regional economic transformation are the way of resource – based industries path dependence, unclear development ideas, insufficient system supply and lack of people – oriented concept. It suggests specific path references for different resource – based regional economic transformation.

(3) The game incentive mechanism for all stakeholders has been established in the process of economic transformation. Based on the principle of incentive compatibility, this research studies the problems of rent dissipation and governance in mining rent – seeking in resource rich regions. By using location entropy and Nelson method, considering the interest game of system innovation, technological progress, industrial structure upgrading and resource allocation, it analyzes the interest game among the multi – agent (Central Government, local government, enterprises, residents) in economic transformation, constructs a policy framework in which the interests of the central and local governments tend to be consistent, and proposes the countermeasures to solve the problem of mining rent – seeking dissipation. Moreover, through the method of simulation experiment, the incentive mechanism of interest game of factor change is established to realize the coordinated development of three – dimensional composite system of ecology, economy and society.

(4) The mechanism of dynamic ecological compensation has been constructed. By applying the theories of resources, energy, ecology and environment economics, this research systematically analyzes the causes and formation mechanism of resource ecological environment problems, and studies the composition of ecological compensation standards. From the perspective of regional division of labor and ecological equity, it puts forward the viewpoint of dynamic ecological compensation of resource – based regional economic transformation, determines the standard of ecological compensation through dynamic simulation, constructs the assessment and supervision mechanism of ecological compensation, and takes Pingdingshan City as an example for empirical analysis.

(5) The economic transformation of resource – based regions has been

discussed from multi-dimensional perspectives. According to the different orientations of regional main functions, this research discusses the path selection of resource-based regional economic transformation from the perspective of land space, institutional innovation, industrial evolution and regional interaction. Fully considering the resource endowment and location conditions, combining the distribution and management status of various resources in resource-based regions, and based on absorbing the existing research results and advanced experience, it offers some suggestions for the economic transformation path which are suitable for the resource-based region's various resource endowments and economic development characteristics, so as to promote the effective management and reasonable flow of resources, and serve the economic development of resource-based regions.

(6) The transformation modes of resource-based regional economy in Henan have been discussed. Based on the current situation of regional development, transformation pressure and transformation conditions, it analyzes the economic transformation modes of Jiaozuo and Pingdingshan, deeply studies the common problems existing in resource-based regions and the transformation strategies and measures, which can lay a solid foundation for the realization of economic transformation in resource-based regions.

The economic transformation of resource-based region is a complex research issue, which is not only related to economic issues, but also related to environmental issues, ecological issues, and social issues. This study deeply analyzes the path of resource-based regional transformation from the perspective of sustainable development theory. However, there are a few deficiencies, which need to be further improved.

Key words: the resource-based regions; ecological perspective; economic transformation; innovation path

目 录

第一章 绪论 ··· 1
    第一节 研究背景与意义 ··· 1
    第二节 国内外文献综述 ··· 3
    第三节 研究内容与方法 ·· 14
    第四节 研究创新 ·· 17

第二章 相关基础理论与资源型区域界定 ······························ 18
    第一节 相关基础理论 ·· 18
    第二节 资源型区域的界定 ·· 27

第三章 资源型区域经济发展的路径依赖锁定和解锁辨析 ········ 39
    第一节 资源型区域经济发展路径依赖的锁定效应 ·············· 40
    第二节 资源型区域经济发展路径依赖的锁定机制 ·············· 70
    第三节 资源型区域经济转型路径依赖的解锁条件 ·············· 78
    第四节 资源型区域经济转型路径依赖的解锁机制设计 ········ 84

第四章 资源型区域经济转型评价指标体系构建与实证分析 ····· 93
    第一节 资源型区域经济转型评价指标体系的构建原则 ········ 93
    第二节 资源型区域经济转型评价指标体系的构建依据 ········ 95
    第三节 资源型区域经济转型评价方法和指标体系构建 ········ 97
    第四节 资源型区域经济转型评价的实证分析 ····················· 102

第五章 资源型区域经济转型中利益博弈与激励机制分析 ····· 109
    第一节 区域经济转型中各方利益博弈相关理论概述 ·········· 109

第二节　资源富集区矿业寻租中的租值耗散与治理问题研究 …… 111
　　第三节　基于激励相容的资源富集区经济转型中
　　　　　　多主体利益博弈 ………………………………………… 125
　　第四节　资源富集区要素变迁中的利益博弈与政策设计 ……… 137

第六章　生态视角下资源型区域生态补偿机制分析 …………… 165
　　第一节　资源型区域生态经济系统分析 ………………………… 166
　　第二节　资源型区域生态环境难题的成因和机理分析 ………… 175
　　第三节　资源型区域生态补偿机制的构建 ……………………… 180
　　第四节　资源型区域生态补偿的保障机制 ……………………… 201

第七章　多维视角下资源型区域经济转型的路径选择 …………… 208
　　第一节　国土空间视角下经济转型的重构优化路径 …………… 210
　　第二节　制度创新视角下经济转型的效率提升路径 …………… 217
　　第三节　产业演化视角下经济转型的战略推进路径 …………… 222
　　第四节　区域互动视角下经济转型的协调发展路径 …………… 227

第八章　资源型区域经济转型创新路径体系的实证分析
　　　　——以河南省为例 ………………………………………… 233
　　第一节　河南省资源型区域发展概况 …………………………… 233
　　第二节　河南省资源型区域经济转型压力与条件 ……………… 234
　　第三节　河南省资源型区域经济转型焦作模式 ………………… 242
　　第四节　河南省资源型区域经济转型平顶山模式 ……………… 252

第九章　结论与展望 …………………………………………………… 269
　　第一节　研究结论 ………………………………………………… 269
　　第二节　研究展望 ………………………………………………… 272

附　　录 ……………………………………………………………… 274

参考文献 ……………………………………………………………… 292

第一章
绪　论

第一节　研究背景与意义

一　研究背景

资源型区域是以煤炭和石油等不可再生资源的开发为主的能源保障基地，在以往的发展中为国民经济实现跨越式发展做出突出贡献，其历史地位和现实地位不言而喻。然而随着"工业4.0"革命的兴起，资源型区域"高强度开发、低水平利用"的传统模式已不再符合我国当前经济的发展趋势，新旧矛盾交织使资源型区域经济生态系统的可持续发展面临着严重的挑战，长期重工业化的发展模式使得资源富集区的产业经济水平较低，缺乏科技含量高和创新能力强的产业支撑，导致区域经济产业链条短和经济发展缺乏可持续性，最终不得不经历由初期资源高强度开发到资源枯竭期的"资源陷阱"，由此引发严重的经济增速放缓、环境破坏和失业等问题。

资源型区域的经济转型是一个世界性难题，中国政府也高度重视资源型区域转型路径研究。尤其是在中国经济高质量发展背景下，资源型区域经济转型过程中必然面临着资源开发与补偿、资源产业衰退与援助、新旧产业续接与发展和生态环境等关键性矛盾。所以，在当前资源生态环境与气候变化的双重压力下，资源开发过程中的负效应迟早会引发资源型区域经济衰退，资源型区域的生态环境保护与经济社会发展产生了严重失调。因此，基于生态视角的资源型区域经济转型路径创新，是促进资源型区域生态环境与经济协调发展，也是实现资源型区域高质量发展的必由之路。

二 理论意义和现实意义

基于生态视角的资源型区域经济转型路径创新研究,既是社会关注热点,又是实践难题,具有重要的理论意义和现实意义。

(一)理论意义

(1)本书使用的产业路径锁定度量公式适用性较广,对数据要求较低,一定程度上弥补了既有文献研究的缺陷和不足,丰富了路径锁定的定量研究手段。本书构建的路径锁定机制研究框架涵盖要素较为完整、体系性较强,是对现有研究成果的补充和完善。

(2)对资源型区域经济转型效果和环保状况进行系统分析,根据各区域的实际情况制定合理的转型政策和环保政策,可以为资源型区域实现高质量发展提供全面、客观和科学的决策依据,有利于资源型区域形成功能优化、良性互补和合作分工的发展格局,具有一定学术和应用价值。

(3)从矿业寻租角度分析资源开发利用的租值耗散和治理难题,从利益博弈视角探讨自然资源利用中主体和要素变迁博弈,分析资源型地区经济实现产业转型和经济增长方式转变,对构建资源型区域生态补偿机制,推动资源型区域实现经济转型和生态文明建设提供决策参考,具有重要的应用价值。

(4)提出了动态补偿的思想,具有重要的创新意义。从分析资源型区域生态补偿的理论基础和生态补偿实施难点、区域分工和生态公平等角度探讨资源型生态补偿的内涵和主要内容构成,从而引出动态补偿的构思,为资源型区域的生态补偿提供新思路。

(5)加快资源型区域产业转型需要调整发展力度、强度和持续度,希冀推进资源型区域产业结构优化调整,可以实现资源型区域经济发展方式由粗放向集约的转变,丰富和完善资源型区域经济发展的理论体系。

(二)现实意义

(1)本书测度44个地级市资源型产业路径依赖程度,可以为经济政策调整、产业布局规划提供较为翔实的数据支持。本书构建的路径锁定机制研究框架可为产业路径选择、产业路径解锁提供思考方向和政策思路;提出的资源型区域产业路径依赖解锁条件对相关政策制定具有借鉴意义。

（2）本书依据资源型区域经济发展情况和资源型区域功能定位，通过制度创新、产业结构优化和区域互动协调，多层次、有针对性地推动资源型区域转型升级。推进资源型区域转型发展，贯彻落实新发展理念，构建资源型区域产业交叉融合的现代产业体系，形成产业发展新格局，这是新形势下适应引领经济新常态，以结构性改革服务于经济发展的战略举措。

（3）在生态补偿标准方面所采用的动态仿真方法具有一定的指导意义，生态补偿标准是补偿机制能否顺利实施的前提和基础。本书认为生态补偿标准应该包含因资源开采所导致的生态服务价值的减少量和资源开采的经济损失等，使用仿真模拟现实资源开采并进行模型验证，使补偿标准的确定具有现实意义，并为其他领域的生态补偿研究拓展思路。

第二节　国内外文献综述

一　国内外研究阶段文献史梳理

（一）国外文献史脉络

国外学者关于资源型区域经济转型的研究主要集中于发达国家，根据研究内容、时代背景、研究方法和理论基础等方面的不同，经历四个阶段：

20世纪30—70年代中期，各国学者比较注重资源型城市的个案分析研究，其研究的角度也较为广泛，如人口的性别和年龄的分布特征、社会学及城市规划分布等方面。代表人物有卢卡斯和布拉德伯里[1][2]。

20世纪70年代中期至80年代中期，出现了二元结构论、依附论等经济学方面的相关理论，主要应用于资源型城市与中心城市的关系上

---

[1] Lucas, R. A., *Mine Town, Mill Town, Rail Town: Life in Canadian Communities of Single Industry*, Toronto: University of Toronto Press, 1971, pp. 31–39.

[2] Bradbury, J. H., "The Impact of Industrial Cycles in the Mining Sector", *International Journal of Urban and Regional Research*, Vol. 8, No. 3, 1984, pp. 311–331.

的研究分析，代表人物主要包括波特斯和纽顿①。

20世纪80年代中期至20世纪末，在此期间出现了经济结构调整理论和市场分割理论，这些新型的经济学观点为资源型城市的衰竭建立了早期的预警机制，使资源型城市的转型扩展到了社会的各个阶层和各个行业，代表人物主要包括里德—比特和艾恩赛德等②。

21世纪以来，各项研究主要致力于资源开发和地区协调发展，同时环境和生态保护也逐渐被学术界重视，可持续发展的研究相对较多，代表人物主要包括巴恩斯和斯特曼·理查德等③。

(二) 国内文献史脉络

与国外研究不同的是，国内资源型区域发展研究不仅与资源型地区自身发展状况有关，更和国家宏观经济制度和政策走向有关。

从时间序列上可分为三个阶段：

20世纪70年代末至80年代初，主要集中于矿业布局和建设规模等问题。代表人物包括李文彦、梁仁彩和马清裕，三人分别探讨了资源型城市综合发展的类型和条件，为此类研究开拓了分析范围④⑤⑥⑦。

20世纪80年代中期至90年代中期，这一阶段的研究属于工矿城市研究阶段，主要集中在产业结构调整方面。代表性的学者主要有樊杰和沈镭，对资源型城市的多元化发展提出了相应的见解⑧⑨。

20世纪90年代中期至今，这一阶段的研究主要集中于资源型城市的可持续发展，其中辽宁等省制订相应的经济转型规划，学者研究的角度包含城市布局、交通规划、就业岗位、人口年龄和人口素质等方面。

---

① D'Aspremont, C., Jacquemin, A., "Cooperative and Noncooperative R&D in Duopoly with Spillovers", *The American Economist*, 1988.

② Ironside, R. G. Randall, J. E., "Single - Industry Resource Communities: Barometers of Community Change in Canada", *The Canadian Geograher*, Vol. 40, 1996, pp. 17 - 35.

③ Edwards R. B., "Mining away the Preston Curve", *World Development*, Vol. 78, 2016, pp. 22 - 36.

④ 李文彦：《煤矿城市的工业发展与城市规划问题》，《地理学报》1978年第1期。

⑤ 梁仁彩：《试论能源基地的类型及其综合发展》，《地理研究》1985年第2期。

⑥ 马清裕：《我国城镇化的特点及发展趋势的初步分析》，《经济地理》1983年第2期。

⑦ 马清裕、孙俊杰：《关于矿区城镇合理布局问题的探讨》，《城市规划》1981年第4期。

⑧ 樊杰：《我国煤矿城市产业结构转换问题研究》，《地理学报》1993年第3期。

⑨ 沈镭：《论矿业城市可持续发展的优势转换战略》，《中国矿业》1998年第3期。

这一时期的学者主要包括齐建珍、周海林等①②。

二 国内外研究重点领域文献梳理

（一）资源型区域生态环保政策问题研究

近年来，国内外学者关于污染物排放强度和环保政策的研究有很多。在污染物排放强度方面的文献主要集中在两个方面：一是对污染物排放强度和经济发展的关系进行实证分析。二是对地区污染物的排放强度进行横向或纵向的分析。对我国的环保政策进行梳理发现，文献多倾向于污染物排放强度的实证分析研究，未能与相对应的环保政策进行综合考虑③。随着社会对生态环保政策的重视程度加大，学术界对生态环保政策的研究也越来越多，主要集中在三个方面：

一是环保政策的制定意义。如王立军结合我国环保政策的变化历程，认为制定适宜的环保政策是发展的首要任务④。逯元堂等从需求拉动、激励促进、引导规范、创新鼓励四个方面梳理归纳了环境保护相关产业政策的制定情况⑤。张萍等站在历史视角上分析了我国环保政策演变的价值和意义，提出要实行全面而综合的复合型环境治理政策⑥。二是对国家之间的环保政策进行对比研究。如王丽萍从七个方面剖析了我国与发达国家在环保政策方面的差异⑦；邱立成等认为欧盟各成员国的环境政策对新能源产业影响显著⑧。三是通过实证来研究环保政策对地区或企业发展的影响。如王普等通过实证分析，认为由于缺乏市场机制

---

① 齐建珍：《改造老工业基地的一种新思路》，《求是》2000年第9期。
② 周海林：《资源型城市可持续发展评价指标体系研究——以攀枝花为例》，《地域研究与开发》2000年第1期。
③ 时晓虹等：《"路径依赖"理论新解》，《经济学家》2014年第6期。
④ Wang, L. J., "The Changes of China's Environmental Policies in the Latest 30 Years", *Procedia Environmental Sciences*, Vol. 30, No. 2, 2010, pp. 1206–1212.
⑤ 逯元堂等：《2017年中国环保产业政策综述》，《中国环保产业》2018年第8期。
⑥ 张萍等：《迈向复合型环境治理——我国环境政策的演变、发展与转型分析》，《中国地质大学学报》（社会科学版）2017年第6期。
⑦ 王丽萍：《我国环境管制政策的演进特点及中外政策对比》，《现代经济探讨》2014年第10期。
⑧ 邱立成：《欧盟环境政策与新能源产业集聚：理论分析与实证检验》，《经济经纬》2013年第5期。

及监督不力,应加强监督并扩大市场机制的影响①;季相发现官方环保调控政策对燃煤电厂可持续运营的正面影响较大②。

由以上文献可知,环保政策的研究范围较为广泛,但资源型区域生态薄弱,且国内外对于改善资源型区域的环保政策研究相对较少。

(二)矿业开发利用与其利益博弈问题研究

学术界着重从关键矿产资源的税费问题和利益补偿问题入手,讨论利益分享机制。如李丽英分析了内蒙古煤炭资源开发利益分享机制③。曾明和廖瑾莹等以河南省为例,讨论了社会稳定中"资源诅咒"之源的利益失衡现象,认为该过程中政府、企业和居民存在利益分享失衡,带来了社会不稳定④。曾明和夏毓璘认为,资源丰裕地区的社会不稳定原因在于村民的"吃大户"行为,资源开发过程中所造成的环境破坏加大了这种社会不稳定的风险⑤。李海燕认为税费分配体系不合理是社会福利损失的诱因⑥。盛锐认为油气资源分配中存在资源收益分配不公的问题,需要完善资源收益分配制度⑦。宋丽颖、王琰研究公平视角下矿产资源开采收益分享制度,指出应理顺各利益主体间的关系,建立生态补偿制度和资源有偿使用制度,使资源富集区的资源优势更好地转化为经济优势⑧。蒲方合认为应从矿产资源税入手改善矿产资源收益分配⑨。刘铁军和董江爱认为资源型村庄的兴衰和矿区改革中的利益博弈

---

① Wang P., et al., "Promise and Reality of Market–based Environmental Policy in China: Empirical Analyses of the Ecological Restoration Program on the Qinghai–Tibetan Plateau", *Global Environmental Change*, Vol. 39, No. 7, 2016, pp. 35–44.

② Ji X, et al., "Impact of Emission Regulation Policies on Chinese Power Firms' Reusable Environmental Investments and Sustainable Operations", *Energy Policy*, Vol. 108, No. 9, 2017, pp. 163–177.

③ 李丽英:《内蒙古煤炭资源开发利益分享机制研究》,《煤炭经济研究》2016年第3期。

④ 曾明、廖瑾莹:《利益失衡:社会稳定中的"资源诅咒"之源——基于A省矿区的调研》,《江西社会科学》2015年第11期。

⑤ 曾明、夏毓璘:《"资源诅咒":资源丰裕地区的社会稳定困境——以X矿区为例》,《武汉大学学报》(哲学社会科学版)2013年第5期。

⑥ 李海燕:《矿产资源开发利益分配中的博弈分析》,《四川建材》2014年第5期。

⑦ 盛锐:《我国油气资源收益分配制度研究》,博士学位论文,东北财经大学,2015年。

⑧ 宋丽颖、王琰:《公平视角下矿产资源开采收益分享制度研究》,《中国人口·资源与环境》2016年第1期。

⑨ 蒲方合:《基于资源节约的我国矿产资源税之功能定位及制度重构》,《经济体制改革》2015年第3期。

有关①。李争等认为矿粮复合区在政府、企业与居民区之间存在不完全信息的多阶段动态博弈②。

(三) 生态恢复与补偿机制问题研究

近年来,国内专家学者对于建立生态补偿机制理论和实践的研究逐步开展进而不断加深。生态补偿机制在根本上明确了利益密切双方之间的生态补偿关系,在解决区域内生态保护补偿行为的方法在外部性或者内部化问题等方面都具有重要的意义,生态保护与补偿应坚持的原则是协调受益与补偿的关系。生态保护补偿机制主要表现为区域间经济产业分工的基本原理和实现区域内生态环境保护与其经济发展内在相互关联的机制,实现横向生态保护补偿机制是实现区域内生态保护和服务有效的重要方法,生态保护补偿机制的目的是使区域内生态保护者和受益者在其保护环境的主要工作和利益上具有一定的社会公平性,实现生态保护资金的有效使用和转移,提高区域内生态保护者的意识和工作积极性,促使区域内环境的保护管理工作与生态保护补偿机制形成良好的环境内在关联机制。

1. 生态补偿的目的

生态补偿的参与双方是没有行政隶属关系的平等主体,参与双方在协商基础上开展横向补偿方案。然而,双方在开展协商谈判时,更倾向于制订对自己有利的协议,但谈判结果往往不尽如人意,而市场化交易模式将生态环境保护区为治理和保护生态环境所付出的成本和让步经济发展机会所做出的牺牲量化,在此基础上就流域横向生态补偿一系列内容进行协商谈判,最终使双方达成相对合理的协议。目前,学者均认为有必要实行生态补偿,但是对于补偿目的却有一定的争议,主要包括以下5种情况:①毛显强等认为生态补偿机制是一种激励机制,通过激励行为达到保护资源的目的。由于外部性的存在,导致两种情况发生:其一,部分主体在保护生态环境时,会存在其他经济主体"搭便车"行为;其二,部分主体在损害生态环境时,会存在让其他经济主体为此付

---

① 刘铁军、董江爱:《矿权改革中的利益博弈与资源型村庄兴衰的关联——一个典型案例的调查和思考》,《中国农村研究》2018年第1期。

② 李争等:《矿粮复合区生态补偿各方利益主体多阶段动态博弈分析》,《科技管理研究》2017年第13期。

出额外代价行为，因此，通过生态补偿的方式，对第一种行为主体进行收费，对第二种经济主体进行补偿，以激励机制增加第一种行为主体的行为，或者激励减少第二种行为主体的行为，达到有效地保护生态环境行为①。②吕忠梅认为狭义的生态补偿是由于人类在进行经济生产、社会生活中，不可避免地对生态环境、自然社会产生一定的负面影响，因此，有必要纠正这种负面影响，通过生态补偿可以达到这样的目的——有效治理污染、保护和恢复生态环境，这是狭义的生态补偿；而广义的生态补偿不仅包含狭义的生态补偿，并且额外增加了一项机会成本——对于保护生态环境而丧失发展机会的额外补偿②。③钱水苗、王怀章认为实行生态补偿是为了实现社会公正目的，如在我国的农业主产区为了国家的利益，承担了生产粮食的重担，放弃了发展工业的机会，因此发展较为落后，通过生态补偿，可以给予落后区域一定的补偿，以此有利于社会公平③。④Nicolas Kosoy 等认为生态补偿是保护生态环境的有效方式，如生态保护区主要是提供生态产品，主要使其实现生态服务功能，通过生态补偿可以有效地实现生态保护区的生态产品生产的功能，有效地改善环境④。⑤耿翔燕和葛颜祥提出要结合生态补偿推进精准扶贫，一般认为提供产品的区域或者提供生态服务价值的区域一般是较为落后的区域，通过生态补偿生态服务价值量的计算，可以给予落后区域一定的补偿，以此可以有效推进精准扶贫⑤。

2. 生态补偿的研究视角

目前研究生态补偿视角主要从生态系统的服务价值、生态建设和维护成本、生态足迹等角度来确定生态补偿标准。①恢复成本视角。资源的开发活动会产生一定的负面性，如水土流失、固体废弃物和大气污染等，生态环境恶化等将直接对生态功能产生影响，减少了社会福利，因

---

① 毛显强等：《生态补偿的理论探讨》，《中国人口·资源与环境》2002 年第 4 期。
② 吕忠梅：《超越与保守——可持续发展视野下的环境法创新》，法律出版社 2004 年版。
③ 钱水苗、王怀章：《论流域生态补偿的制度构建——从社会公正的视角》，《中国地质大学学报》（社会科学版）2005 年第 5 期。
④ Nicolas Kosoy,"Payments for Environmental Services in Watersheds: Insights from a Comparative Study of three Cases in Central America", Ecological Economics, 2007, Issue 2.
⑤ 耿翔燕、葛颜祥：《生态补偿式扶贫及其运行机制研究》，《贵州社会科学》2017 年第 4 期。

此，按照"谁破坏，谁修复"原则，通过计算环境治理成本与生态恢复成本等作为生态补偿标准的参考。②生态服务价值损失的视角，如李俊英认为由于在煤炭开采中会产生诸如水土污染、大气污染等，进而进一步对生态服务价值有损失，需要对生态服务价值进行补偿①；王婵等认为煤炭资源在开采过程中将会导致空气污染、水土污染、产生固体废弃物、水土流失，通过计算因资源开采而产生的环境污染损失、生态价值损失、生态恢复费用等来测算生态补偿标准②。③损失成本视角，保护者保护资源需要一定的成本——建设和保护成本，以及放弃发展机会的机会成本等，有学者认为补偿标准是一个范围，分为补偿上限和补偿下限，生态补偿的下限为建设保护和修复成本之和，生态补偿的上限为建设保护成本与修复成本以及机会成本之和，生态补偿标准应该在生态补偿上限和下限之间。如吕雁琴和马延亮以新疆准东煤田为研究对象，认为2010年生态补偿标准是上述几个方面的结合，上限结果为97287.86万元，下限为51243.18万元③。

3. 生态补偿的研究区域

目前对于生态补偿标准的研究区域，主要聚焦在煤炭采矿区、自然生态保护区、行政区（省、市、自治区）、国家主体功能区、特殊流域、水域等。陈传明分析了自然保护区的生态补偿，并以武夷山保护区为例，分析保护区对于区域发展所产生的正面和负面影响，并依据发展权限的损失，结合当地受损居民的受偿意愿和受益者的支付意愿，确定了武夷山自然保护区的生态补偿标准④；吴晓青等认为缺乏补偿是江河上游与下游地区间矛盾产生的重要原因⑤；谷学明等和徐梦月等主要研究主体功能区的生态补偿标准，通过计算主体功能区的生态服务系统所付出的成本，依据不同方法（区位熵、成长系数法等）确定了成本分

---

① 李俊英：《宝日希勒煤矿煤炭资源开发的生态补偿实证研究》，《经济论坛》2013年第4期。
② 王婵等：《南岭地区铅锌矿找矿方向浅析》，《矿物学报》2015年第S1期。
③ 吕雁琴、马延亮：《新疆准东煤田生态补偿费用估算及标准确定》，《干旱区资源与环境》2014年第6期。
④ 陈传明：《自然保护区景观生态开发研究》，《中国人口·资源与环境》2011年第6期。
⑤ 吴晓青等：《区际生态补偿机制是区域间协调发展的关键》，《长江流域资源与环境》2003年第1期。

担系数,并在此基础上考虑为主体功能区划分而产生的成本等,为主体功能区的生态补偿标准确定提供了依据①②。马丹和高丹研究矿区等区域,认为矿区的生态补偿标准主要是对受损者的补偿(地上附着物损害补偿、人员安置补偿等)以及对矿区开采的生态修复的费用③。郭田田和刘东则对旅游资源区进行研究,认为旅游资源区的生态补偿标准应该结合其区域的生态功效,并在此基础上结合当地居民的实际利益、考虑经典区域的生态功能的维护成本等,最终确定旅游地的生态补偿标准④。

4. 生态补偿标准的研究方法

生态补偿标准研究方法有问卷调查法、生态足迹法、实验法、突变级数法、倾向匹配法、条件价值法、机会成本法等。如靳乐山等通过机会成本法对内蒙古草原生态补偿进行研究分析,确定草原区域的生态补偿标准⑤。乔蕻强等在问卷调查的基础上,采用条件价值评估法(CVM)对永登县的农业生态补偿农户意愿和支付水平进行分析,确定了农业区的生态补偿标准⑥。樊辉等对石羊河流域进行了生态补偿标准的研究,选择实验法对石羊河流域的900户居民进行问卷调查,并利用混合 Logit 模型对调查数据进行模拟分析,最终确定了区域的生态补偿标准⑦。郑德凤等对吉林省的生态补偿进行研究,对吉林省的土地进行分类,采用突变级数法分析测度吉林省生态补偿标准⑧。余波和彭燕梅等通过生态足迹法,结合 2007—2015 年云南生态足迹账户,对云南禁

---

① 谷学明等:《主体功能区生态补偿标准研究》,《水利经济》2011 年第 4 期。
② 徐梦月等:《主体功能区生态补偿模型初探》,《中国生态农业学报》2012 年第 10 期。
③ 马丹、高丹:《矿产资源开发中的生态补偿机制研究》,《现代农业科学》2009 年第 2 期。
④ 郭田田、刘东:《建立旅游开发生态补偿机制研究》,《管理学刊》2011 年第 3 期。
⑤ 靳乐山等:《牧户对气候变化的感知与适应——以内蒙古四子王旗查干补力格苏木为例》,《自然资源学报》2014 年第 29 期。
⑥ 乔蕻强等:《基于条件价值评估法的农业生态补偿意愿及支付水平评估——以甘肃省永登县为例》,《水土保持通报》2016 年第 4 期。
⑦ 樊辉等:《选择实验法视角的生态补偿意愿差异研究——以石羊河流域为例》,《干旱区资源与环境》2016 年第 10 期。
⑧ 郑德凤等:《基于突变级数法的吉林省生态补偿标准核算》,《生态与农村环境学报》2013 年第 4 期。

止开发区生态补偿标准进行了研究①。

(四) 经济转型路径问题研究

在国外资源型区域经济转型研究中,由于自然资源、经济增长和社会发展等因素,资源型区域在经济发展过程中经济和社会组织模式往往表现出"资源成瘾性依赖"。国外学者对资源型区域经济转型研究,主要包括以下几个方面:一是针对某一城市或特定区域对其资源型产业发展中的经济或社会问题进行实证研究或案例研究,集中体现在20世纪30年代到70年代末。二是运用规范和实证相结合的研究方法对资源型区域的某类共性进行研究,集中体现在20世纪70年代到80年代。三是侧重于资源型地区劳动力市场的研究,集中体现在20世纪80年代至90年代。四是侧重于区域自然资源、制度质量与经济增长的辩证关系研究,集中体现在20世纪90年代至今。

在国内资源型区域经济转型研究中,对资源型区域经济转型研究主要集中在改革开放后。如张米尔、武春友针对资源型城市产业转型的障碍,提出了实施制度创新、改善投资环境、开展国际合作等对策②。齐建珍、白翎通过对抚顺、阜新两个煤炭城市发展模式的比较,提出了综合发展的思路③。于立提出中国资源枯竭型城市产业转型的资源开发补偿、衰退产业援助和替代产业扶持"三个机制"④。杨继瑞等针对资源型城市转型困境,从城市产业结构转型、要素集聚转型等层面进行了路径探索⑤。董锋等运用 DEA 方法和面板数据,分析了基于环境因素的资源型城市转型效率⑥。杨建国、赵海东认为可以通过完善和创新"公

---

① 余波、彭燕梅:《云南省主体功能区生态补偿机制构建研究》,《南方农业》2017年第4期。

② 张米尔、武春友:《资源型城市产业转型障碍与对策研究》,《经济理论与经营管理》2001年第2期。

③ 齐建珍、白翎:《老工业基地振兴的历史经验》,《辽宁经济》2004年第10期。

④ 于立:《资源枯竭型城市社会稳定问题研究》,载辽宁省社会科学界联合会编《辽宁省哲学社会科学获奖成果汇编(2007—2008年度)》,辽宁大学出版社2010年版。

⑤ 杨继瑞等:《资源型城市转型:重生、困境与路径》,《经济理论与经营管理》2011年第11期。

⑥ 董锋等:《考虑环境因素的资源型城市转型效率分析——基于DEA方法和面板数据》,《长江流域资源与环境》2012年第5期。

司+农户"模式、重点发展特色化高效农业等途径促进资源型城市转型①。徐君等在生态文明视域下探讨了资源型城市低碳转型战略框架及路径设计②。赵黎明等则以招远市为例,运用仿真模拟方法,对资源型城市转型进行了分析③。李汝资等对吉林省资源型城市转型阶段及其特征进行了分析④。支航和金兆怀分析了不同类型资源型城市转型的模式与路径⑤。蔺雪春认为"生态城市"的建设是实现绿色可持续的创新路径,体现了经济转型发展的生态化思路⑥。王小明提出西部资源型城市包括产业、企业、转型和体制转型等路径体系⑦。

此外,经济转型路径问题从以下三个视角展开:①制度创新视角。学者研究热点集中在制度创新、技术进步对资源型城市转型和资源型产业可持续发展的影响。周建波借鉴提出政府政策保护扶助对资源型城市转型的引导作用⑧;郭海霞也强调政府通过公共就业服务、环境污染治理、完善法律法规等在资源型经济转型中起到应有的作用⑨。②产业视角。李鹏梅、齐宇对三大传统工业产业生态化转型提出理论分析和具体路径设计⑩;武健鹏指出资源型地区经济转型在于解除产业结构锁定⑪。

---

① 杨建国、赵海东:《资源型城市经济转型模式及优化研究》,《财经理论研究》2013年第1期。
② 徐君等:《资源型城市创新生态系统的驱动效应分析》,《科技管理研究》2020年第10期。
③ 赵黎明等:《资源型城市转型系统仿真——以招远市为例》,《干旱区资源与环境》2015年第8期。
④ 李汝资等:《吉林省资源型城市转型阶段识别及其特征成因分析》,《地理科学》2015年第12期。
⑤ 支航、金兆怀:《不同类型资源型城市转型的模式与路径探讨》,《经济纵横》2016年第11期。
⑥ 蔺雪春:《城市生态文明评价:指标体系与模型建构》,《生产力研究》2013年第1期。
⑦ 王小明:《加快资源型城市转型发展的对策建议》,《经济研究参考》2011年第24期。
⑧ 周建波:《资源型经济何以成功转型——转型成功国家的转型战略和启示》,《经济问题》2013年第4期。
⑨ 郭海霞:《资源型城市转型的国际镜鉴》,《重庆社会科学》2015年第11期。
⑩ 李鹏梅、齐宇:《产业生态化理论综述及若干思辨》,《未来与发展》2012年第6期。
李汝资等:《吉林省资源型城市转型阶段识别及其特征成因分析》,《地理科学》2015年第12期。
⑪ 武健鹏:《路径创新、产业融合与资源型地区经济转型》,《宏观经济管理》2009年第6期。

孙浩进提出资源型城市产业包容性和差异化并重的新转型路径①。③区域互动视角。任胜钢和袁宝龙根据长江经济带发展模式相关数据，提出调整能源供应结构、优化长江经济带产业布局等区域协调机制②；谭志雄提出西部欠发达地区推行绿色生产方式和消费方式，完善一系列区域合作体制机制的绿色发展路径③。

三 文献评述

通过梳理文献可以发现，当前在资源型区域经济转型路径创新等研究领域涵盖面依然较窄，研究领域有待进一步拓宽：

（1）通过梳理路径依赖概念的衍生过程可以发现，研究者对于路径依赖和路径锁定的概念有着不同的定义和侧重点。从两者的关系看，基本可以认为路径依赖和路径锁定是一个问题的两个方面。相对而言，路径依赖更侧重于路径形成的过程，路径锁定更倾向于强调路径形成的最终结果。

（2）环保政策的研究范围较为广泛，而国内外对于改善资源型区域的环保政策研究相对较少。现有研究已对污染强度和环保政策的相关分析打下了坚实的基础，但针对污染强度的实证分析大多未能与对应的环保政策进行综合衔接，且二者在针对资源型区域的生态视角方面均有所欠缺。

（3）关于资源型区域经济转型和利益分配博弈研究方面，近年来对资源型区域的研究成果呈现上升的趋势，研究专题不断拓展和深化，当前对资源型区域转型问题的研究正在逐步加深，近年从综合性研究转向专题研究逐步走向系统化和完整化。随着近年来矿产资源类问题和生态环境问题比较突出，研究关注资源富集区的生态环保问题和生态补偿问题的较多，但基于不同利益主体间的博弈分析，构建资源富集区利益分享机制的却较为少见。

（4）相关研究主要集中在资源型城市的案例研究，对案例之外的

---

① 孙浩进：《我国资源型城市产业转型的效果、瓶颈与路径创新》，《经济管理》2014年第10期。
② 任胜钢、袁宝龙：《长江经济带产业绿色发展的动力找寻》，《改革》2016年第7期。
③ 谭志雄：《西部欠发达地区推进绿色发展的路径与政策建议》，《经济纵横》2017年第5期。

通用性研究相对较少，对资源型城市转型博弈模型分析的研究主要集中在多主体的博弈，而对要素变迁过程中的博弈分析偏少。近年来实证分析中引入数理分析和计量分析较多，但都侧重于某类资源型城市转型效率、阶段等问题的定量分析，利益博弈的理论性研究仍有待完善。

（5）国内外研究的重点主要关注资源型区域产业转型和生态环境等问题，但由于国内外制度、国情和区域经济发展条件差异等原因，又各有侧重。但随着能源行业尤其是煤炭行业经济效益的下滑，我国资源型区域的产业转型迫在眉睫。基于生态视角的资源型区域确立了新的产业发展方向，也是引领资源型区域经济走出困境的重要途径。

第三节 研究内容与方法

一 研究内容

本书以全国具有典型性和代表性的资源型地区经济转型为例，通过理论研究和实证分析，采用资源诅咒理论、经济转型理论、资源依赖理论和可持续发展理论，选取典型区域生态补偿标准、路径锁定效应和资源型区域经济转型评价等内容进行实证分析，从生态视角探索资源型区域经济转型路径问题，建立经济转型中各利益主体的博弈激励机制及资源型区域可持续发展长效机制，提出有针对性的措施和对策，促进资源型区域经济增长方式的转变，实现资源型区域经济转型的目标。本书研究的核心是协调经济发展和生态环境之间的关系，研究对象为依资源而生、因资源而立的资源型区域。研究内容共七部分，分别为相关基础理论及资源型区域界定标准、资源型区域传统经济发展模式的分析、资源型区域高质量发展转型测度、资源型区域生态补偿机制构建、资源型区域经济转型中各方利益博弈激励机制设计、以河南省为例的资源型区域经济转型新路径体系的实证分析以及多维视角下资源型区域经济转型新路径体系的构建等。

（一）相关基础理论及资源型区域界定标准

梳理了资源诅咒、经济转型和可持续发展以及路径选择理论，为分析资源型区域奠定基础；对资源型区域进行界定，将资源的空间分布划分不同功能区，再根据资源的生命周期划分不同类型定位。

(二) 资源型区域经济发展的路径依赖分析

首先，分析区域路径锁定效应。其次，对资源型区域产业路径锁定的度量进行区域锁定程度划分。再次，基于钻石模型研究了资源型区域产业路径锁定的机制，从生产要素、需求条件、相关和支持产业、企业战略结构和同业竞争、机会、政府六个因素分析资源型区域产业路径锁定的机理和形成原因。最后，分析资源型区域产业路径依赖的解锁条件。

(三) 资源型区域经济转型评价指标体系构建

基于高质量发展背景下运用科学方法对资源型区域经济转型进行测度，可以对区域的可持续发展提供全面、客观和科学的决策依据。本部分从产业经济水平、资源利用与保护水平、生态环保水平和社会保障水平四项维度构建资源型区域经济转型评价体系，对黄河流域资源型区域整体和典型资源区生态环保维度分别进行实证研究。

(四) 资源型区域经济转型中的利益博弈与激励机制分析

资源富集区矿产资源开发利用中的寻租行为作为非生产性活动，不仅引起租值耗散，浪费社会资源，也会带来收益分配的不公平，降低社会福利水平。利用区位熵和纳尔逊方法对我国煤炭资源富集区进行判定，把矿业寻租中的租值耗散分解为社会福利净损失和寻租成本进行测度，并对其影响因素进行分析。在此基础上，从改革资源环境税费体系、建立居民可持续增收长效机制、解构资源产权制度和完善监督体系等方面提出相应的对策建议。针对资源富集区矿业开发过程中的寻租问题，基于要素变迁（包括资源配置、制度创新、技术进步、结构升级）中的利益博弈问题，对资源富集区经济转型问题进行分析，并提出了建立健全资源配置中的利益协调机制，强化企业社会责任，鼓励其技术创新，完善矿区生态补偿制度和接续替代产业扶持制度等对策。

(五) 资源型区域生态补偿机制的构建

本部分内容首先通过设计调研问卷，了解资源型区域资源开采过程中所带来的环境资源问题，分析资源型区域生态补偿的问题所在，并提出生态补偿机制的实施能有效缓解环境问题。其次，界定生态补偿的主客体，按照生态补偿的原则确定补偿主客体。再次，界定生态补偿的内涵，并使用动态仿真分析资源开采区的生态服务价值损失量、修复成本等确定生态补偿标准，以资源型区域平顶山为例进行实证分析。最后，分析不同补偿模式存在的优势,并提出了相应的保障措施。

(六) 资源型区域经济转型新路径体系的实证分析

以河南省资源型区域为例,全面运用新路径体系,分析河南省资源型区域经济发展的特点,并结合河南省资源型区域生态现状,深入剖析其内在的问题、成因及采取的成功策略措施,验证该体系的理论与实践价值,为河南省资源型区域顺利实现经济转型打下坚实的基础。

(七) 多维视角下资源型区域经济转型创新路径体系的构建

本部分内容从国土空间视角、制度创新视角、产业演化视角、区域互动视角、生态恢复视角,多维视角下探讨资源型区域经济转型问题,依据不同的研究视角进行分析。

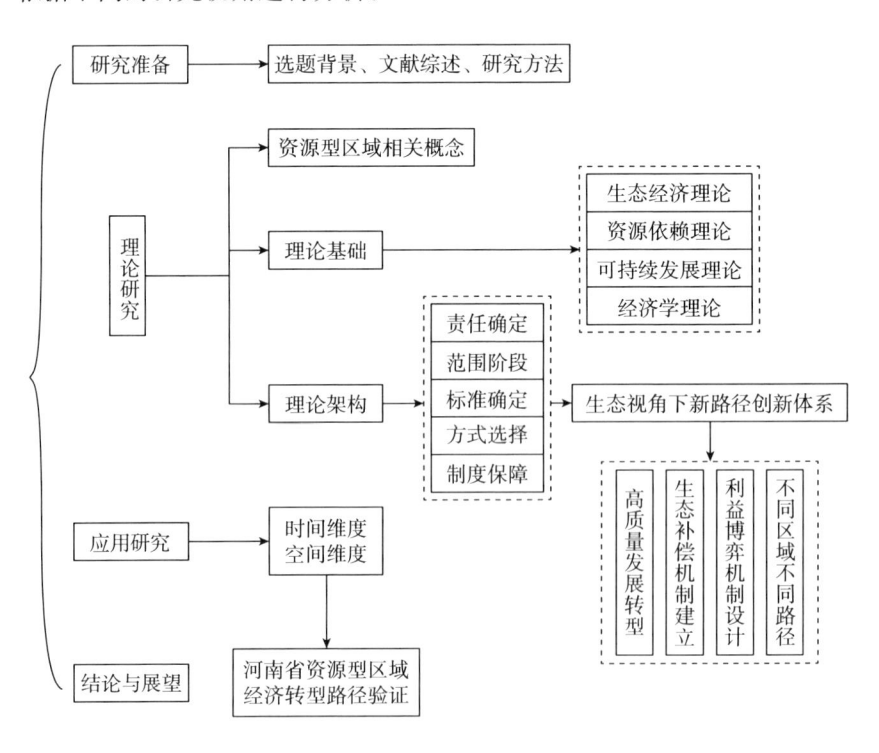

图 1-1 总体框架

二 研究方法

(1) 理论研究中,主要采用理论推导和归纳演绎方法,综合运用熵权评价、模拟仿真以及问卷调查等方法;

（2）实证研究中，主要采用数理模型和博弈理论与方法，综合运用能值分析、案例分析、博弈模型等方法；

（3）为了使该研究能够跟上国内外有关资源型区域经济转型路径创新的最新理论研究成果，在写作过程中每半年进行一次文献检索，力求将最新的研究成果纳入其中。

第四节　研究创新

一　学术思想方面的创新

本书对资源型区域经济创新转型路径结合理论与实证进行研究，认为资源型区域生态转型路径的创新措施，对丰富和完善资源型地区可持续发展及经济转型路径理论具有重要的贡献。具体创新点如下：从生态视角研究资源型区域经济转型路径问题，用资源依附理论探讨资源型经济转型的路径创新；构建了多维视角下资源型区域经济转型创新路径体系；把系统动力学引入到资源型地区经济转型的路径中，建立适合资源型区域经济发展的生态补偿机制；建立各利益主体方和各要素变迁的利益博弈模型，解决资源型区域经济发展中的各类逆向选择和道德风险问题；提出生态环境动态补偿思想，分析在资源型区域中资源开采所发生生态价值量的减少和经济损失。

二　学术观点方面的创新

生态环境与资源型经济发展不是矛盾的，是可以协调发展的；资源型经济发展是可以摆脱资源依赖的；制度创新是资源型经济转型创新路径实现的基本保障。资源型区域经济转型路径中的逆向选择和道德风险是可以通过制度解决的。

三　研究方法方面的创新

拟定了度量产业路径依赖（锁定）程度的公式；运用数值模拟方法，立足利益博弈探讨资源富集区经济转型中的利益博弈；用系统动力学仿真分析了资源型区域的生态补偿机制。

第二章
相关基础理论与资源型区域界定

第一节 相关基础理论

一 资源诅咒理论

20世纪80年代,在全球稳定格局中,许多国家追求经济增长快速高效。自然资源作为经济发展的基本要素,拥有丰裕资源的国家应具有更大的资源优势促进本国经济快速发展。一些专家学者借助理论研究和实证分析,通过比较各国经济发展水平差异时发现:一些国家拥有丰裕的资源而经济增长缓慢,甚至停滞不前;而一些资源贫乏的国家经济增长反而快速高效,这种现象显然违背了经济学原理,即一国或地区的资源禀赋水平与其经济发展能力呈反向关系。美国经济学家奥蒂(Auty)发现经济依托富含矿产资源丰裕发展的国家普遍拥有路径依赖,在该现象上首次提出"资源诅咒"假说(Resource Curse)的概念,即丰裕的资源未必会促进一国经济增长更高效,反而可能是一种限制。这为经济学家们研究自然资源与经济增长之间的负外部性,即"资源诅咒"理论(或假说)奠定了基础[1]。

以一国拥有矿产资源的富裕程度为例,有的学者比较分析了委内瑞拉和日本、哥伦比亚和新加坡、俄罗斯和韩国等国家的自然资源与经济增长的关系,实证检验"资源诅咒"理论存在性。在"资源诅咒"理

---

[1] 于立宏等:《考虑环境和代际负外部性的中国采矿业绿色全要素生产率》,《资源科学》2019年第12期。

论的研究过程中,有的学者通过在理论和实证模型中纳入更多的相关影响变量,拓展了"资源诅咒"理论的应用范围,如政府机构的效率、产业政策的合理性、价格水平的波动、投资率等变量的影响,实证检验结果表明资源与经济增长之间的"负外部性"仍然是显著存在的。

"资源诅咒"抑制经济增长的作用机制。"资源诅咒"通过一定的传导机制抑制一国经济增长,目前研究表明主要有四种典型的传导机制:

贸易条件恶化。资源富裕国家出口初级自然资源,资源价格会受市场因素影响导致政府出台的宏观调控政策,会引起经济大幅波动从而抑制延缓经济平稳增长。

"荷兰病"效应。人力和外来资本受外向型的资源类产业优势所吸引,国内劳动力成本上升和资源出口带来外汇储备增加和本国货币被迫升值,从而导致国内制造业产品在世界舞台上的竞争力下降。

挤出效应。资源开发带来的收益被用来补贴国内幼稚产业和环境治理,减缓国内资本积累,同时教育、创新等领域投入不足,产业结构单一,由于对资源的长期依赖,形成依靠资源类产业发展促进一国经济增长的路径依赖。

官僚主义严重。由于自然资源的来源属性,产权界定不清,导致寻租行为盛行,寻租行为因具有非法性和排他性,导致国有财产损失和浪费,非国有经济激励严重不足,经济发展缓慢。

二 经济转型理论

经济转型主要体现为经济形态的转换。具体包括市场经济主体在资源配置中的资源价值取向发生根本性变化、经济发展模式或发展战略的巨大变化,如一国或地区从计划经济向市场经济过渡变革。总之,经济转型可能是生产方式的转变,也可能是经济体制的转变,它是一个动态和复杂的变化过程[①]。

在一国或地区经济发展的不同阶段或不同时期,由于受到国际因素冲击、技术革命、金融动荡等因素的影响,宏观经济必然会产生发展方

---

① 王彩霞:《经济新常态下资源型城市的经济转型问题研究》,《现代管理科学》2016年第10期。

式体制、经济结构、科技创新等方面的重大影响,具体包括科技创新、主导产业转换、产业结构调整、增长方式转变、金融及经济体制改革等,即经济转型体现为一种阶段性或一定领域的质变或飞跃①。其中,一国或地区的体制创新和科技创新是诸多领域转型的主要方面,并对整体经济社会产生重要影响②。

目前,我国许多资源型区域经济都处于经济转型阶段,由于经济发展水平不同、经济体制创新程度的差异,转型的模式和重点领域也存在区域差异。如矿产资源类区域的经济转型主要是转变对矿产产业的高度依赖,变换主导产业,主动规避矿产资源衰竭可能导致的经济衰退,实现区域经济的可持续发展③。转型的重点内容包括资源开发结构的调整,主导产业和支柱产业的角色之间相互转变,产业转移中的劳动力再就业问题,经济战略和宏观政策的调整等方面④。

资源型区域经济转型的根本目的是摆脱长期过度依赖资源而形成的经济发展路径锁定效应,促进区域资源配置最优化,实现区域内个人、企业与政府部门综合效用最大化。在市场经济体制下,参与转型的主体包括政府、企业、个人(劳动力)等,各主体的转型模式和目标存在差异性⑤。个人和企业可以在本地区"转型",也可以异地实现"转型",如企业可以实现跨行业性转型,也可以实现区域性转移;而政府部门则只能在本地区实现"转型"。由于存在行业退出障碍和进入壁垒,对个人和企业而言,在行业和区域间的变换均存在"转型"成本⑥。因而,如何避开或者减缓资源型区域经济陷入"矿竭城衰"的陷阱,促进区域经济可持续发展的关键是实现企业、个人和政府三者转型成本的最小化或者利益的最大化⑦。

---

① 李博、张旭辉:《资源型城市经济转型与服务业发展——基于我国107座地级资源型城市的比较分析》,《西部论坛》2018年第3期。
② 冉燕:《经济转型视域下资源型城市旅游业发展路径创新研究》,《改革与战略》2017年第10期。
③ 曾坚、张彤彤:《新常态下资源型城市经济转型问题、对策及路径选择》,《理论探讨》2017年第1期。
④ 古红英:《资源型城市经济转型问题研究》,《经贸实践》2018年第11期。
⑤ 古红英:《资源型城市经济转型问题研究》,《经贸实践》2018年第11期。
⑥ 尹牧:《资源型城市经济转型问题研究》,博士学位论文,吉林大学,2012年。
⑦ 张娟:《山西省资源型经济转型研究》,硕士学位论文,山西大学,2012年。

三 可持续发展理论

"可持续发展"最早出现在由联合国环境规划署等部门于1980年出版的《世界自然保护策略：为了可持续发展的生存资源保护》一文中。

中国的可持续发展概念和理论的研究与探索。1994年，国家计委等部门出台的《中国21世纪议程》一文中详细阐述了可持续发展的内涵：既要兼顾当前和未来的发展，又要综合考虑后代人和当代人的利益[①]。可持续发展就是人口、经济、社会、资源和环境的协调发展，产生于环境保护实践。随着当前环境生态的逐步恶化，可持续发展理念应运而生，用于当前生态环境竭泽而渔的现状。可持续发展理论有以下观点：

（1）社会发展以及经济发展、环境和生态保护间存在密切的联系，要实现经济发展与社会发展的协调，必须处理好环境问题。

（2）生态承载力是有限制的，人类活动应限制在生态系统的合理的承受阈值内，人类社会的可持续发展应该在生态系统的承载力范围内。

（3）从生态系统角度来综合考虑实现自然资源可持续利用，促进环境和经济协调发展。可持续发展是生态补偿理论的铺垫支持，是实现生态可持续的重要形式和途径，可持续发展的内涵是阻止经济发展对生态环境的破坏，最大限度地协调处理经济发展与生态保护的对立关系，促进自然与社会的和谐统一。

人口、资源、生态、经济和社会"五位一体"，是指导中国资源型区域转型的顶层思想。我国正处于经济社会转型发展的关键时期，探索资源型区域经济高质量发展，需要统筹规划全面推动实施区域经济可持续发展战略[②③]。当前中国面临人口老龄化、能源供给安全、资源短缺、生态退化和环境污染等因素的制约，如何探寻一条符合中国资源型区域经济发展之路？如何顺利转换经济发展方式？如何进一步提高资源型区

---

① 王冠：《资源型城市转型生态可持续性分析——以河南省焦作市为例》，《生态经济》2016年第4期。

② 支大林：《我国资源型城市转型与可持续发展的困境及破解对策》，《福建论坛》（人文社会科学版）2015年第4期。

③ 尤瑞玲、杨贵玲：《基于层次熵分析法的旅游资源评价与可持续发展对策——以焦作市为例》，《华中师范大学学报》（自然科学版）2012年第3期。

域创新能力？如何构建生态保护与区域经济高质量发展的实现机制？如何避免资源型区域经济发展陷入拉美陷阱的发展中国家诅咒？以上是资源型区域实现可持续发展的关键问题。中国可持续发展战略的整体构想，是将人口、资源以及环境三者并驾齐驱和经济发展作为一项不可分割的系统工程，将资源节约和生态环境保护作为重要抓手。发展循环经济是实现资源节约和利用的重要方式，推进低碳经济是实现环境保护和环境改善的重要路径，而践行绿色发展和深入推进生态文明建设为我国资源型区域经济发展指明了前进方向和实现路径。

四 路径选择理论

资源型区域出现"资源诅咒"现象的根本原因并不是丰裕的自然资源本身引起的，而是产生于对自然资源的路径依赖。资源型区域在经济发展过程中积累了许多矛盾和问题，如产业结构不合理、创新不足、缺乏市场激励、寻租与腐败等，导致"资源诅咒"现象。因而，资源型区域应在自然资源耗竭前，积极转向其他更具有区域竞争优势的新领域[①]。

资源型区域经济转型路径选择。目前文献研究表明"资源诅咒"现象未必会在所有自然资源充裕的区域存在，科学的经济发展方式完全可以使资源丰裕地区避免"资源诅咒"现象的产生，进而充分发挥自然资源对经济增长的促进作用。例如转变经济发展模式，扩大人力资本投入，促进资源优化配置，调整与优化产业结构，完善生态环境补偿机制和资源财富转化机制等措施保障资源的有序开发和利用[②]。实现资源型区域可持续发展的路径选择，应避免陷入区域经济发展受制于资源开发与利用的路径依赖（Path Dependence）。路径依赖揭示区域经济发展的初始制度安排的重要性，不同的制度安排会形成不同的激励模式、不同的经济发展方式。

打破路径依赖和科学谋划资源型区域经济转型发展的路径选择，关键在于转变资源型区域实现经济发展长期形成的依赖资源开发与利用的

---

① 马华：《多重利益博弈下的地方政府治理群体性事件路径选择》，《天水行政学院学报》2013年第6期。

② 冯菊香：《人力资本视域下资源型区域经济发展的路径选择——以陕北为例》，《学术交流》2010年第9期。

固有机制。从全局和整体方面，系统谋划资源型区域经济转型的路径设计与规划。经济层面的转型是实现资源型区域经济可持续发展的基础，而社会和生态层面的转型是实现区域经济转型的保障。实现资源型区域经济的可持续发展是一项复杂的系统工程，涉及产业结构调整、经济体制改革、宏观政策调整、科技创新投入、劳动力培训和再就业、资源税费改革等多个领域。既要积极借鉴国外资源型区域经济转型成功经验，又要妥善处理资源利用与生态保护、传统产业改造与新兴产业培育、城乡协调发展、当前与长远、经济与社会统筹发展等重大问题，切实保障资源型区域经济平稳成功转型。

五 外部性理论

从概念本质上讲，外部性指某项经济主体对另外一项经济主体产生外部影响作用，而这项外部影响却不能通过正常市场价格进行交易。布坎南与斯塔布尔宾最先于1962年提出了外部性这一名词概念，外部性表现为边际私人收益和边际社会收益不等，或者表现为边际私人成本和边际社会成本不等等现象。边际社会成本大于边际私人成本即为负外部性，边际社会收益大于边际私人收益即为正外部性。在本书中，煤炭自然资源开发利用以及生态环境保护行为具有明显的外部性特征，水资源开发利用也具有明显的外部性特征[1]。

以煤炭资源的开采为例，煤炭企业或者当地政府在开采煤炭资源的过程中，获得了大量的收益，是煤炭资源的受益者；但是在开采中所引起的大气污染、水体污染、土壤污染留在开采地，则当地居民是资源开采的受害者，同时当地居民为了保护环境，投入大量的物力、人力、财力以修复生态环境、保护生态环境，甚至为此丧失了区域发展机会，因此当地居民是资源环境的保护者和受害者。另外，资源大规模地开采导致环境恶化，当地居民投入大量人力、财力、物力修复和保护生态环境，导致资源开采边际社会成本远大于边际私人成本。此时，由于开采资源行为产生的负效应远大于其正效应，导致外部性产生——开采煤炭的边际社会成本大于边际私人成本，于是产生了负外部效应。

---

[1] 姚建忠：《现代服务业正外部性推动资源型城市转型研究——以迁安市为例》，《经济研究参考》2017年第29期。

六 公共产品理论

萨缪尔森在《公共支出的纯理论》中对公共产品的定位为：依据物品是否具有如下特征：使用时是否排他和消费时是否竞争。依据这两个特征区别私人物品和公共物品，而公共物品依据不同标准又可以进一步划分，可以分为纯粹的公共物品和非纯粹公共物品，其区分标准是：效用是否具有可分割性；消费是否具有竞争性；受益是否具有排他性。纯粹的公共物品严格具备上述三个特征，而非纯粹公共物品并不严格地满足上述的三个特性。由于纯粹的公共物品严格具备上述三个特征，因此它不具有价格特征，无法通过市场机制进行有效的资源配置，而非纯粹的公共物品和纯粹的公共物品不同，严格意义上并不具备上述三个特征，一些非纯粹性的公共物品或者部分具有排他性特征，或者排他成本非常高，以致当消费达到一定界限后，非纯粹的公共物品就具有排他特征以及竞争特征了[①]。

生态服务由于使用时的非排他性，因此其部分功能具有公共物品的特征，同时生态服务消费具有特定的特征：如地域性特征等；因此，部分学者认为这类公共物品既可以归为非纯粹公共物品，又可以归为准公共物品。它们可以在某些范围内按照受益者部分负担的原则来制定价格，由于在准公共物品供给过程中，市场机制、自愿协商机制、合作机制等不能有效发挥作用，导致准公共物品的供给存在失灵的问题，此时，政府有必要参与其中，有效地干预失灵问题，通过政府参与和干预，调整失灵问题，增加公共福利。

自然资源环境及其所提供的生态服务所具有的公共物品属性，因此，由于这些属性决定了公共自然资源环境、生态服务会面临诸多问题：资源或者生态服务被过度使用，加之供给相对不足，导致资源短缺，同时资源开采会带来气候变暖、环境恶化等问题，必须采取一定的政策措施，缓解甚至解决公共资源等被过度消耗、环境恶化以及资源过度使用、空间及环境拥挤等问题，而生态补偿是行之有效的措施，能有效地保护生态资源，保护生态环境，促进资源可持续、生态环保、经济

---

① 谢炜、蒋云根：《中国公共政策执行过程中地方政府间的利益博弈》，《浙江社会科学》2007 年第 9 期。

发展。分析公共物品的属性，通过生态补偿，界定生态补偿的受益者、保护者（主体）、受害者（客体）、不同主客体的权利、义务、责任范围，进而制定合理有效的政策及措施。

七 生态资本理论

生态资本理论认为，生态系统不同于一般的系统，其原因在于生态系统提供商品的特殊性，生态系统能够提供有形的物品、无形的商品甚至提供生态服务，因此可以被认为是资源、生产要素，具有经济价值、生态价值等，因此我们认为生态产品、生态服务均为生态资本，下面以煤炭资源为例进行分析。

（1）煤炭资源效用价值论。所谓价值的本质效用，对于煤炭资源而言，其价值大小是由煤炭资源的稀缺程度以及煤炭资源的供给需求状况所决定的，无论是自然产生的煤炭还是经过人工后天加工的煤炭，都具有一定的稀缺性，这是因为煤炭资源的供给是一定的，与此同时，人类社会的经济发展、城镇化的加快等不断消耗和使用煤炭资源，加剧其稀缺性。由于其稀缺，煤炭资源具有效用价值。

（2）煤炭资源的劳动价值论。由于地球人类和自然的共同空间，人类具有加工自然资源、改变环境的能力，因此，地球上的生态系统是被人类加工过的，不再是以往单纯的自然生态系统。由于煤炭资源在勘探、开发和提炼过程中凝聚了人类的劳动，因此煤炭资源的价值由勘探、开发和提炼过程中所消耗的劳动量决定，因此根据马克思的劳动价值论，煤炭资源具有价值。

（3）煤炭资源的综合价值论。综合价值论是结合上述两种观点，认为综合价值论是结合劳动价值论与效用论，并形成两种相关观点：在综合价值论中，煤炭资源的形成凝结了人类劳动，加上煤炭资源的稀缺性，因此，煤炭资源的价值论是劳动价值论和资源稀缺性理论的结合；生态效益价值首先取决于煤炭资源对人类的效用或者有用性，效用大小和煤炭资源的稀缺程度以及其可开发利用程度有密切关联。

八 自然资源环境资本论

在上述外部性理论中谈及人类在开发、使用资源或者是保护、发展资源的过程中将会产生外部性，但是这种外部性影响并没有通过市场机制或者市场价格体现出来，如资源开采者或者资源开采受益者（煤炭资源开采企业）在开采资源的过程中，对当地资源区产生一定危害，但是这种负外部性并没有通过市场价格体现出来，如果想解决外部性问题，可以通过生态补偿将外部性内部化，可以达到激励人们正向行为、惩罚人们负向行为，因此，可以通过生态补偿，有效激励人们保护生态环境行为，有效地对负外部性行为进行遏制，达到保护环境和增值生态服务价值的目标，确定可行有效的生态补偿标准是保证生态补偿机制能够实施的关键问题和因素。

自然资源的利用与使用情况和环境保护有密切的关联。长期以来，自然资源的使用问题在我国未得到足够重视，一方面与我国施行的高投入"粗放型"经济发展方式有关，另一方面也是由于我国尚未建立起完善的自然资源资产产权理论，人们对自然资源缺乏足够的认知。由于自然资源资产产权理论的不够完善且产权关系模糊，使其难以在市场上进行常态化交易。人们只需付出很小的代价就能使用自然资源，且获得的收益远远大于这部分付出。自然资源的过度使用对生态环境造成严重且不可逆转的损害，严重影响人民的日常生活和社会经济发展的可持续性。自然资源资产产权理论将明确自然资源的各项权属，使其能够在市场中自由流转交易。

总的来看，目前的生态补偿以及生态补偿标准中依据生态服务机制、生态资本等已经形成一套基本完善的理论基础，生态补偿机制的研究已经奠定了一定的基础，形成一定的理论价值。但是这些方法在实际使用过程中都存在一定的缺陷，如生态服务价值在测算过程中会导致生态补偿标准过高等，导致生态补偿实施困难，因此在现实的政策实施中结合实际需要，确定具有可行性的生态补偿标准方法，让生态补偿更具有实际性、可操作性、实施性。

九 区域分工理论

区域分工是指不同区域，因为相互关联的社会生产体系受一定利益机制的支配而在地理空间上发生的分异。区域由于资源禀赋、资源条件、交通条件、技术条件、成本等差异，加之要素和资源相对固定在地理位置上，不能随意、完全、自由流动。因此，为满足本区域生产生活发展需要，区域按照比较优势的原则，在各自区域范围内选择重点产业、优势产业，充分发挥自己的资源优势、要素优势、区位优势，以实现本区域内较高的经济效益和整个区域的总体效益，进一步促进区域的经济、社会、资源的可持续发展。

对于资源型区域而言，如煤炭矿产资源而言，因具有丰富的煤炭资源，建立起以资源为核心的产业，有效促进了本区域的矿产资源发展和经济发展，但是由于煤炭资源的开发、使用等过程，对于本区域的生态环境造成严重的影响，如地下水污染和环境恶化等，必须通过生态补偿，对其产生的负外部性内部化；对于资源型区域的其他资源，如森林资源，由于依据本区域的资源禀赋发展相关产业，如森林和旅游产业，其发展重点和产业核心重点是主要围绕森林产业。依据不同的资源禀赋发展不同的产业，各区域都有明确的分工。

第二节 资源型区域的界定

本书既从自然资源、人文资源等定性角度界定资源型区域，又从定量的角度，以城市行政区域、经济指标、社会特征为依据，提出资源型区域界定的原则和标准，为研究资源型区域发展问题厘清概念，奠定基础。

一 资源型区域相关概念

（一）资源型区域的资源概念

资源是广泛存在于自然界和人类社会之中的物质、能量及信息要素，人类可以利用它为人类创造财富。资源本身不是财富，它需要人类的加工，变成人们可以利用的产品，满足人们的各种需求。经济学研究的资源与地理资源不完全是一个概念，地理资源的研究涵盖各种自然资源的数量与质量的地域组合等方面，而经济学研究的资源除自然资源外，还研究非自然资源，如劳动力资源（人力资源）、农业资源、文化资源、技术资源、教育资源等。狭义资源被认为是能为人类社会发展服务的自然要素，它不是人类开发出来的结果，而是客观存在的。自然资源为人类社会提供生产生活的原料和燃料等可以最终利用的物质与能源，它是社会生产发展的先决和必要条件，但不是决定一个地区最终富裕程度的决定因素，正如资源富裕的国家不必然是高收入国家，资源缺乏的国家必然贫穷一样，先天的自然资源可以被人类开发利用，为经济发展提供基础和保障，是一种大自然的恩赐①。随着经济社会的发展和技术的进步，人类需求的范围及规模也随之扩大，伴随着生产力的提高，人们可征服与改造的资源范围（领域和种类）也越来越大，可利用的资源范围也不断扩大，资源的概念也随之扩大。经济学研究的资源概念，属于广义资源，它不仅包括自然资源，还包括社会和文化资源等。与自然资源相对应的人文资源，人文资源是人类在经济和社会活动中创造的物质财富和文化财富的总称，它是一个社会发展程度的体现，也是经济社会发展的前提，包括经济资源、人力资源、科技资源和文化资源等。社会环境区别于自然环境，它是人类的创造物，如人类活动形成的工农业、城市、交通、文物古迹和风景区、娱乐场所等，它也可以被称作人工环境，特征是人类活动改变的自然环境，体现为人文资源的因素②。

所以，自然资源与人类周围的自然界是有区别的。自然界是包含人类社会在内的整个外部环境，它指的是大气层、水、土壤岩石和生物圈，它与人类活动无关，是客观存在的③。自然资源与人类的活动和开发相关，它特指在一定时间、地点条件下能够生产经济价值满足人们需要的那部分，利用该部分资源用以提高人类的福利。自然资源分为可持续利用的资源、可再生的资源与未来将会耗竭的即不可再生的资源。可再生资源的再生比较容易，速度也较快，但是在一定时间内的开发利用活动会产生不利于其他方面发展、生存生活的影响，如森林资源、野生动物资源，如果不加限制地砍伐、捕猎，植物、动物资源可能出现总量的萎缩，甚至出现因生态恶化而资源枯竭④。从这个意义上来说，人们对可再生资源的认识也要有更深的理解，即从生态可持续性角度，保护和有序利用可再生资源。永续消费资源的再生速度相比其他资源要快得多，这类资源因为再生太快，总量不稀缺，虽然生产活动也非常需要，

---

① 谢炜、蒋云根：《中国公共政策执行过程中地方政府间的利益博弈》，《浙江社会科学》2007 年第 9 期。
② 张复明：《资源型区域面临的发展难题及其破解思路》，《中国软科学》2011 年第 6 期。
③ 张洪潮等：《资源型区域工业企业两阶段技术创新效率评价——基于绿色增长视角》，《科技管理研究》2017 年第 8 期。
④ 常纪文：《国有自然资源资产管理体制改革的建议与思考》，《中国环境管理》2019 年第 1 期。

但因其不稀缺,以至于很容易被人类忽视,这类资源也不属于经济学的研究对象。比如,太阳能、风能、水能、光照、空气等。之所以把第三类叫作可耗竭型资源,是因为可耗竭型资源的再生速度太缓慢,以至于在一代几代人的时间内它无法再生出来,如石油、煤炭等化石能源,它是自然界自身在漫长的地质年代特定条件下生成的。自然界留给特定区域人类的初始资源禀赋,它可以成为一个国家发展的先天丰裕要素,如中东的石油。但它的存量不论再多,也总是有限的,用一点就少一点,终归会有用完的一天①。基于本书的研究选题,所研究的资源涉及的是不可再生和不可维持的可耗竭型资源,具体到本书中则是专指矿产资源(各类资源的分类见表2–1)。

表2–1　　　　　　　　各类资源分类

		生物	矿物	能源	环境
自然资源	可以持续利用的	农产品,如谷物、经济作物	盐	太阳能、风能	阳光、空气、水等
	可再生的	森林资源、野生动物		水能、地热	珊瑚
	可耗竭不可再生的	濒危物种	有色金属、矿石等	石油、天然气、煤	湿地、臭氧层、可耕种土地
社会人文资源	经济资源	人类从事经济活动创造的物质财富,可以作为生产投入的各类物质			
	人力资源	人类体力与智力的总和			
	科技资源	科学技术研究成果			
	文化资源	社会发展沉淀的文化、历史、制度等物质与非物质精神财富			

(二)资源型区域与矿业区域的区别

农业文明时代最重要的资源是土地,大量便利的可耕作土地也产生了最早的农耕文明。农业社会的发展方式依赖的重要资源是土地,对能源和其他资源消耗较少。工业社会以来随着工业生产效率的不断提升,对自然资源中的金属矿藏原料和石化能源需求不断增加,这些能源和原材料在国家经济战略中的地位水涨船高。一些区域的形成和兴起就与可

---

① Wang, L. J., "The Changes of China's Environmental Policies in the Latest 30 Years", *Procedia Environmental Sciences*, Vol. 30, No. 2, 2010, pp. 1206–1212.

利用的自然资源的开发紧密相关，很多资源型区域发展需要的生产投入品的往往是经济资源中不可再生资源的可耗竭资源，如煤矿、石油的采掘和开发利用，相应在该要素禀赋突出的区域，产生这类以密集使用该丰裕要素的主导产业①。根据要素禀赋理论，不论是国际贸易或是国内交换，在资源丰裕区域，市场本身竞争的结果，往往会内生出基于该丰裕资源要素的资源密集型产业，如煤炭集中地区会形成采煤、冶炼、化工等产业。基于比较优势的发展结果，甚至会催生出资源型市，如大庆油田的开发，发展出大庆市。由于区域发展利用先天优势，也容易走上资源依赖的路径，久而久之最终形成了资源型区域②。资源型区域一般包括矿业资源（能源）区域和森林工业区域。资源型区域如果是可再生资源，就不存在资源型区域因资源耗竭产生的一系列问题，因此资源型区域主要是依托不可再生的矿物和能源区域发展起来的，如矿物、煤炭、石油等工业城市或区域，当然也包括可再生但再生速度非常慢的森林等自然资源区域。资源作为先天禀赋，为该区域发展奠定基础，但是否形成资源型区域，却依赖于后续的开发、经济发展策略与政策。随着市场的发达、政策允许，投资人及地方政府会发展当地具有竞争优势的产业，所以说地方区域的可持续发展与资源开发的联系非常密切。许多资源型城市或区域就是在开采资源之后逐渐产生的。与之不同的是，前者可以看作因为政府的作为，因势利导主动选择依托资源优势的主导产业，后者可能是内生发展的结果。资源型区域一般承担着为国家输出资源型产品的功能，比如东北和西部自然资源相对丰裕，为国家经济社会发展输送了大量的资源或能源产品。我国的东部、中部、西部三大区域的能源原料储量占比，西部地区的能源、矿产资源储量占比最多，特别是天然气资源，西气东输对东中部的生产生活起到了巨大的支撑作用。东北地区在解放前就是资源型产品生产的重要基地。东北与西部资源相对富裕的地方与发达的东部经济，可以进行分工协调，资源优势互补。当然也有资源型城市（区域）的发展是国防安全需要而有谋划的布局，不是基

---

① 刘宇、周雅琴：《文化产业促进资源型城市矿业遗产转型利用的模式研究》，《河南社会科学》2018 年第 6 期。
② 唐荣彬等：《基于区域背景——斑块状态的矿业城市资源型生态关键地段识别》，《工业安全与环保》2017 年第 2 期。

于因势利导类型的,但也是基于天然资源优势作出的安排。基于自然资源优势的区域,其发展自然也受限于资源。随着资源在生产中的重要性变化,产业结构调整、国家发展战略、参与国际分工、资源的相对价格变动,以及开采成本变化等因素的变动,资源型区域的发展速度及模式变动都会受到影响。资源型区域也会随着矿产、石油、煤炭等不可再生资源(能源)数量与质量本身的限制、可再生资源中再生速度低于人们需求速度的限制,如林木资源的过度砍伐导致资源萎缩从而导致区域经济不可持续。资源型区域的发展因资源而兴,形成资源型主导的产业,前期可能会快速带来资源型区域发展迅速繁荣,但最终都会不可避免地遇到资源型产业衰退或转型的问题。同时,由于吸取了发达地区的工业化经验,我国的工业化进程具有一定的后发优势,本应走绿色经济的现代化道路,但经过多年发展,资源型区域的偏重型产业结构已经形成,资源开采加工对环境和生态的污染也成为既定事实,这就更需要借助城市转型的机遇,加强环境治理。

初期的资源型区域一般是矿业区域,它属于部门经济区的范畴,是继工业经济区之后的较低层次经济区。矿业区域初期以矿产资源的勘查开发和加工为主,主导产业也是矿产资源的开采和加工。依据我国矿产资源的种类以及矿产资源在区域经济中的作用,可把资源经济区域分为以煤炭资源的勘测采掘与加工为主的煤炭工业经济区;以金属采掘加工为主的冶金工业经济区和以石油、天然气开采加工为主的油气工业经济区[1]。

总之,资源型区域是经济发展到工业化阶段,自然资源价值凸显后,对自然资源的开采、利用发展壮大起来的区域,其经济甚至最终对资源产生依赖的特殊类型区域。

(三)资源型区域普遍面临的发展问题

资源型区域的经济发展得益于天然的要素禀赋发展优势,只要外部条件允许(市场分工充分、交易成本低、地方政府因势利导等),特别在我国重化工业发展阶段,资源型产业往往会得到快速的发展,并发展

---

[1] Stijns, J. P. C., "Natural Resource Abundance and Economic Growth Revisited", *Resources Policy*, Vol. 30, No. 2, 2005, pp. 107–130.

出专业化、规模化的特征，许多资源型区域的资源能源类产业会布局于不可移动的资源开采地，位居产业链条的最前面，资源型区域与其他区域的分工也体现在初期偏重资源开采的资源密集型产业的生产，由于早期开发阶段人们对资源价值的认识不足，往往低估资源的价格，不计算因资源不可持续与资源开采外部性（污染、生态恶化、环境破坏等）成本，客观地也会压低资源原料的价格（这也同时更突出了资源密集型产品价格相对低的比较优势，早期资金短缺，积累资金、发展需求也客观需要这样的政策导向）。即使之后发展出的重化工业产业延伸部分，仍然是基于天然资源禀赋优势的。资源型产业在开采、生产过程中的竞争，以及国家对开采效率、外部性考虑进去的监管之下，更大规模化生产逐渐取代小规模的生产。随着开采效率的提高，年产量也不断增长，资源的预期使用年限被缩短，而许多地区基于地区间资源禀赋不同带来的区际分工，在较长时期人们忽视了资源萎缩及外部环境变化情况下的产业转型及升级问题，基于简单的资源优势扩张的单产业结构单一产业发展路径出现锁定，这种资源型经济发展的路径依赖，往往耗尽了当地生产的各种潜能，由资源型富裕，最终可能变成资源型发展模型的贫困，由于长期依赖资源优势，区域创新意识、创新能力与创新动力缺乏，危机意识不足，当由于出现替代能源资源，或找到性价比更优的海外资源能源时，内地资源型能源的价值也只能被压低，对资源型产业严重依赖的地区甚至出现国际贸易理论中悲惨的增长的情况，这是一种恶性经济循环，它会导致该地区在经济竞争中地位下降，出现"资源诅咒"①②③④。本书讲丰裕的资源是一个地区发展的独特优势，但并不是一个地区发展的必要条件，更不是其发展的充分有利条件。如果长期忽

---

① Weibull, W., *Evolutionary Game Theory*, Cambridge: MIT Press, 1995.
② Wessling, W. T., "Institutional Quality, Economic Development, and Natural Resource Abundance: Towards and Interactive Model of Development", *Dissertations & Theses – Gradworks*, 2014.
③ Biao Liu, et al., "Measurement of Sustainable Transformation Capability of Resource – based Cities Based on Fuzzy Membership Function: A Case Study of Shanxi Province, China", *Elsevier Ltd.*, 2020, p.68.
④ Zhidong Li, et al., "Fuzzy Comprehensive Evaluation of Decoupling Economic Growth from Environment Costs in China's Resource – Based Cities", *Hindawi*, 2020.

视区域增长的转型和注重高质量可持续的发展的话，这种短期单一经济结构的生产对经济增长反而会产生对长期发展不利的限制①。表现为在短期资源丰裕地区经济体增长速度比资源贫乏区域快，但在长期由于不可避免地面临和解决资源型产业转型问题，其增长速度必然会慢下来。因为转型需要发展其他产业，而其他产业的发展需要储备相应的人才，依赖自然资源的发展，就会对其他（包括专业人才）生产要素产生一定的"挤出"，技术、制度创新也缺乏内在动力，更不要说创新人才的培育机制了，最终引致的可持续发展动力和能力的衰退。

资源型产业发展也会出现历史性负担，比如出现生态环保等方面的问题，长期的资源开采，造成地面沉陷、生态破坏，造成难以恢复的环境问题。由于资源型产品加工链条相对较短，生产技术要求相对低，产品附加值低，前期粗放式发展中积累资金赶不上环境问题凸显后用于生态补偿的资金需求，也需要从外部（其他区域）获取生态补偿，但在资源型产业发展前期，这个问题不那么突出，生态补偿意识不足。在实践中，又因为存在补偿对象、补偿主体、补偿标准的确认等复杂问题，资源型地区付出的代价往往难以得到弥补。资源型区域的经济发展又与国有企业改制改革的制度变革问题交织，资源型企业的改革需要会造成大量沉淀成本，沉淀成本的存在使资源型产业、企业转型呈现刚性特点，加之路径依赖，主导产业带动力趋弱，资源型产业与相关产业的带动不高，较难适应市场的快速变化，企业缺乏自生能力和转型升级能力也容易锁定发展路径，且不说由技术锁定导致的生产结构产业结构锁定，使资源型区域、产业及企业较难超越现有运行轨迹。

（四）资源型区域传统发展模式

根据要素禀赋理论，资源型地区丰裕的自然资源很容易让该类地区内生地选择一条过度依赖资源的经济增长之路。分析资源型区域传统经济发展模式缺陷与内在机制，为经济转型提供理论支撑。

资源型区域传统发展模式特点。一是区域经济对能源类资源产业依

---

① Wessling, W. T., "Institutional Quality, Economic Development, and Natural Resource Abundance: Towards and Interactive Model of Development", *Dissertations & Theses – Gradworks*, 2014.

赖高。资源型地区主要是依靠煤炭资源，而它们煤炭的发展中，又主要依靠采掘业与初级加工业。其煤炭产业主要依靠筛选与洗涤、炼焦、发电等工业，初级加工占比较大。相反在科技含量较高的深加工、精加工方面比较落后。这使产品的综合利用率较低、产品的附加值较低。大型资源型企业的投资可以占区域总投资量的50%，更甚者能高达70%。资源型地区的发展模式却是大同小异的，即能源原料等资源的投资比重高，第二产业的产业结构比重大，传统资源型经济的发展模式调试依赖资源且受到资源价格波动的影响较大。资源的价格波动影响资源型地区的经济增长。由于煤炭的价格波动幅度高于一般的产品，这就使煤炭价格的波动导致产量的波动，进而引发了产业的波动从而影响了经济增长的稳定。鉴于区域主导产业的资源型企业大多以煤炭、化工、钢铁、石油等资源为主，受历史的原因且多是国有企业在经营，相比民营企业来说，国有企业自身有其特点，面临着一些特有的困难，长期依赖国家，而不是靠市场找出路，存在等靠要，内部缺乏竞争力、外部难以适应市场而灵活调整，再加上国有企业的重化工业特征：投资大、资产专用性强、沉淀成本高，使资源型企业转型自身就困难，这样使以资源型企业为主的地区经济发展自然调整困难，一旦资源衰竭需要转型或升级，经济由于缺乏内在动力，若国家不及时"输血"，其经济就容易陷入困境。二是产业结构不合理。资源型区域资源及初加工业劳动就业人口，该部分产值和人群占劳动总人口比例较大，随着国家改革力度的加强，以及人们观念的转变，第三产业已经略高于第二产业，但是我们仍然不能否认，在第一、第二、第三产业中，第二产业所占的份额仍然较大，产业结构明显不合理。不合理的产业结构，使资源型地区的经济效益明显偏低。比如，在国内贸易方面，由于资源型区域输出产品的附加值低于输入产品的附加值，容易引起部门间贸易条件恶化与反工业化。产生很大的贸易逆差，会进一步加大对资源的开发，形成恶性循环。三是资源依赖型经济，创新动机弱从而导致创新能力下降。由于长期失去创新和升级机遇，导致在资源总量减少、资源成本上升情况下，本地的产业结构落后，长期处于低附加值的产业低端，以资源初级产品的出售和初级加工为主。甚至出现国际经济学上讲的悲惨增长局面——地方政府为了增长需要，在初级产品贸易条件恶化后，不得不更多地开采和出售资源，使环境污染、经济结构扭曲、地方财政收入下降、经济无法持续等问题更加严重。当这种经济形态遇到资源枯竭、政府规定的环境红线约束时，其经济会面临快速下滑的局面，其脆弱性风险会马上变为经济萧条的现实。四是产生资源价格扭曲与收入分配问题。从资源利用角度，矿产资源的开发，带动了企业家才能、工人、资本和矿产资源的利用，带动了就业；从国民收入角度，矿产资源的开发，带动了企业家才能、工人、资本和矿产资源四类要素的报酬实现，分别是正常利润、工资、利息和资源租金，提高了国民财富水平。资源部门受利益动力驱使迅速扩展更加速资源耗竭，以成本核算和约束财务缺乏制度保障，使该收益流向资源支配者，带来收入分配不公与差距扩大问题，引发相关经济主体的矛盾，导致寻租、腐败、派系冲突等社会问题。

传统发展模式存在路径依赖。"兴盛也资源，衰落也资源"是对资源型地区的发展规律以及发展模式最好的总结。长期的发展模式，形成了对资源的依赖与发展模式的路径依赖，资源型区域在它发展的过程中面临着一系列的复杂问题，一旦遇到资源枯竭，这些矛盾和困难就凸显出来。在资源型区域依靠的资源型产业大部分都属于国有企业，市场经济的价格机制以及竞争机制不能得到很好的发挥。由于该类型地区政府收入依赖于资源型企业的支持，在资源型地区常常看到，本该由政府所提供的公共物品而由资源企业来提供，政府的职能出现了严重的缺位，存在资源垄断和地方政府对本地企业的保护，市场秩序还不健全。从资源型产业和企业自身内在原因，使其容易锁定原有发展模式。沉淀成本效应。沉淀成本是指企业进入一定产业和市场所投入、积累而退出该市场时不能收的那部分前期投资。从经济学角度考虑决策，沉淀成本是历史成本，不应当作为边际决策考虑的依据，但问题是投资的巨大、资金的困难，及现实产业转型升级面临的诸如就业这样棘手的现实问题，使政府决策往往不得不从社会而不是经济效益角度出发考虑问题。在企业转产时这部分资产不能完全回收转作他用，形成专业性用途的"锁定"效应。从企业个体角度分析，如果企业继续维持生产，这些机械设备仍然能够提供现金流，只要能够弥补原料工人工资（工人原有的技术还可以派上用场）等变动要素报酬，维持生产反而是合理的。沉淀成本的存在以及企业的国有特性，阻碍了衰退行业退出，企业不知不觉把短期当成了长期,这也是国有企业软预算约束的一个表现。再加上进入其他行业和市场需要大量资金、进入壁垒等客观现实原因,使资源型产业中的企业没有内在积极性转型,往往只能低效率地运营,更不用说主动调整产业结构了。

资源型区域以资源型产业为主的发展模式,必然受制于资源型产业的缺陷,资源型产业的缺陷有:区域内资源储量有限,总有开发竭尽那天;生产成本不断上升。对自然资源的开采一般是由上而下、由易而难,开采成本必然不断上升(如果技术不变),资源开发难度变大,其边际开发成本将持续走高,从而导致资源型企业收益递减和经济效益下滑。这个成本上升的特点,制造业区域优势明显领先于资源型区域,随着时间推移和资源开发,资源型城市原有的资源优势将消失殆尽,增长也无法长期可持续。如果沿袭传统的发展模式,一方面会加快资源的枯竭,另一方面资源型区域面临的困难会加速到来。这就要大力发展循环经济,高效利用资源和实现循环发展;还要提前做好路径转型升级准备,转换为新的发展模式。

二 资源型区域界定的主要指标和取值

资源型区域的界定标准需满足如下条件:采掘业产值占工业总产值比重大于10%,从业人员占全部从业人员比重大于5%;县级市和地级市采掘业产值规模对应的超过1亿元和2亿元,从业人数规模超过1万人、2万人。对资源型区域的界定,国内学者多以定量的方式来确定。王青云利用加权的方法将资源型产业占经济总量的比重、每年从资源型产业中退出职工占总职工比重、城镇登记失业率、前三年的经济增长率平均值这几项指标作为指标汇总后排序[1]。高天明在取值研究的基础上,总结国内外学者的研究成果,通过定量与定性相结合的原则,提出我国资源型城市的界定标准和城市名单[2]。蔡飞、金洪通过按照区位熵指数定量排序测算区域资源经济活动,取"均值加1个标准差"为临

---

[1] 王青云:《资源型城市经济结构转型的问题和对策》,《今日国土》2004年第Z3期。
[2] 高天明:《我国资源型城市界定及发展特征研究》,硕士学位论文,中国地质大学,2010年。

界点以上的地区为资源型区域①。

根据国内外对资源型区域的界定原则和对资源型区域的相关认识,认为在研究资源型区域的界定时需要有以下几点依据作为原则:

(一) 根据城市行政区域划分

根据《全国资源型城市可持续发展规划(2013—2020)》的相关规定,资源型区域包括地级市、县级市、县(自治县、林区)以及市辖区(开发区、管理区)等。

(二) 依据经济指标划分

资源型区域的矿产资源开发利用达到一定规模,以资源型产业的产值占区域 GDP 的比重、矿业采选业活动在区域经济中应占有重要地位或成为主导产业。

(三) 依据产业结构划分

资源型区域依托资源而兴起,也为了发挥专业化生产规模优势的因素,往往会导致单一的资源型产业比重偏大的产业结构,在区域的三次产业从业人员结构中,第二产业从业人数比重明显偏大,第一、第三产业比重明显偏低,三次产业结构明显不协调。

(四) 过程性或动态性划分

考察资源型区域既要看其过去的资源禀赋和资源型产业发展过程,也应以该地区的产业当前与未来的持续性发展状况为标准,需要从动态全过程视角来考察资源型区域的变迁。因为可能存在转型过程中资源型产业比重下降,资源型企业作业人员减少,以及资源型产业转型过程中产值占经济总量中相应比重变小的情况,不能仅根据过去的资源禀赋和资源型产业发展状况作为判断处于转型时期的资源型区域的依据。同时,资源型区域的划分或界定,依据的也是一个相对的排序,这种差异是由于经济体中不同区域内在分工及路径依赖的结果导致的。总体而言,资源型区域是全体地区中对不可再生自然资源依赖程度较高,又因有比较优势依托该资源发展的区域。从经济发展的角度来看,它是相对而不是绝对的。

---

① 蔡飞、金洪:《基于区位熵理论的中国资源型地区判定研究》,《技术经济与管理研究》2010 年第 2 期。

（五）以本地化为特征的划分

资源型区域的经济社会发展往往与本地资源开发、产业延伸有密切关系。由于发展的路径依赖，该区域未来发展也与当地资源历史上的开发利用有关。但资源型区域的界定有一点是没有质疑的，那就是它是基于天然本地资源的因素，而不是依托利用外来资源，通过进口外部资源，进行深加工这样的模式发展起来的城市或区域，如进口澳大利亚铁矿石发展当地钢铁业的区域，是不属于资源型区域的。这个范围的厘定，避免了以采掘业及初级加工业产值为标准将从国外或外地获取的矿产品初加工产值纳入当地矿产加工业而造成的数据失真和判断错误。

第三章

资源型区域经济发展的路径依赖锁定和解锁辨析

经济学意义上的锁定（Lock-in）是从生物领域引入路径依赖这一概念后产生的，两者有着紧密的联系，前者是后者的体现。当前关于经济发展对资源的路径依赖的研究从制度经济学的视角可以分为路径依赖的锁定效应、路径依赖的形成机制以及相应的解锁条件等方面。资源型区域经济发展的路径依赖具体体现为该区域的社会经济发展被"锁定"于某种或某些产业。根据要素禀赋理论，资源型地区丰裕的自然资源很容易让该类地区选择一条过度依赖资源的经济增长之路。如果资源型经济沿着依赖自然资源的路径发展，势必会从资源滥用走向资源约束，从而影响经济的可持续发展。同时由于资源型区域经济的产业发展路径会沿着资源产业演进，其他更优的体系很难对它进行替代，引发"锁定"风险，形成路径依赖。据此，本书引入路径依赖的分析框架，探讨资源型区域发展路径形成锁定的原因，并以44个资源型城市为例进行路径锁定效应分析，提出资源型产业从路径依赖向路径创新转变的思路，从生产要素、需求条件、相关和支持产业、企业战略结构和同业竞争、机会、政府六个方面提出资源型区域产业路径依赖的解锁条件，并以环保政策优化为例对解锁机制进行设计。

第一节 资源型区域经济发展路径依赖的锁定效应

一 资源型区域经济发展路径锁定效应的定性分析

本质上,锁定效应是指在正反馈机制作用下,一个偶然的事件演变为持续的路径并且难以为其他体系所取代。在本书研究中,它是指某地区由于某种偶然因素,其经济发展依赖且长期依赖资源型产业而不能脱离,也就是地区经济发展路径锁定于资源型产业[①]。具体来说,这种路径的锁定可以从以下四个方面考察。

(一) 技术锁定

技术锁定本身是指一种技术仅仅因其首先发展并应用,从而在后续的应用中排斥了其他技术的使用。排斥的原因可能是报酬递增、网络效应或者学习效应等。对资源型区域经济发展而言,技术锁定源自该地区主要资源被发掘时采用的技术类别,也取决于该地资源的天然属性。一旦该地区主要的资源发掘技术被确定下来,就会在相当长的时期内趋于稳定并且其技术路线得到不断强化。根据国务院资源型城市规划,我国当前的资源型城市蕴含的资源主要包括煤炭、石油、天然气、有色金属等。这类自然资源在开发时需要大量的固定资产投入,主要是大量的设备投资,其资产数额巨大且大多配套购置和安装,在这些设备的折旧期结束前难以被完全淘汰和替换。即使在折旧期结束后,由于使用期内配套设备、维护人员、操作人员等原因,在更新设备时企业仍倾向于使用与旧设备类似或相同技术路线的设备。因此,在发掘资源所使用技术上,资源型地区有路径依赖进而技术锁定的特征。从资源部门的替代产业角度看,资源型地区也缺乏向非资源型技术转移的动力。长期以来,这些依靠资源实现经济增长的地区已经习惯于原有的技术架构,这些地区主体企业在原有技术上投入了大量的资金,整个地区也为其投入了大量的配套资金和技术投入,这使企业在技术路径上出现了自我强化。同时也使其他产业部门难以获得发展新技术的资源,综合作用下,资源型

[①] 索忠连:《资源型城市转型发展的路径探索:以平顶山市为例》,《中国矿业》2020年第4期。

地区的技术锁定于既有路径而难以转换和升级。

（二）结构锁定

结构锁定是指资源型区域在经历长期的发展后，社会结构和经济结构等均出现了路径依赖，而新产业和新部门必须扎根于社会和经济体系才能够生存，锁定于资源型产业的社会经济结构无法为其提供生存的土壤[①]。长期以来，资源型区域的支柱产业大多集中于煤炭开采、石油天然气开采、有色金属开采等采矿业，部分地区沿产业链向下延伸至制造业中的化工、金属冶炼、机械加工等部门，再有继续延伸至电力、热力生产等行业。这些行业在各资源型区域的国民经济运行中具有十分紧密的投入—产出关系，只要上游产业或者主导产业不发生结构性变化，其他与之密切关联的产业也很难发生产业意义上的升级或者转移。就社会结构而言，资源型地区人口的就业结构、职业结构、整个社会的教育层次、各种配套性部门都和资源型产业紧密相关，由资源型产业决定，甚至该地区的公共基础设施都是围绕着资源型产业配置的。在支柱型产业形成路径依赖后，整个地区的经济系统、社会系统统统围绕着该产业形成了支持体系，进而两者之间产生了相互强化的作用。换个角度说，正是由于资源型地区的支柱性产业影响力巨大、牵涉面极广，使这些地区向非资源型结构转变更加困难。

（三）功能锁定

功能锁定是指在出现路径依赖后，资源型区域的整体功能，包括经济、社会等方面形成了围绕资源部门配置的态势。当该地区的技术、结构形成锁定后，该地区的主体功能也相应地被固化于某领域，该地区在更大范围内（如全国）的社会分工相继被固化。当代社会经济发展的趋势是社会分工的日益深化和广化，伴随着这一趋势的是各个经济单位，包括各个地区职能的专业化，在社会分工体系中的功能地位日益固化[②]。资源型区域经历长期依靠煤炭、石油等自然资源实现增长后，在相应地区或者全国范围内大多被定位为资源供给地，部分区域被赋予资

---

① 徐元晨、邱德荣：《基于双重动态价值网络的资源型城市发展路径分析——来自中国126个资源型地级市的考察》，《江西财经大学学报》2020年第1期。

② 赵莹：《新时代资源型城市经济转型路径探析——基于"递进—关联"支持机制的分析》，《长白学刊》2020年第1期。

源深加工职能,甚至在名称上也被冠以"某某之都"。鉴于前述的技术、结构、成本等方面的相对优势,这些资源型区域往往也将发展方向集中于既有资源而不做他想,丧失了功能转移的内在动力。其他周边地区、关联地区在长期的经济往来中也习惯于其传统定位,在原材料供应、产品研发、产业升级或对接等方面对这些地区均做习惯性想定,也使资源型区域失去了定位转移的机遇。

(四)认知锁定

认知是指人们获取与应用知识和信息加工的过程,这是人的最基本的心理过程。社会成员的主观认知源自所处的自然和社会环境。这种由环境决定并反作用于环境的社会认知具有客观性、惯性或者滞后性、自我实现性的特点①。第一,社会成员的认知来自身处的社会环境,受客观的社会环境制约。一般而言,有什么样的社会环境就有什么样的社会认知。资源型城市和区域在经济结构、社会结构等方面均围绕资源开发生成和发展,整个社会的劳动力构成、教育水平和架构也都以资源生产为中心进行。进而,社会成员对生活方式、思考方式等的认知也具有浓重的地域和产业特色。第二,社会认知具有惯性或者滞后性。社会认知受社会环境决定,其形成和成熟在时间上往往滞后于社会环境的变化。这是因为人们是根据既往经验形成自身对社会的认知,当社会环境发生变化时,大多数人往往不能很快觉察这种变化并随之调整自身的认知。尤其是当社会环境的变化并不剧烈时,社会认知就更加滞后于社会环境的变化。第三,社会认知具有自我实现的特点。人们是根据自身的认知决定参与社会活动的态度和角色的,而且社会个体之间的认知会相互影响,出于从众心理,大多数个体倾向于采用较为普遍的观点和行为。这样就会形成社会认知的自我实现特点:当一个社会组织中大多数人都持有某种观点并照此行事时,这种观点就会真的成为客观的社会行为和社会现实。这种社会现实反过来又会进一步强化社会认知,从而形成一种闭锁的循环即锁定。

二 资源型区域经济发展路径锁定效应的定量分析

选择适当的方法,度量资源型区域经济发展对资源型产业的路径依

---

① 马琼:《资源型城市转型中社会保障问题研究——以安徽省淮南市为例》,《中国财政》2016年第10期。

赖程度，测算其锁定于资源型产业的具体水平，保证其科学性、客观性，是定性分析资源型区域产业路径锁定效应后必要的定量补充，是分析路径锁定机制和解锁方法的基础。

（一）度量方法和数据的选择

1. 选择的依据和原则

科学性是在选择资源型区域经济发展路径锁定程度的度量方法时首先需要考虑的原则。失去了科学性，则无法保证分析结果的正确，无法为后续研究奠定坚实的基础。社会科学与自然科学在研究的科学性上既有相同之处也有差异，社会科学是对人的研究，既受人类活动的客观规律约束，也受人的主观动因影响。因此，社会科学研究中的科学性标准更值得注意。资源型地区在产业路径上的依赖程度的高低，如何界定、如何度量，首先需要坚持科学性标准和原则。其方法和指标应该能够真实反映出资源型地区产业发展的实际，体现出该地区对自然资源的依赖程度，折射出地区产业发展中自然资源的重要性变动趋势。同时需要注意，地区经济发展受多种因素影响，地区资源只是其中一种，在方法和指标筛选时应该尽可能保证其特异性，即能够尽可能剥离其他因素对区域经济总体的影响。

客观性是选择度量方法和数据时需要考量的重要原则。客观性是定量分析的生命，失去了客观性，定量分析也就失去了意义。定量分析的客观性可以体现为分析方法和分析数据两个方面。从分析方法看，应保证所选用的方法本身能够真实反映所研究问题的本质，避免出现为定量而定量的问题。在实践中可能会出现同一问题有多种定量研究方法的情况，此时则应考虑不同方法所适用的数据是否客观。一般而言，社会科学定量分析数据的来源有统计资料和调查数据两种，具体使用哪种则应视具体情况而定。在资源型区域的产业路径依赖程度的定量分析中，统计资料的优势在于相对规范和完整，各地区间的统计口径相对一致。另外，在数据的灵活性和细致性上统计部门的资料又有其不足之处。

数据的可得性是定量研究时不得不考虑的一个原则。不同的研究方法、不同的模型对所使用的数据的要求往往是不同的，甚至是大相径庭的。这其中既有对统计口径的要求，也有对数据的完整性和样本量的要求。这些限制决定了在问题研究时必须考虑需要的数据能否获得以及所获得的数据能否满足要求，仅仅考虑方法的完美而不考虑数据的适用很可能导致研究方法不能体现其优势甚至无法操作，这也是科学性和客观性的另一种体现。在当前的实践中，资源型区域往往通过行政区划界定，而且一般以市、县级区域为主，但目前统计部门的资料一般以省级以上部门最为详细、公开和规范，全国各地地级市和县级区域的统计资料的统计口径差异颇大、详尽程度差异颇大。在实际研究中，这种差异导致一方面部分地区的数据不完整，另一方面各地区之间的横向比较难以进行，因此统计资料的可操作性和可得性是资源型地区产业路径依赖定量研究中必须考虑的一个因素。

2. 度量方法的选择

综合目前的研究成果，地区发展对资源型产业的路径锁定程度的定量分析一般分为两大类。一类是建立回归方程，利用解释变量和被解释变量间的系数反映地区资源型产业的变化对区域发展或者经济增长的影响。这类方法的优点是回归方程的理论成熟、回归方法的接受度较广，但也有其不足之处。回归方法重在反映解释变量对于被解释变量的影响，也就是说，这种影响是单方面的因果关系。根据资源产业路径锁定的机理，在资源型产业和地区经济发展中不仅仅是单方向的影响，而是包含了地区发展对于资源型产业的反作用，也包含了相关因素（生产要素、市场需求、相关产业等）的综合影响和相互影响，这种复杂关系在回归分析中是无法体现的，甚至是回归分析基本假设（多重共线性等）不允许的。另外，回归分析对于样本量有最低数量的要求，实践中统计资料不能保证满足。另一类方法是利用投入产出表计算各产业间的关联度和影响度。从理论上说，这类方法能够直接反映出区域经济各部门、各产业间的影响力和感染力，也就能够反映出国民经济各部门对于资源型产业的依赖程度，从而测定区域发展对于资源型产业的锁定程度。但是，我国目前的投入产出调查每5年进行一次，时效性难以保证。尽管可以采用一些处理手段，对投入产出表进行延展，但其客观性也就难以保证，尤其是随着我国经济发展进入新阶段，经济运行特点、规律也发生了变化。例如，2007年是投入产出表编制年份，但是2008年国际金融危机的出现不可避免地改变了各产业间的关联关系，如果基于2007年的投入产出表进行延伸，无法反映实际的经济变化。而且投入产出表的编制以省为基本单位,无法反映出各地级市的产业关联特点,也就谈不上在各省的地级市间进行横向的比较。

鉴于课题研究的主旨和研究方法的科学性、客观性与可操作性间的平衡,本书借鉴了"耦合协调度"的公式,利用其思路作为度量地区经济对于资源型产业的路径依赖程度。根据刘春林的考证①,耦合协调度的研究工具最早以"协调度"的称谓出现于1992年,至2005年刘耀彬将物理学中的容量耦合概念引入,提出耦合度函数。概言之,耦合协调度是用来衡量两系统或者三系统之间发展的协调统一程度。一般公式如下:

$$C = 2\sqrt{\frac{U_1 U_2}{(U_1+U_2)^2}} \tag{3-1}$$

其中,$0 \leq U_1$,$U_2 \leq 1$,$0 \leq C \leq 1$,求出耦合度;再利用公式

$$D = \sqrt{C \times T} \tag{3-2}$$

计算协调度,其中,$T = \alpha U_1 + \beta U_2$,其中 $\alpha + \beta = 1$,$0 \leq T \leq 1$

或者将耦合度式(3-1)换为:

$$C = \left[\frac{U_1 U_2}{\left(\frac{U_1+U_2}{2}\right)^2}\right]^{1/k} \tag{3-3}$$

其中,$2 \leq k \leq 5$,当 $k = 2$ 时,式(3-1)和式(3-3)相同。最后根据 T 值的大小判断协调程度的高低,一般来说,T 值越大,则可作出协调程度更高的结论。

从本质上看,式(3-1)和式(3-3)的基本含义类似于"相对极差",在不考虑指数 k 的情况下,从以下过程可以看出:

$$\frac{(U_1 - U_2)^2}{\left(\frac{U_1+U_2}{2}\right)^2} = \frac{(U_1+U_2)^2 - 4U_1 U_2}{\left(\frac{U_1+U_2}{2}\right)^2} = 4\left[1 - \frac{U_1 U_2}{\left(\frac{U_1+U_2}{2}\right)^2}\right] \tag{3-4}$$

式(3-4)的第一项分式中,分子是两个量的差,代表两个量的绝对的离散程度,指数2的作用是保持两变量之差不为负。分母是两个

---

① 刘春林:《耦合度计算的常见错误分析》,《淮阴师范学院学报》(自然科学版)2017年第1期。

量的平均值，作为绝对值的分子项尽管可以反映出变量的离散，但按照统计学的原理，选择相对值更为合适，也更便于比较，所以除以两个变量的平均值。整个分式的含义为两个变量的离散程度是两个变量均值的若干倍，或者说每一单位平均值代表（或对应）的离差。分母所以用平方项是为了与分子的平方项保持量纲的一致。经过第二项的变化后，整理出第三项。从第三项可以看出，整个式子的取值的大小已经取决于 $\dfrac{U_1 U_2}{\left(\dfrac{U_1+U_2}{2}\right)^2}$。当 $\dfrac{U_1 U_2}{\left(\dfrac{U_1+U_2}{2}\right)^2}$ 取值比较小时，整个式子的值比较大；当 $\dfrac{U_1 U_2}{\left(\dfrac{U_1+U_2}{2}\right)^2}$ 取值比较大时，整个式子的值比较小。式（3-3）的指数项 k 作用在于使取值在［0，1］范围内保持相对均匀的分布，避免取值过于集中于某个区间。

如上所述，计算得到式（3-1）或式（3-3）中的 C 值代表着 U_1 和 U_2 两个量的分散程度，或者说这两个量之间的关联程度，这就是一般研究中所说的"耦合度"。在此之后，进一步利用式（3-2）计算协调度。其中 $T=\alpha U_1+\beta U_2$ 代表 U_1 和 U_2 两个量的加权平均数，可视研究的实际赋予不同的权重，一般可以取 1/2。这样，结合前文对 C 的分析，T 与 C 相乘的含义就比较明显：代表着 U_1 和 U_2 两个变量的综合影响（即两者之和）所带来的两者离散程度（两者之差）。在求得耦合值和协调值之后，研究者往往在［0，1］间划定某些区间，根据计算所得的耦合协调值落在不同的区间判断两个系统间的协调统一程度：越靠近 0，意味着越离散，也就是越不统一；越靠近 1，意味着越统一。

综上，所谓的耦合协调度本质上是衡量两个系统或者两个变量间的离散程度的，利用这一特性，可将其应用于资源型区域的产业路径锁定程度的衡量。两个系统或者两个变量分别对应区域经济发展和资源型产业的变化，两个系统越离散，意味着资源型产业的路径锁定程度越低，两个系统越密切，意味着资源型产业的路径锁定程度越高。

3. 度量数据的选择

用耦合协调度度量资源型区域经济发展的产业路径锁定程度时，需引入两个系统,一个是资源型区域的经济发展,另一个是资源型产业的变化。对于区域经济发展的度量一般分为综合指标和单一指标两种,综合指标指不仅考虑 GDP,还要将其他反映区域发展的变量,如教育、环境、福利等综合拟定为一个指标体系。单一指标仅仅包括国民收入,即 GDP。考虑到资源型产业对教育、社会福利等指标的影响往往是间接的、迂回的,本书研究采用单一的 GDP 指标。

资源型产业的变化可以通过采矿法人单位数、采矿从业人员、采矿业总产出、采矿业平均工资等指标反映,考虑到数据可得性和横向比较的需要,本书采用"采矿业固定资产投资额"作为衡量指标。在我国的统计口径中,采矿业指对固体、液体以及气体等自然产生的矿物的采掘,基本涵盖了大部分资源型产业。按照现行的财务会计制度和统计口径,固定资产投资是以货币形式表现的,总体上看固定资产投资额可以反映采矿业资产的历史积累,更为重要的是能够反映该行业对未来市场变化的预期,能够反映今后一段时期该产业的发展趋势。相对于其他指标,固定资产投资额更能够反映产业较长时期的发展状况,能够表现行业的生产能力变化。

(二)产业路径锁定的度量

利用各地市统计年鉴和 Wind 数据库,结合《全国资源型城市可持续发展规划(2013—2020 年)》,本书选择辽宁、黑龙江、江西、湖南、陕西、新疆、甘肃、河北 8 个省(自治区),44 个地级市作为东北、华北、西北、华中、华东区域的代表,利用 44 个地级市的国民收入和采矿业固定资产投资额,根据式(3-3),其中 U_1 为采矿业固定资产投资额,U_2 为国民收入(GDP),式(3-3)中的 $k=2$。

第一,对数据进行无量纲化处理,利用式(3-5)

$$x_{ij}^* = \frac{x_{ij} - \min x_{ij}}{\max x_{ij} - \min x_{ij}} \tag{3-5}$$

将数据标准化为 U_1 和 U_2。

第二,利用式(3-3),计算各地市对资源型产业的路径锁定程度,计算结果如表 3-1 所示。

根据此前对式(3-3)的分析,上述表格中的数字越小,意味着该地区经济发展与资源型产业间的依赖关系越弱,也就是锁定程度越弱；数字越大，意味着区域经济发展与资源型产业间的依赖越强，也就是锁定关系越强。

表3-1　　　　　辽宁省资源型城市产业路径锁定程度

年份	阜新市	抚顺市	本溪市	鞍山市	盘锦市	葫芦岛市
2005	0.03	0.03	0.01	0.03	0.03	0.01
2006	0.14	0.21	0.21	0.24	0.28	0.30
2007	0.28	0.34	0.37	0.46	0.40	0.44
2008	0.48	0.52	0.63	0.43	0.53	0.52
2009	0.56	0.62	0.69	0.73	0.55	0.53
2010	0.67	0.76	0.82	0.73	0.63	0.61
2011	0.52	0.78	0.86	0.84	0.87	0.91
2012	0.59	0.64	0.65	0.48	0.60	0.67
2013	0.55	0.51	0.20	0.43	0.70	0.75
2014	0.44	0.59	0.02	0.72	0.99	0.61
2015	0.12	0.55	0.02	0.37	0.92	0.00
2016	0.27	0.47	0.00	0.54	0.74	0.34

表3-2　　　　　黑龙江省资源型城市产业路径锁定程度

年份	黑河市	大庆市	伊春市	鹤岗市	双鸭山市	七台河市	鸡西市	牡丹江市	大兴安岭地区
2006	0.03	0.02	0.01	0.01	0.02	0.02	0.03	0.01	0.03
2007	0.25	0.25	0.42	0.29	0.33	0.35	0.18	0.01	0.20
2008	0.23	0.50	0.59	0.51	0.51	0.58	0.45	0.40	0.43
2009	0.56	0.44	0.55	0.61	0.59	0.67	0.60	0.52	0.40
2010	0.57	0.77	0.72	0.79	0.81	0.94	0.35	0.68	0.51
2011	0.74	0.92	0.27	0.81	0.90	0.93	0.85	0.73	—
2012	0.76	0.92	0.62	0.66	1.00	0.99	1.00	0.81	0.51
2013	0.91	1.00	—	0.77	0.83	0.78	0.96	1.00	1.00
2014	0.90	0.95	—	0.00	0.30	0.32	0.86	0.93	0.66
2015	0.98	0.74	0.30	0.20	0.04	0.04	0.86	0.89	0.26
2016	0.92	0.00	0.00	0.44	0.00	0.00	0.69	0.97	0.36

表3-3　　　　江西省资源型城市产业路径锁定程度

年份	景德镇市	新余市	萍乡市	赣州市	宜春市
2005	0.03	0.03	0.01	0.03	0.01
2006	0.20	0.22	0.01	0.24	0.24
2007	0.01	0.26	0.29	0.37	0.31
2008	0.39	0.35	0.48	0.44	0.46
2009	0.52	0.55	0.53	0.54	0.52
2010	0.63	0.73	0.66	0.65	0.00
2011	0.76	0.86	0.77	0.25	0.73
2012	0.60	0.83	0.87	0.78	0.85
2013	0.64	0.82	0.86	0.80	0.90
2014	0.22	0.91	0.91	0.93	0.77
2015	0.73	0.94	0.86	0.83	0.89
2016	0.83	1.00	0.62	0.99	1.00

表3-4　　　　湖南省资源型城市产业路径锁定程度

年份	衡阳市	郴州市	邵阳市	娄底市
2005	0.03	0.03	0.03	0.03
2006	0.20	0.20	0.22	0.15
2007	0.34	0.34	0.34	0.04
2008	0.46	0.37	0.45	0.20
2009	0.53	0.49	0.49	0.31
2010	0.62	0.63	0.61	0.56
2011	0.77	0.71	0.67	0.71
2012	0.82	0.79	0.79	0.86
2013	0.89	0.87	0.87	0.90
2014	0.93	0.94	0.85	0.95
2015	0.91	0.94	0.89	0.95
2016	0.88	0.90	0.78	0.94

表3-5　　　　　陕西省资源型城市产业路径锁定程度

年份	延安市	铜川市	渭南市	咸阳市	宝鸡市	榆林市
2005	0.01	0.01	0.03	0.03	0.03	0.03
2006	0.37	0.24	0.15	0.15	0.09	0.24
2007	0.50	0.01	0.23	0.20	0.03	0.38
2008	0.53	0.42	0.26	0.25	0.33	0.44
2009	0.54	0.54	0.55	0.47	0.53	0.56
2010	0.67	0.60	0.69	0.62	0.65	0.63
2011	0.78	0.55	0.78	0.74	0.58	0.89
2012	0.80	0.91	0.87	0.82	0.59	0.97
2013	0.98	0.95	0.97	0.91	0.69	0.99
2014	0.93	0.99	0.98	0.72	0.78	0.96
2015	0.94	0.85	0.91	0.58	0.97	0.86
2016	0.00	0.66	0.64	0.56	0.65	0.80

表3-6　　　　新疆维吾尔自治区资源型城市产业路径锁定程度

年份	克拉玛依市	巴音郭楞蒙古自治州	阿勒泰地区
2005	0.03	0.03	0.01
2006	0.33	0.31	0.38
2007	0.54	0.38	0.52
2008	0.53	0.47	0.64
2009	0.15	0.40	0.64
2010	0.46	0.54	0.73
2011	0.67	0.57	0.83
2012	0.86	0.83	0.85
2013	1.00	0.96	0.84
2014	0.87	0.97	1.00
2015	0.74	0.73	0.80
2016	0.47	0.45	0.00

表3-7 甘肃省资源型城市产业路径锁定程度

年份	金昌市	白银市	武威市	张掖市	庆阳市	平凉市	陇南市
2010	0.00	0.00	0.00	0.02	0.01	0.01	0.03
2011	0.75	0.71	0.44	0.53	0.37	0.56	0.37
2012	0.90	0.89	0.76	0.70	0.71	0.85	0.63
2013	0.96	0.79	0.87	0.85	0.91	0.94	0.41
2014	0.10	0.80	0.63	0.80	1.00	0.86	0.32
2015	0.01	0.44	0.50	0.76	0.74	0.58	—
2016	—	0.00	0.00	0.00	—	0.00	0.77

表3-8 河北省资源型城市产业路径锁定程度

年份	张家口市	邢台市	邯郸市	唐山市	承德市
2005	0.03	0.03	0.03	0.01	0.03
2006	0.01	0.24	0.33	0.30	0.28
2007	0.15	0.39	0.22	0.46	0.42
2008	0.43	0.50	0.34	0.61	0.53
2009	0.30	0.58	0.65	0.00	0.61
2010	0.43	0.70	0.72	0.61	0.65
2011	0.81	0.77	0.91	0.81	0.87
2012	0.93	0.47	0.96	0.78	0.90
2013	0.94	0.66	0.95	0.91	0.95
2014	0.96	0.92	0.87	0.93	0.98
2015	0.84	0.92	0.82	0.94	0.92
2016	0.28	0.72	0.70	1.00	0.76

注：表3-1和表3-7中部分年份数据缺失。

（三）路径锁定结果的分析

利用上述计算结果，从横向——各地市和纵向——时间序列分析各地市经济发展对资源型产业路径依赖情况，试图揭示资源型区域产业路径锁定的规律。

1. 各地市产业路径锁定的时间序列分析

综合考量各地市的资源型产业路径锁定的数据，根据其变化规律，可以将44个地级市的产业路径锁定情况分为三种情况。

（1）总体增长型。这类地区的锁定系数呈现出总体的上升趋势，这代表在考察期内，随着时间的增长，地区经济增长与资源型产业间的关联越来越密切，体现了"锁定"这一概念中的正反馈现象。这类地区包括：黑河市、牡丹江市、新余市、萍乡市、赣州市、宜春市、衡阳市、郴州市、邵阳市、娄底市、铜川市、渭南市、榆林市、庆阳市、邢台市、邯郸市、承德市、唐山市18个地级市。将这18个地区的产业路径的锁定值用折线表示为图3-1至图3-18。从这些图中可以看出，考

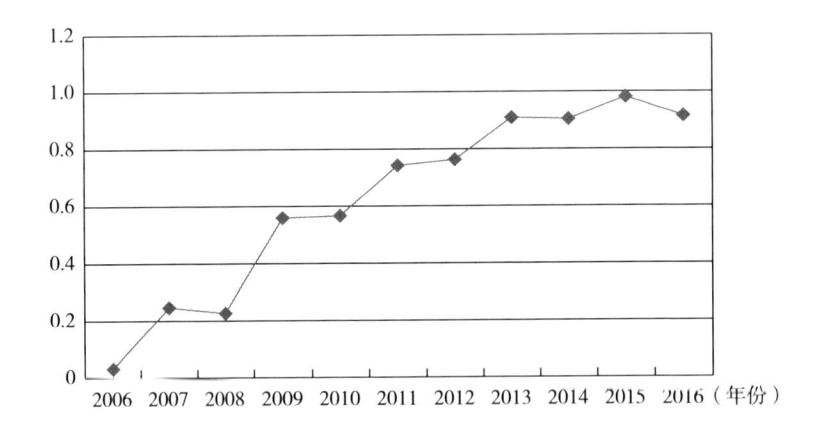

图3-1 黑河市产业路径锁定变化

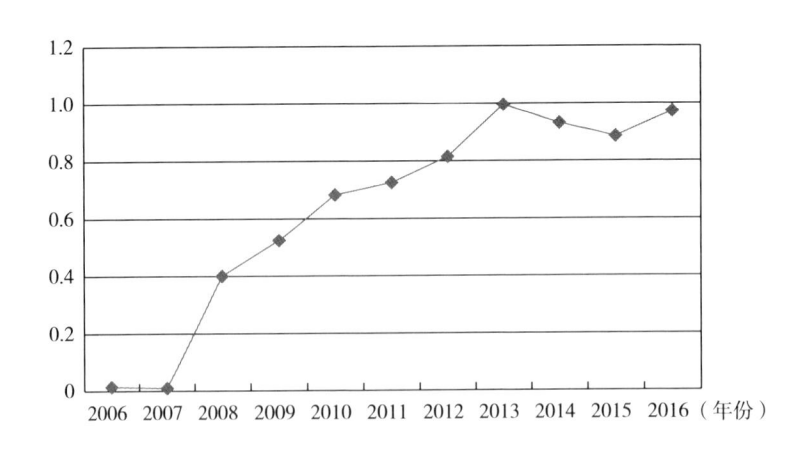

图3-2 牡丹江市产业路径锁定变化

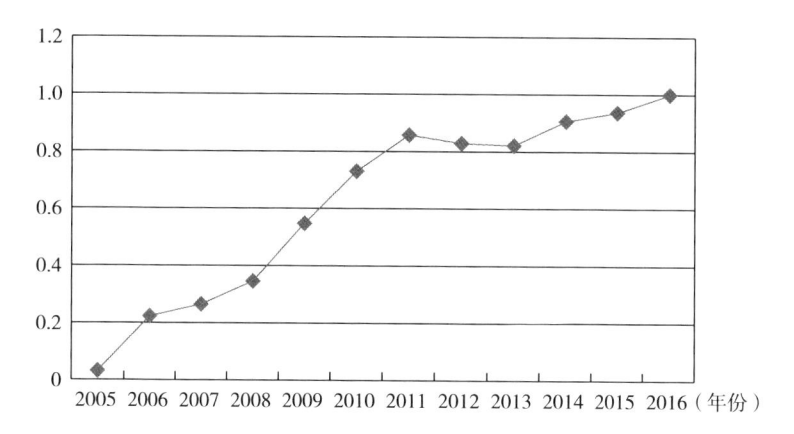

图 3-3 新余市产业路径锁定变化

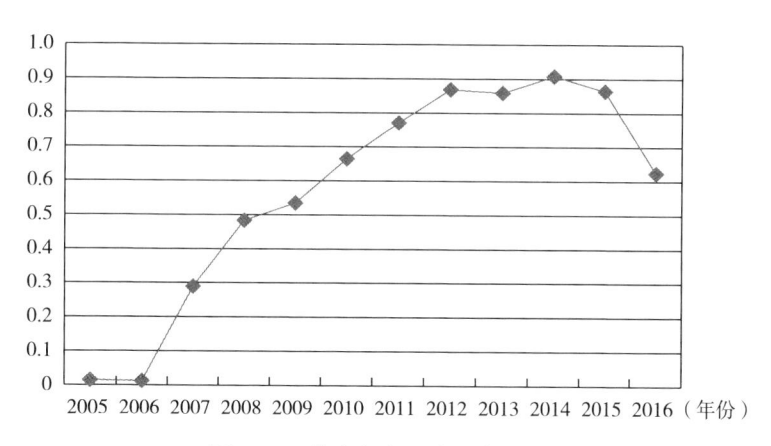

图 3-4 萍乡市产业路径锁定变化

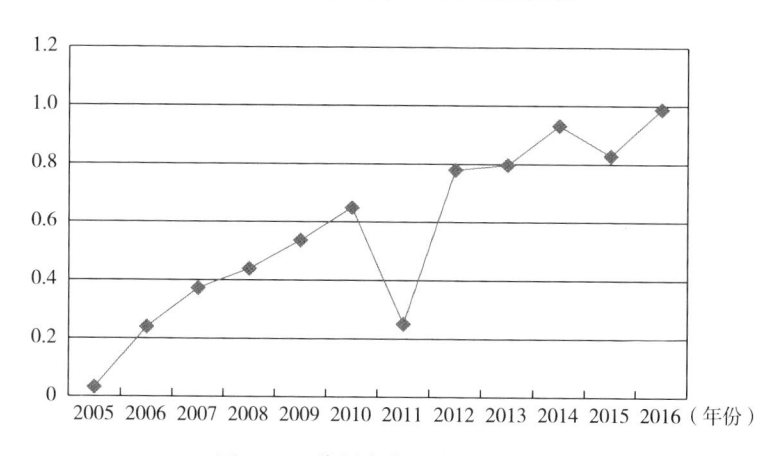

图 3-5 赣州市产业路径锁定变化

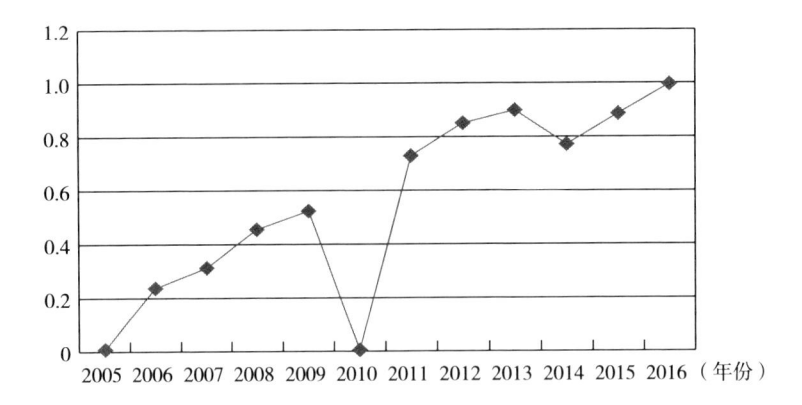

图3-6 宜春市产业路径锁定变化

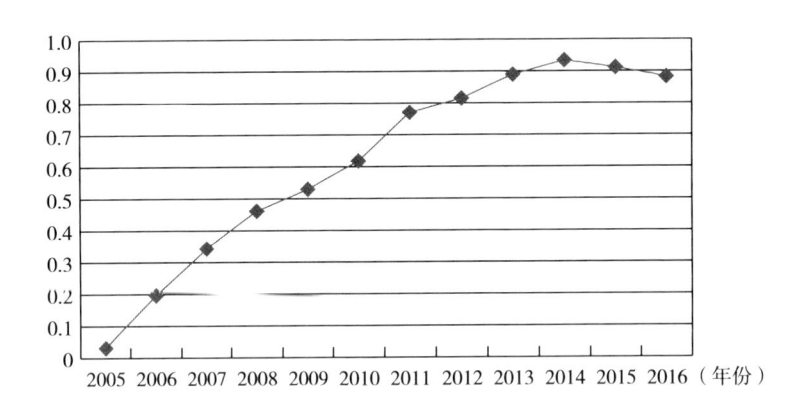

图3-7 衡阳市产业路径锁定变化

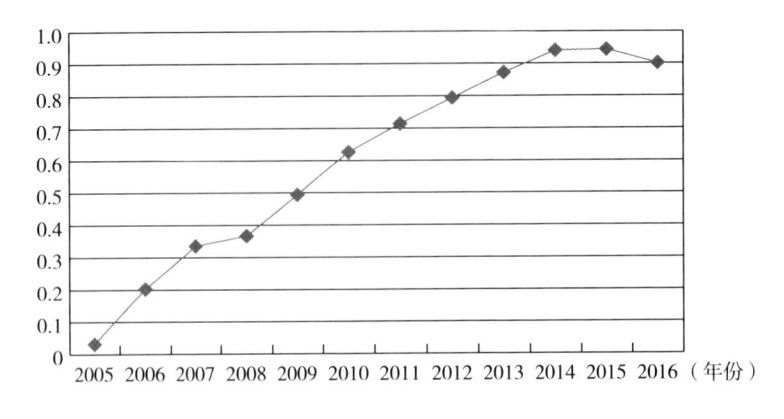

图3-8 郴州市产业路径锁定变化

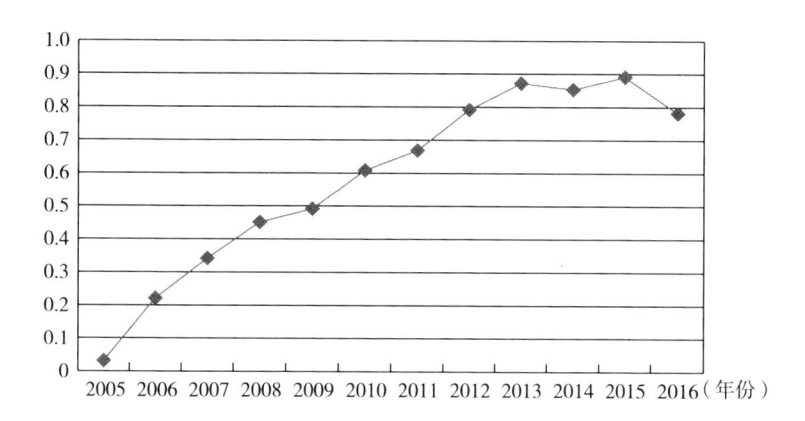

图 3-9 邵阳市产业路径锁定变化

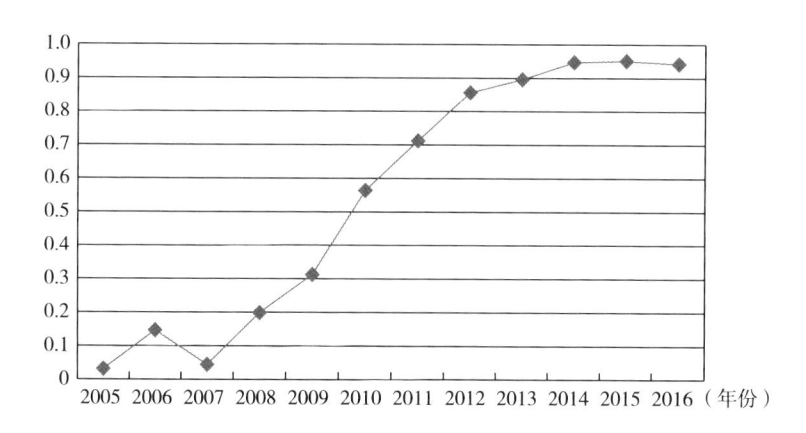

图 3-10 娄底市产业路径锁定变化

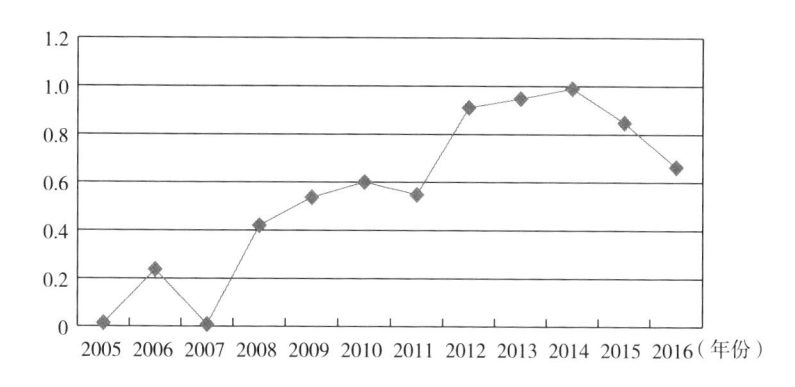

图 3-11 铜川市产业路径锁定变化

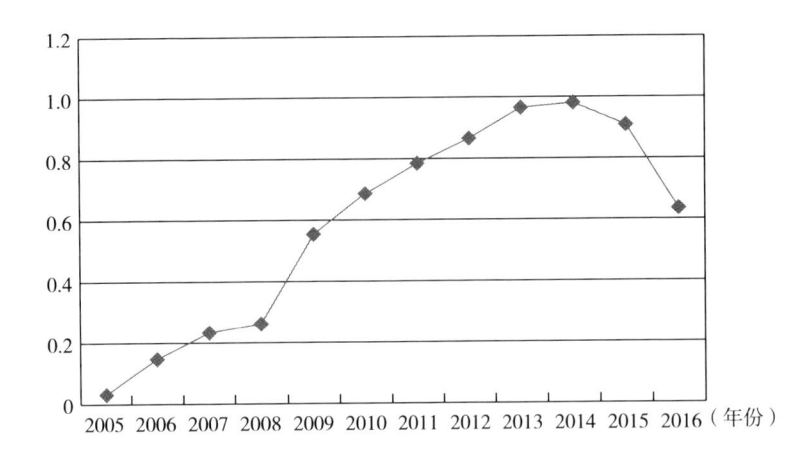

图 3-12　渭南市产业路径锁定变化

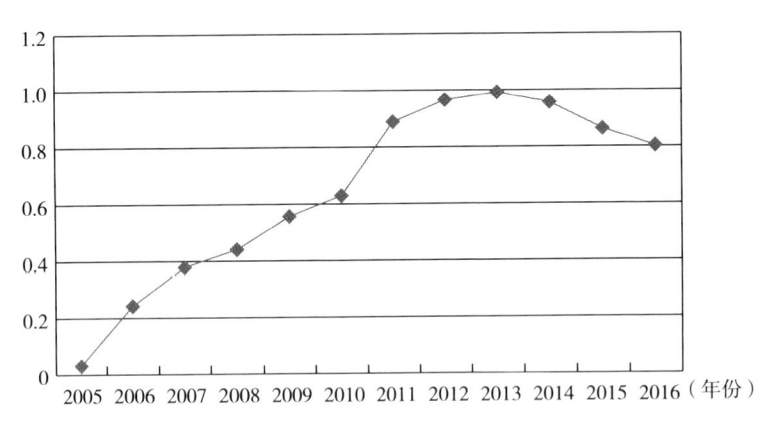

图 3-13　榆林市产业路径锁定变化

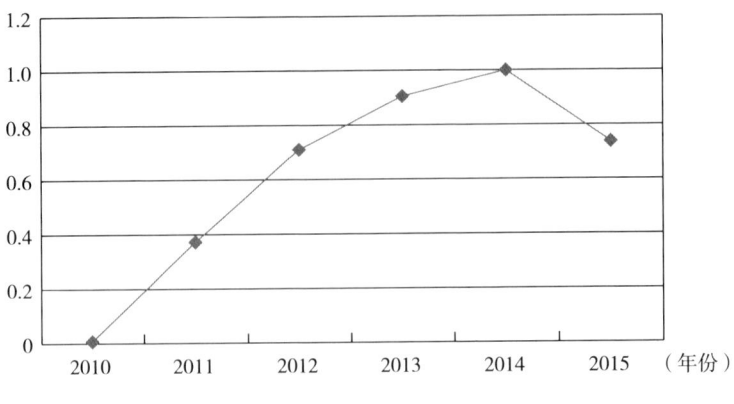

图 3-14　庆阳市产业路径锁定变化

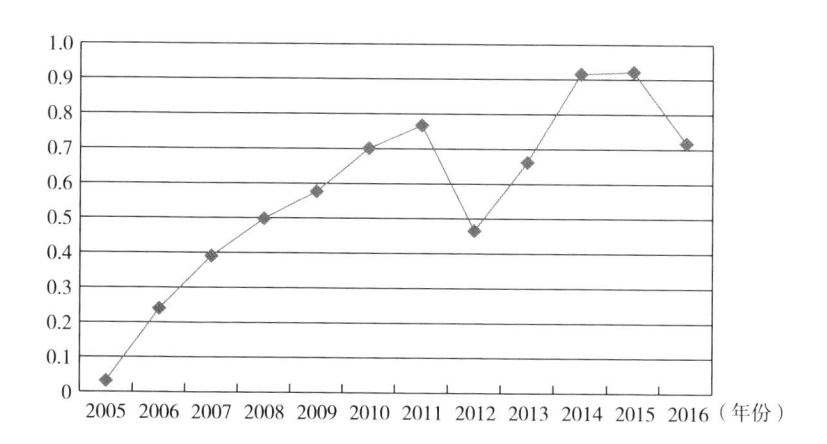

图 3-15 邢台市产业路径锁定变化

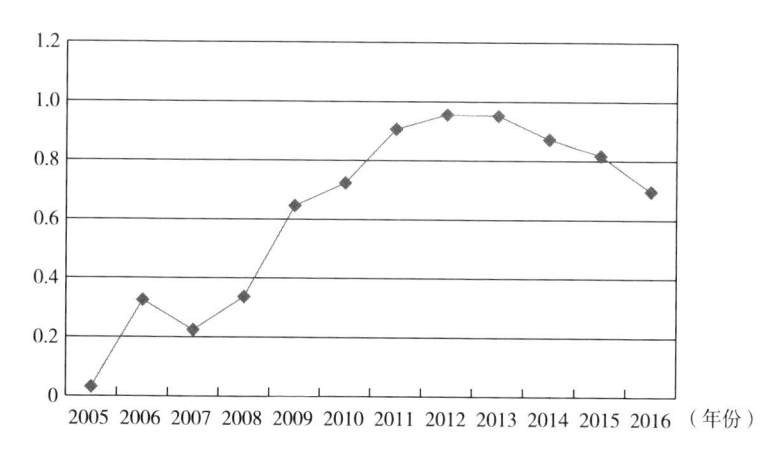

图 3-16 邯郸市产业路径锁定变化

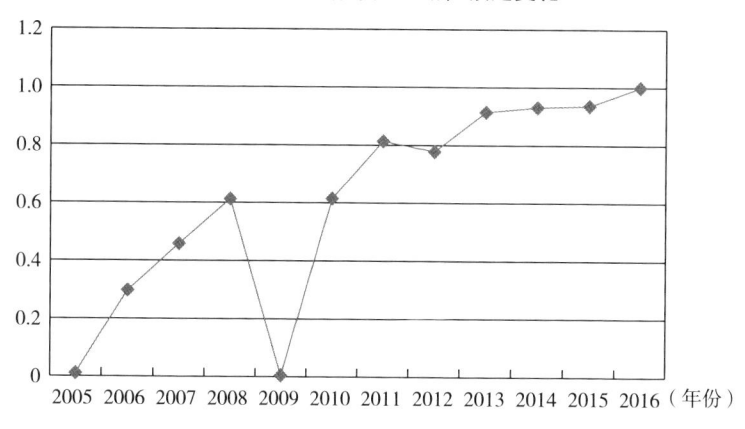

图 3-17 唐山市产业路径锁定变化

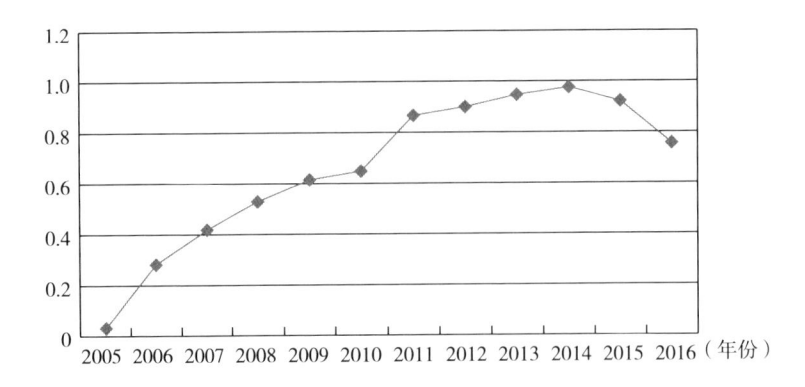

图 3-18　承德市产业路径锁定变化

察期间，这类地区除个别年份外（部分年份数据的剧烈变动是因为该年份数据缺失），经济发展与资源型产业之间的关联程度逐年上升。值得注意的是，这些地市中，萍乡市、邵阳市、铜川市、渭南市、庆阳市、邢台市、邯郸市、承德市在2015年、2016年左右出现了路径锁定程度下降的迹象，这种迹象是否能够演变为长期的下降趋势还有待观察。

（2）先升后降型。这类地区的资源型产业路径锁定呈现出在2005年后逐年上升，约在2011年前后达到高峰，随后下降，2015年左右甚至下降到2005年水平，整体波动体现为较为明显的倒"U"形。这类地区包括本溪市、大庆市、双鸭山市、七台河市、延安市、阿勒泰地区、金昌市、白银市、武威市、张掖市、平凉市11个地区。从图3-19至图3-29可以看出上述变动的规律。值得注意的是，延安、阿勒泰地区的路径锁定水平在2016年下降较为剧烈，这种变动能否成为长期趋势还需要观察。从2005年到2016年，十余年间的产业路径呈现出较为明显的规律性变动，这种时间跨度的产业路径变动在很大程度上折射出国家经济形势和宏观政策的变动。为应对2008年国际金融危机，我国政府推出了规模宏大的财政和货币政策，在新产业没有出现或尚且处于萌芽期时，这种大规模的、短时间的资金投入很大程度上只能流入现有的、较为成熟且对本地区影响比较大的产业，这体现为上述地区对资源型产业的依赖较大幅度上升，在2011年前后达到高峰。此后我国经济进入新常态阶段，随着供给侧结构改革和去产能政策的推行，部分地区的产业锁定程度开始下降。

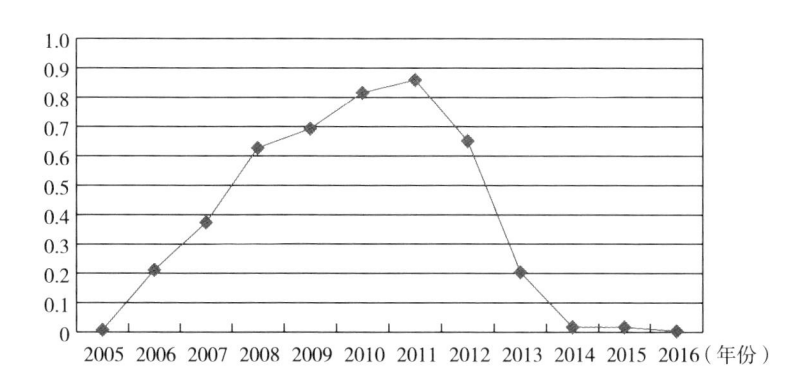

图 3-19 本溪市产业路径锁定变化

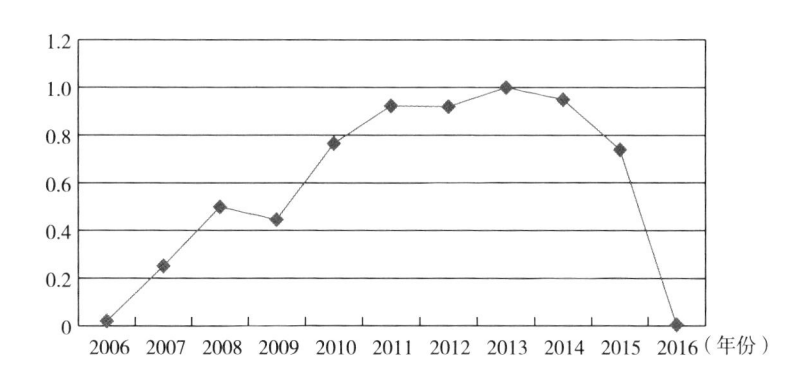

图 3-20 大庆市产业路径锁定变化

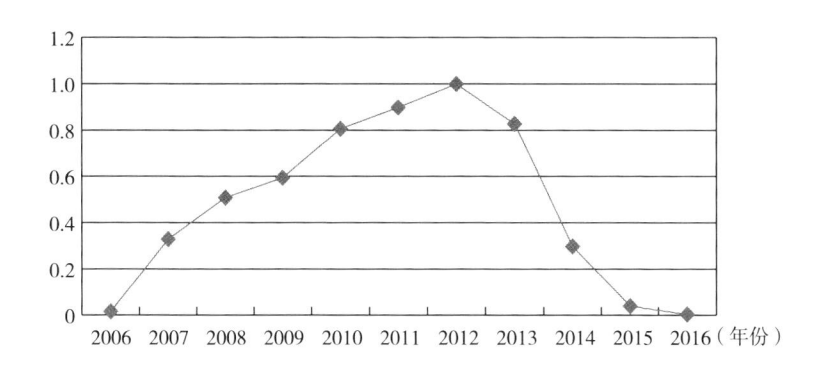

图 3-21 双鸭山市产业路径锁定变化

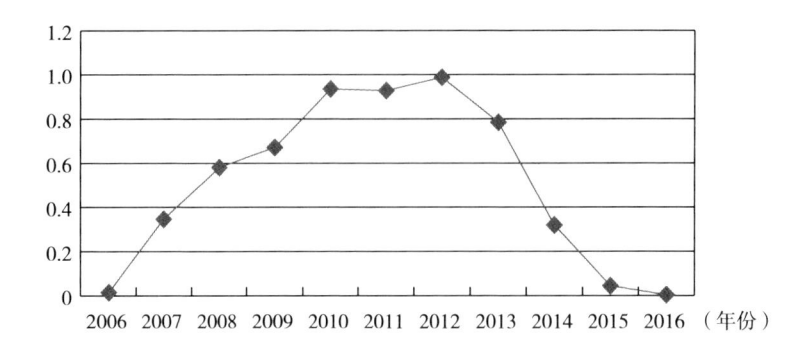

图 3-22 七台河市产业路径锁定变化

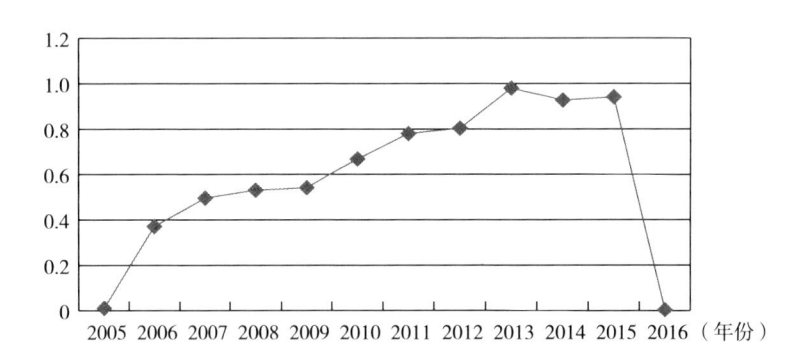

图 3-23 延安市产业路径锁定变化

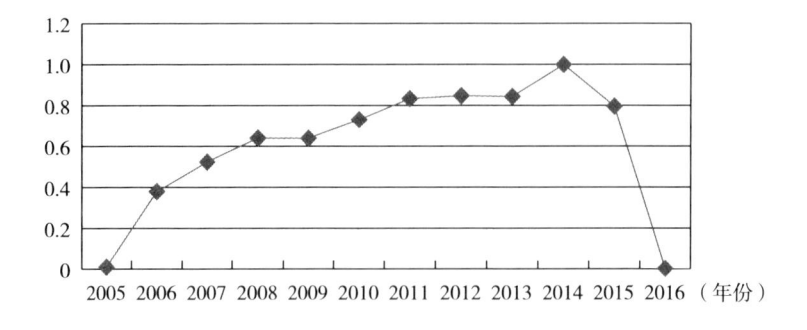

图 3-24 阿勒泰地区市产业路径锁定变化

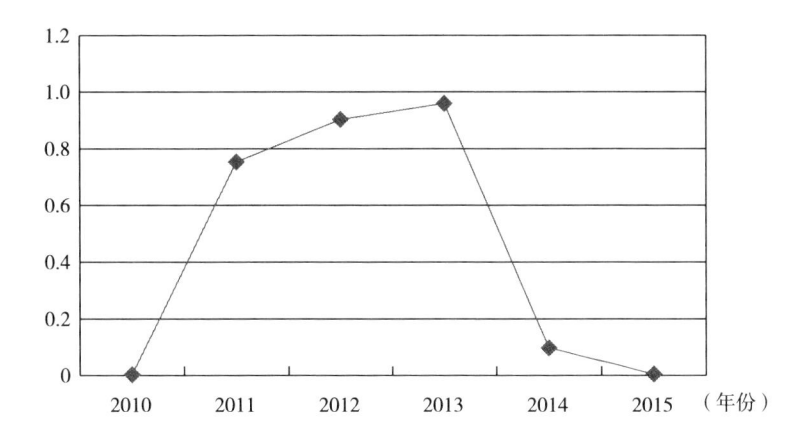

图 3-25 金昌市产业路径锁定变化

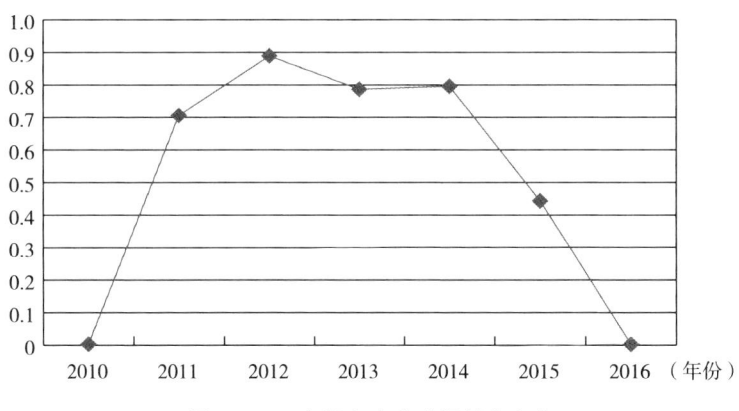

图 3-26 白银市产业路径锁定变化

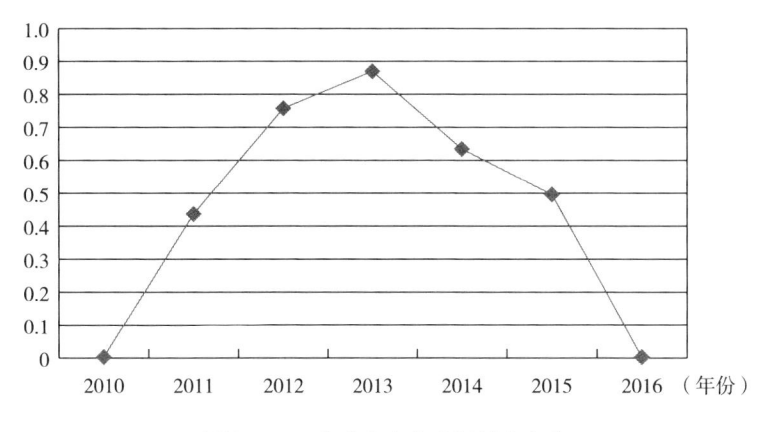

图 3-27 武威市产业路径锁定变化

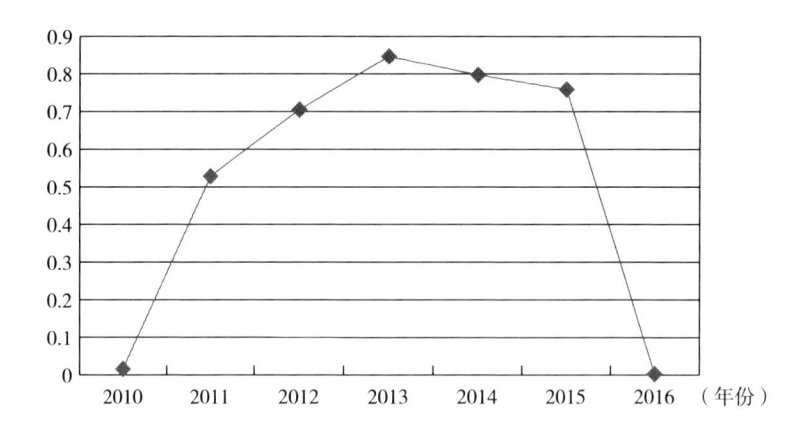

图 3-28 张掖市产业路径锁定变化

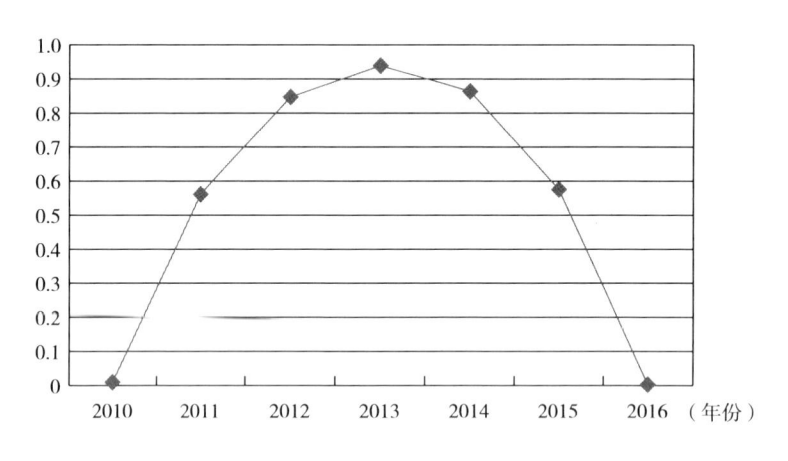

图 3-29 平凉市产业路径锁定变化

（3）波动型。这类地区的资源型产业锁定程度在考察期内出现较大幅度的震荡和波动。有的地区是在总体上升过程中出现的震荡，有的则是呈现较无规律的波动。具体包括阜新市、抚顺市、鞍山市、盘锦市、葫芦岛市、伊春市、鹤岗市、鸡西市、大兴安岭地区、景德镇市、咸阳市、宝鸡市、克拉玛依市、巴音郭楞蒙古自治州、陇南市、张家口市 16 个地区。尤其是，在 2015 年后这些地区的产业路径依赖情况变动不一，有的上升，如鞍山市、阜新市、葫芦岛市、鹤岗市等；有的则下降，如盘锦市、伊春市、宝鸡市等。这种变动体现了资源型产业路径锁定的复杂性。如图 3-30 至图 3-45。

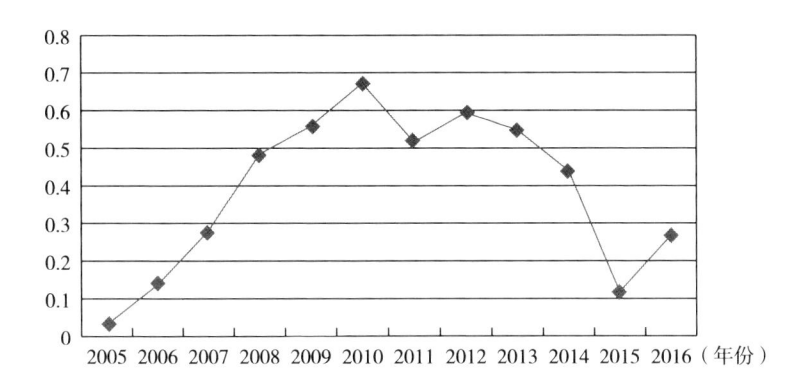

图 3-30 阜新市产业锁定程度变化

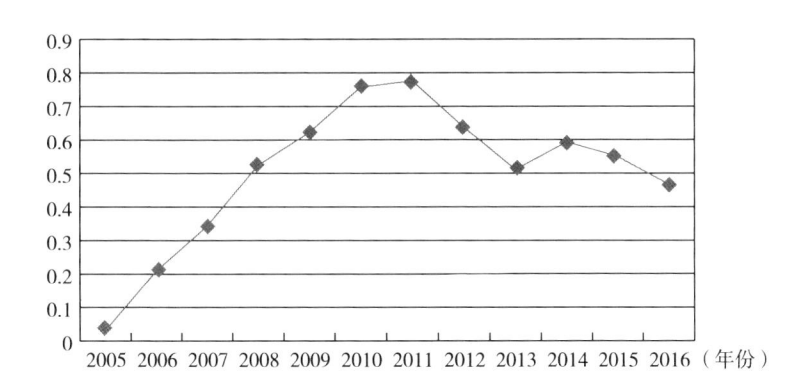

图 3-31 抚顺市产业锁定程度变化

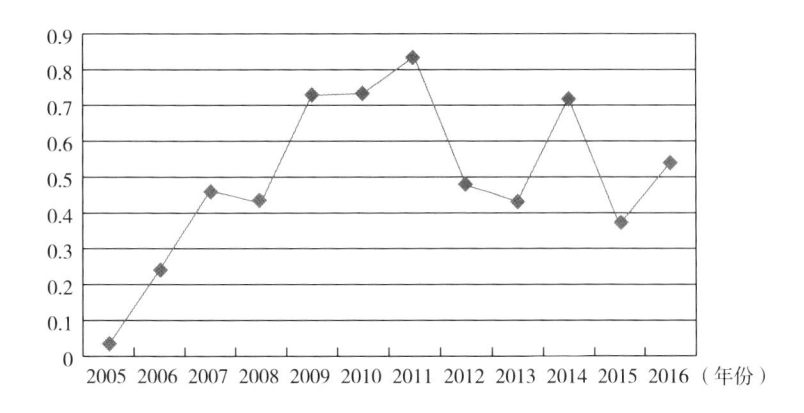

图 3-32 鞍山市产业锁定程度变化

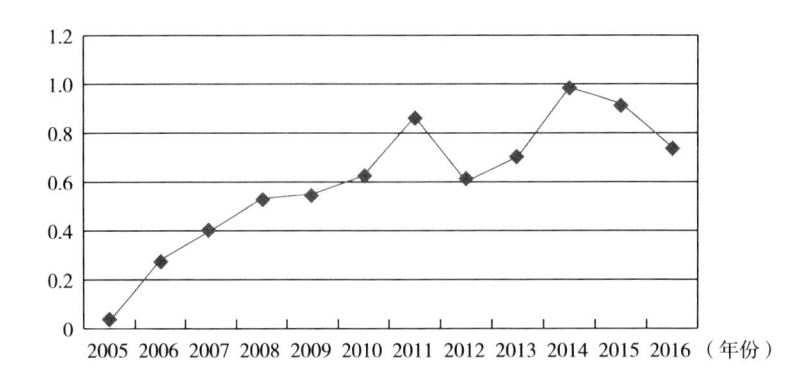

图 3-33　盘锦市产业锁定程度变化

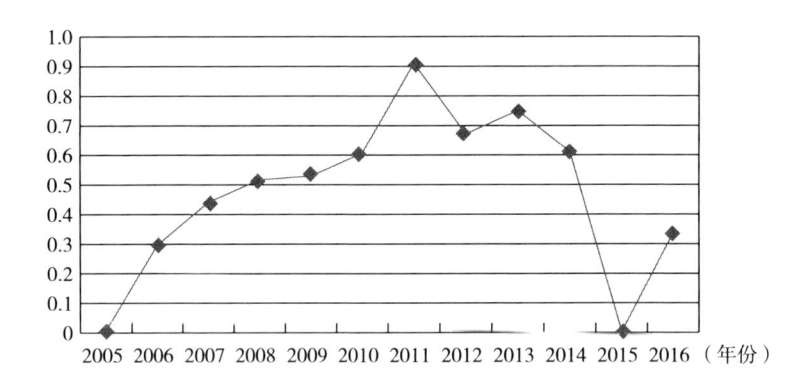

图 3-34　葫芦岛市产业锁定程度变化

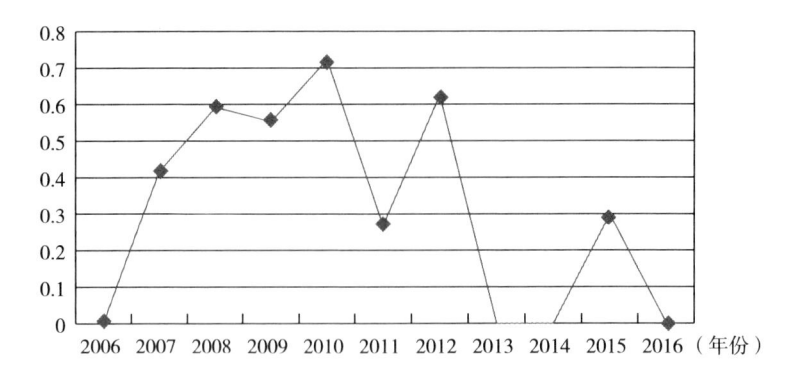

图 3-35　伊春市产业锁定程度变化

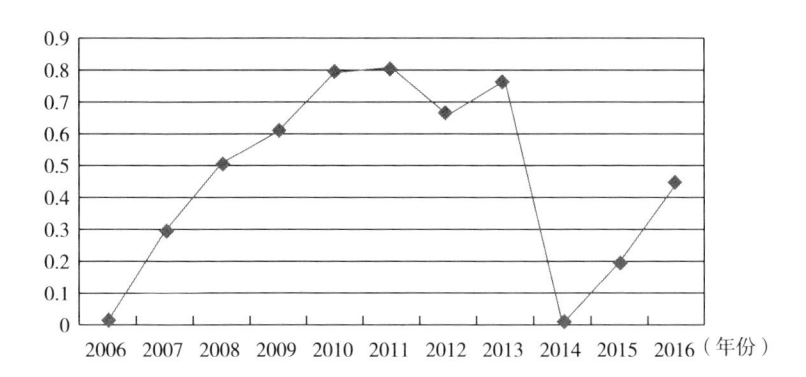

图 3-36 鹤岗市产业锁定程度变化

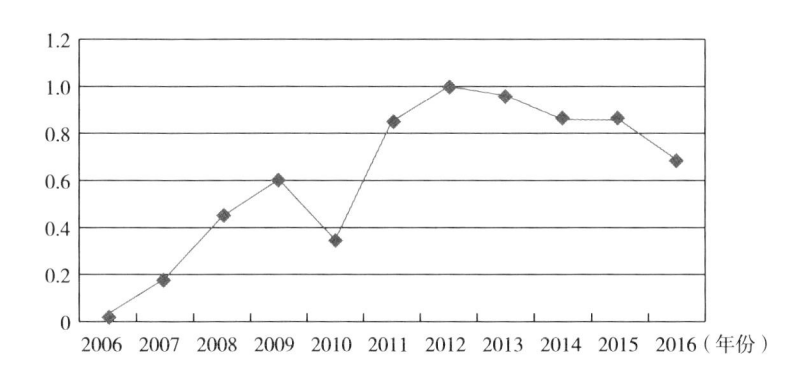

图 3-37 鸡西市产业锁定程度变化

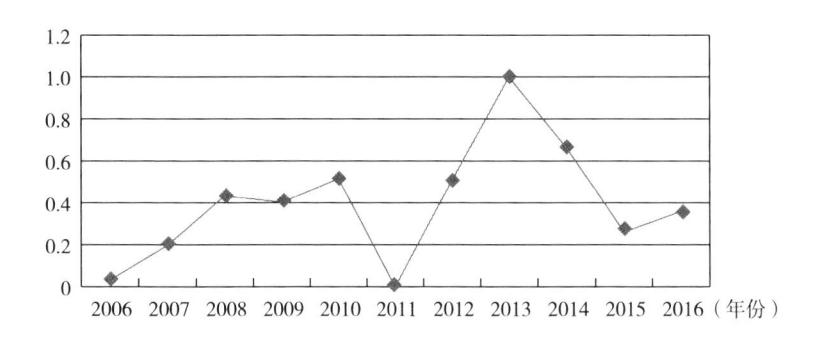

图 3-38 大兴安岭地区产业锁定程度变化

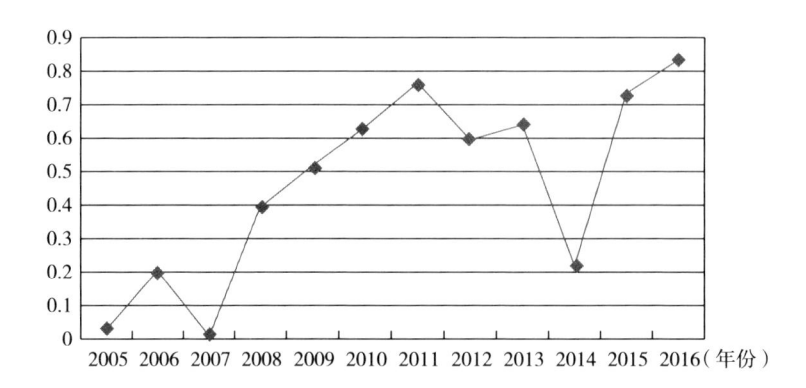

图 3-39　景德镇市产业锁定程度变化

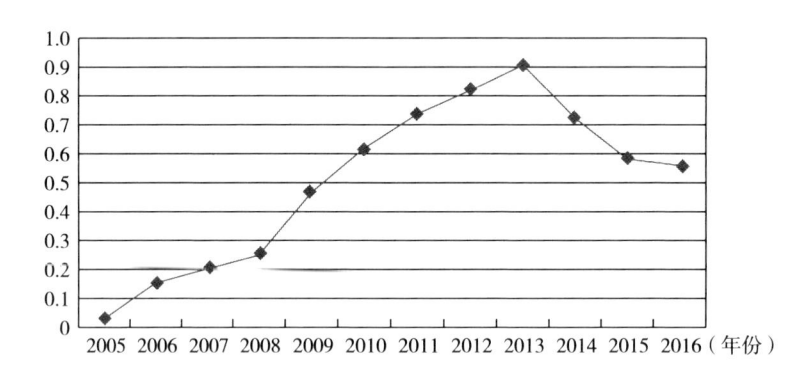

图 3-40　咸阳市产业锁定程度变化

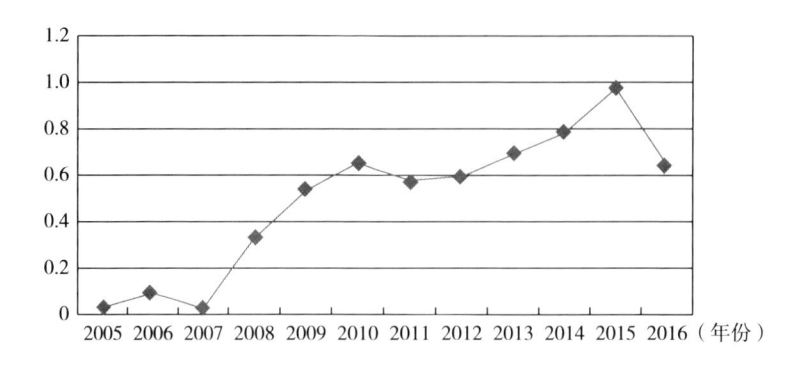

图 3-41　宝鸡市产业锁定程度变化

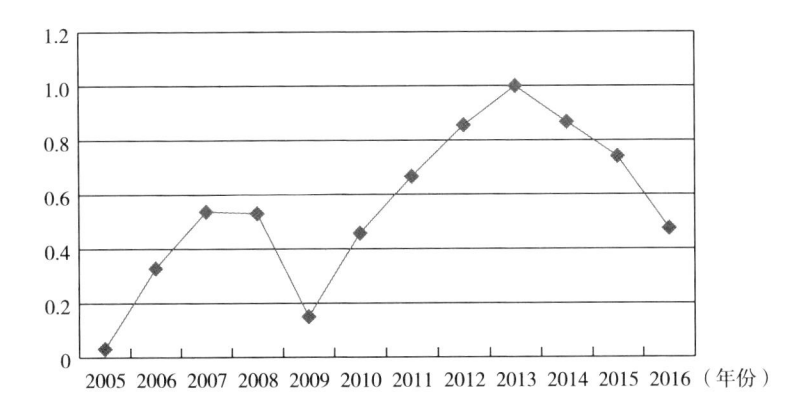

图 3-42 克拉玛依市产业锁定程度变化

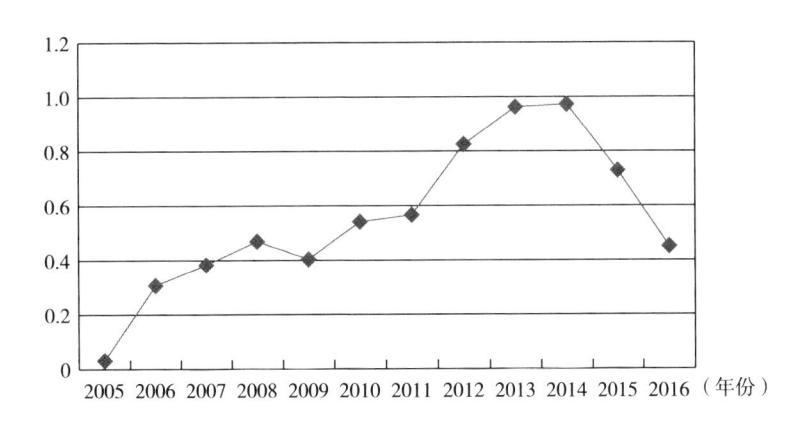

图 3-43 巴音郭楞蒙古自治州产业锁定程度变化

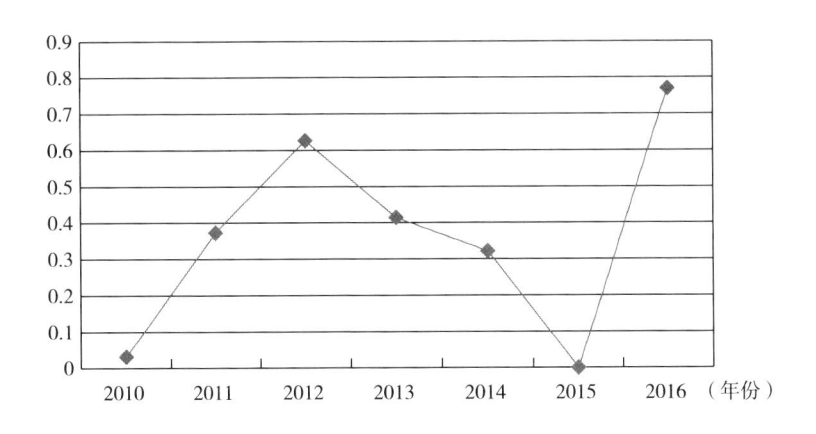

图 3-44 陇南市产业锁定程度变化

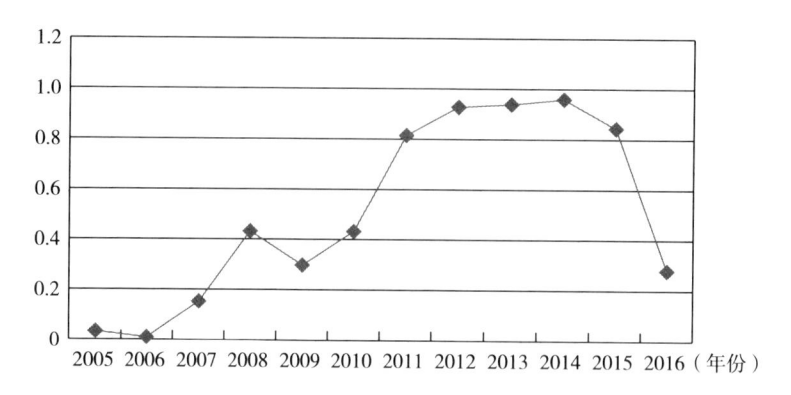

图 3-45 张家口市产业锁定程度变化

各地区资源型产业路径锁定的横向比较。利用前面的计算结果,选择 2016 年数据,对 44 个地区的资源型产业路径锁定程度进行横向比较(金昌市、庆阳市缺少 2016 年数据排除在外)。在一般的耦合协调度研究中,在计算出耦合协调度值后,再在 [0, 1] 之间划分出若干区间,按照各个耦合协调度值落在不同区间判断协调统一的相对水平:越靠近 0,协调统一水平越低,越靠近 1,协调统一水平越高。需要指出的是,这种区间是人为划分的结果,并没有什么理论依据,目的只是在于能够清楚地表明各个研究对象耦合协调水平的差异。本书此处将 [0, 1] 划分为四个区间:[0, 0.25),[0.25, 0.5),[0.5, 0.75),[0.75, 1],如前所述,这种划分旨在表明资源型区域发展与资源型产业关联度由低到高的差异。

表 3-9　　　　　各地市产业锁定水平的横向比较

武威市	0.00	
张掖市	0.00	
平凉市	0.00	
阿勒泰地区	0.00	
白银市	0.00	
伊春市	0.00	低水平锁定
延安市	0.00	
双鸭山市	0.00	
七台河市	0.00	
本溪市	0.00	
大庆市	0.00	

续表

阜新	0.27	
张家口市	0.28	
葫芦岛市	0.34	
大兴安岭地区	0.36	较低水平锁定
鹤岗市	0.44	
巴音郭楞蒙古自治州	0.45	
抚顺市	0.47	
克拉玛依市	0.47	
鞍山市	0.54	
咸阳市	0.56	
萍乡市	0.62	
渭南市	0.64	
宝鸡市	0.65	
铜川市	0.66	较高水平锁定
鸡西市	0.69	
邯郸市	0.70	
邢台市	0.72	
盘锦市	0.74	
承德市	0.76	
陇南市	0.77	
邵阳市	0.78	
榆林市	0.80	
景德镇	0.83	
衡阳市	0.88	
郴州市	0.90	
黑河市	0.92	高水平锁定
娄底市	0.94	
牡丹江市	0.97	
赣州市	0.99	
宜春市	1.00	
新余市	1.00	
唐山市	1.00	

第二节 资源型区域经济发展路径依赖的锁定机制

迈克尔·波特于1990年提出的钻石模型本意在于用四个基本要素和两个辅助要素解释国家在国际贸易和国际竞争中的整体优势从何而来,进而为提升国家或者产业的国际竞争力提出对策。钻石模型的理论范式可以用来说明资源型区域产业路径锁定的机制。

一 生产要素

在波特的钻石理论中生产要素分为初级要素和高级要素两类。初级要素包括自然资源、地理位置以及人口数量等;高级要素包括复杂和熟练的劳动力、科研条件等。

(一)初级要素

用该理论框架解释资源型区域产业路径锁定机制时,毫无疑问,初级要素应指该区域天然拥有的自然资源。在我国当前的实际中,资源型区域所富集的自然资源基本有煤炭、石油、天然气、稀有金属等。这些资源在长期的地质环境变迁中形成,具有不可再生属性。这些自然资源对于一国的经济发展、产业升级具有重要的基础性作用。对于资源型区域而言,这些"天生"的要素优势是其在一定时期内经济增长的基本推动力,就产业路径依赖而言,也是产业初始增长的原动力。纵观国内外各类资源型区域,无不以富集资源作为推动产业发展的主要的、第一位的禀赋加以利用。因此,在资源型区域产业路径依赖的作用机制中,各类自然资源作为初级生产要素是产业路径依赖的初始动力。

根据路径依赖的理论,往往是偶然因素导致后续的路径锁定,对资源型区域而言,这个偶然性因素就是区域内自然资源的发现和利用。从历史经验看,当这类自然资源被发现和利用后,相当长一段时期内资源型区域的发展处于有利地位。具体可以表现为资金充裕、政策宽松,产成品(主要体现为初级形态的自然资源)需求旺盛。这种优势地位直接导致该地区的其他资源向其聚集和收敛,在这种初始动力的推动下,其他因素间产生继发性的相互影响,进而形成产业发展路径,在一定条件下呈现出锁定或者依赖的形态。需要指出的是,自然资源作为生产要素在某区域的富集仅仅是路径依赖的必要条件而不是充分条件,并不是资源型区域一定会陷入路径依赖。

（二）高级要素

高级要素指熟练劳动力、相关产业的较高层次技术和科研力量等。从一般原理讲，当一个地区的初级要素，也就是自然资源被开发之后，相关产业的劳动力会向该区域聚集。经过较为完整的产业劳动训练，该行业的工人成为熟练工，工人劳动效率得以提高。在长期的生产实践中，设备的使用、维修、养护，一定时期的设备升级，都可能培养出一批拥有较高技术水平的产业工人和相关的科研人员。根据产业聚集的原理，在这些产业基础上很有可能形成更高水平和层次的科研组织和科研力量。从实践经验看，也存在另一种情况，即某地区在长期内仅仅实现了资源型产品和产业的开发，但是相关产业，包括高素质的劳动力和科研力量以及下游产业都没有得到相应的发展和提升。在这种情况下，资源型产业成为该地区支柱性产业甚至是唯一的工业部门。就我国资源型区域的实际情况看，上述两种情况大体都存在。以煤炭资源型区域为例，国内以煤炭为主的资源型区域大多形成了大型的甚至是超大型的煤炭开采企业。从一般水平看，这类大型企业在产业工人技术培训、大型设备等方面的投入均达到了较大额度。部分企业建立了自己的科研机构，另有企业在本地区的高校、科研院所建立了合作关系。同时，也有部分资源型地区形成了单一的产业发展格局。在这类地区，相关产业的投资主要来自中央等上级部门，科研力量甚至产业工人也来自外部。就后期的发展看，这两类地区的产业路径锁定机制是不同的。

二 需求条件

波特的钻石模型中，需求条件是作为生产要素的另一端出现的。很明显，需求是一个产业出现和发展的必需条件。没有一定的需求，产品供给不会出现，相关产业也无法得到发展。用该模型解释资源型区域的产业路径依赖时，需求条件有一定的特殊性。一般来说，资源型产业的产品不是直接的消费品而是生产要素，对这类产品的需求是由对消费品需求引发的引致需求。对于自然资源这类产品的引致需求有两个特点。一是这类产品多属于上游产业链，涵盖众多的下游产品；二是这类产品的需求一般较为稳定。这两个特点决定了资源型产业路径依赖的机制。

处于上游的产业链位置使资源型产品成为很多产品的生产投入要

素,一旦这种固定的投入产出关系形成,除非下游产品的生产技术发生革命性变化,否则这种产业路径不会发生根本性变动。如果该地区恰好具备了这种产业链条,这种投入产出关系就会在生产要素供给和资源型产品需求间形成正反馈,也就是资源型产品的生产企业在市场存在广泛需求的情况下乐于扩大产能,不愿意或者考虑不到转产、升级等方向;需求方在稳定的资源型产品的供给下成本逐渐降低,也不会主动考虑投入要素的技术性更新,两方作用下造成上述的产业路径依赖。此外,资源型产品的需求相对稳定,这就造成了产出区域和企业在进行资源型产业投资的时候顾虑更少。某种资源一旦达到产业性开发的水平,其规模往往巨大,开采时间大多以十年计。这样大规模的储量和这样长的开采时期使开采企业和当地政府丧失了对市场行情根本性变化的警惕性和预期,使前述的产业路径正反馈机制发挥作用。

此外,需求条件在资源型区域的产业路径依赖机制中的作用还要结合整体的经济形势和社会环境考虑。以我国的煤炭资源为例,在煤、油、气三种主要的能源类资源中,煤炭占比最大、储量最丰富、开采最稳定。长期以来,煤炭是我国的主要能源,主要产煤区如山西、鄂尔多斯等地依靠煤炭输出积累了大量的资金,获得了雄厚的物质基础[①]。当低碳经济的风潮和新常态的形势叠加在一起时,煤炭主产区几乎都出现了较为明显的经济下滑。在这种突然的需求变化下,从生产要素供给环节到各个产业链的节点都无法做出及时的反馈,导致当地企业利润下降、居民收入减少,个别地区甚至出现财政无法及时兑现公务员工资的情况。这种剧烈的需求变动、经济变动极大消耗了资源产地的物质、经济基础,这种损失反过来又损害了当地进行产业转换、升级的能力。此时,个别地区不仅是路径依赖,甚至出现了路径"黑洞",一次剧烈的需求冲击可能使其完全丧失了恢复活力的能力。

三 相关及支持产业

波特模型中的相关及支持产业是指上下游产业,这些产业为核心产业提供了生产要素、加工设备、零部件,也可以为核心产业提供技术、

---

① 常建忠:《煤炭开采与水资源利用的利益协调机制研究》,《经济问题》2015年第4期。

科研支持，是核心产业的重要关联部门。传统经济学研究中，要么将相关及支持产业作为外生变量，要么将这些产业视作核心产业的附属部门。后续的学者，尤其是从事产业集群研究的学者认识到，相关及支持产业是核心产业的重要组成部分，它们不是核心产业的从属，而是与核心产业共同构成一个涵盖诸多节点的网络。这个网络中的各个节点就是上述的相关及支持产业，这些产业间的关系超出了简单的相互提供产品和要素，在长期的发展中形成了彼此间的产品外溢、技术外溢和信息外溢。这些关联机制形成了这些产业独特的生命力，同时，也容易形成一荣俱荣、一损俱损的骨牌效应。

该理论同样可以用于解释资源型产业间的产业依赖路径。所谓路径依赖，究其机理可分为"别无他选而无法改"和"牵涉太多而不好改"。前述的生产要素可以归结为第一种情况，即某地区经济增长所依赖的支柱性产业无可替代，故而形成依赖性增长。另一种情况则属于资源型产业构成了某地区的主导型产业，其关联了上下游众多的相关产业。这些产业间存在紧密的投入产出关系，在长期的发展中，甚至由于成本、地域等而构成了封闭的体系。这个相对封闭的产业体系覆盖面广、牵涉产业众多，几乎涵盖了该地区绝大部分的经济部门。这些部门的利税是该地区财政收入的主要来源，这些部门吸纳的劳动力也是该地区就业的主要渠道，该地区的居民收入自然也主要依赖这个封闭的产业体系。金融学中有一种"大到不能倒掉"的说法，用以表述某银行对于国民经济重要到甚至不能允许其破产。上述的产业体系对于所在地区来说同样具有这样的地位和意义。因此，若非重大的经济和社会变动，这类地区就会沿着原有的产业路径继续发展，从而构成路径依赖[①]。

相关产业和支持产业与生产要素结合也可以作用于需求条件。习惯上认为，是需求引导和决定了供给。但是在一定条件下，供给也可以影响需求的构成和方向。以我国为例，在我国的能源构成中煤炭占比最高。在此影响下，长期以来火力发电占据我国电力生产的主要部分。不仅如此，与煤炭相关的产业也得到较为充分的发展。在规模经济等因素

---

① 韩继秋：《中外矿产资源税费体系比较与设计研究》，博士学位论文，中国矿业大学，2015年。

作用下，我国的煤炭开采和使用成本均较石油、天然气低，这种供给状况反过来使用户更倾向于使用煤炭及其相关产品。一个例子是，在低碳发展的约束下，我国火力发电企业（外高桥第三电厂）及科研机构研发出了全世界最低的每千瓦时煤炭消耗的发电技术（国家示范性项目251工程），其二氧化碳排放量甚至低于美国最为严苛的排放标准，被称为全球最高效率的燃煤发电厂。在此例中，我国的研发能力和研发成果自然可喜，但另一方面也体现出在火力发电路径上的巨大惯性。

四 企业战略、结构和同业竞争

企业战略的定义五花八门，企业战略的分类也多种多样。波特认为企业的经济力来自低成本战略、差异化战略和集中化战略[①]。为便于分析，此处将企业战略定位为企业总体战略，按内容分为：经营范围的选择、特异优势、战略推移和可能的时间策略以及追求的目标。就经营范围的选择而言，资源型区域内的产业有两大类选择：一是单一化的经营，即基本上依靠单一的开发自然资源；二是选择多元化战略，即选择不同的经济增长点。多元化战略本身又可以分为关联性的多元化和非关联性的多元化，前者是指依据原有产业所处的产业链实现产品多元化，后者指在非关联产业中进行投资实现多元化。资源型产业有其自身的特殊性。首先，在经济高速发展、需求旺盛阶段资源型企业往往积累了大量的资金。这类企业的资金积累很多时候不是来自自身较高的技术水平或者独特的服务能力，而更多地得益于开采成本或者超额的市场需求。在这种情况下，一些企业忽略了对长远发展的规划，仅仅满足于当前充沛的资金流入，丧失了实行多元化战略的机遇。这种单一化造成市场需求或者整体环境发生变化时产业调整的困难，即产业路径依赖现象。其次，由于种种主客观原因，一些资源型企业在实行多元化经营时选择了投资回报率较高、风险较低、资金回流时间较短的行业，如房地产、短期金融产品，而不愿意投资于技术水平要求较高、回报时期较长、回报率反倒低于资源型产业的实体经济。这些领域的投资固然可以给投资者带来极为丰厚的利润回报，但是就整体的区域发展而言，这类投资抽离

---

① Yanxu Liu, et al., "A Solution to the Conflicts of Multiple Planning Boundaries: Landscape Functional Zoning in a Resource–based City in China", *Elsevier Ltd.*, 2018, p. 77.

了依靠资源型产业积累的资金却没有形成新的可持续的产业增长点。甚至由于房地产等市场上的资金过于充沛，反而造成市场行情的激荡，影响了其他产业的正常发展。

企业或者产业结构的含义也包含了较多的层次，为了清晰起见，此处将产业结构和同业竞争合并考虑，结合经典的理论经济学范式，按产业竞争程度的高低分为垄断、寡头、垄断竞争、竞争四种产业结构。由于自然资源的特殊性，其大多属于垄断程度较高的产业结构，就成因看，大多形成于自然垄断或者行政垄断。从实践看，在同一产业内部尽管也存在一定程度的竞争，但这种竞争往往被旺盛的市场需求所构成的卖方市场所掩盖。在此条件下，资源型产业中的企业缺乏外在的创新压力和内在的创新动力。从另一种角度看，当市场供求发生逆转形成供大于求的状况时，资源型企业由于产品缺乏差异化，也没有独特的技术优势，产业内部的企业间在面临销量下降时首先采取的是价格竞争。低价带来的低利润或者迫使企业退出市场，或者损害了产业升级的能力。

五 机会

传统的经济理论认为，机会对于企业竞争能力是外生变量，因此波特模型中"机会"作为辅助要素可以影响四个基本要素，但基本要素不会影响"机会"。

从机会的角度考虑资源型区域的产业路径依赖的形成机制，最基本的影响当然来自该地区自然资源的发现。路径依赖的基本原理就是强调由于某种偶然的事件演变为持续的路径演进并且难以被其他体系取代[①]。不论是我国还是世界范围内的资源型区域产业发展无不肇端于该地区自然资源的发现，20世纪克拉玛依油田的发现，20世纪曹妃甸油层的发现均属此例。这种偶然性因素从经济学理论上无法预见，因此将其视为外生变量有其道理。如果考虑到机会因素对企业战略、结构和同业竞争、需求条件、相关及支持产业的影响，则可增加模型在资源型区域产业路径依赖上的解释力。从理论上看，即使某地区由于偶然性因素发现了某种资源，但这未必代表该地区一定会被锁定于资源路径。在产

---

① 肖滢、卢丽文：《资源型城市工业绿色转型发展测度——基于全国108个资源型城市的面板数据分析》，《财经科学》2019年第9期。

业的发展过程中，需求方、相关产业等均可能获得机会脱离现有路径，实现新的发展渠道。因此，不能仅仅将机会视为锁定路径的起因，也应将其视作解锁的契机。那么为什么这些解锁的机会没有被抓住和利用呢？其间的机制仍可从前述因素中理解。当面临转换路径的机会时，企业并不是毫不关心，但是在成本和收益的比较下选择原有路径仍然是有利的。

六 政府

自由主义的经济理论一般不考虑政府因素，波特将政府因素纳入模型加以考量是种突破，在资源型区域的产业发展过程中政府的作用更为重要。

就世界范围的实践看，在很多的自然资源开发的初期，政府都扮演了重要角色。即使资源的勘测和发现是由私人企业主导，但是相关基础设施的建设、配套设施的建设也离不开政府的参与。由于我国所有制的关系，政府在资源型区域开发的初期更是起了决定性的作用[①]。在前述的四个基本因素中，政府都可以发挥重要的作用。作为公有制占主体地位的国家，矿产资源属于全民所有，自然资源的勘测、开发自然由政府主导。大多数的自然资源开发企业，尤其是大规模的企业都属于国有企业，其企业战略、结构和同业竞争都极大地受政府决策的影响。自然资源开发作为基础性产业，其关联产业的投资、基础设施的配备也都是由政府主导。例如，煤炭生产基地、石油生产基地确定后，与之相关的铁路运输、石油炼制等设施和企业都由政府投资。在传统的计划经济条件下，资源型区域生产的产品的输出都由政府统筹安排，也就是说在当时的条件下，即使是产品需求也由政府安排。在资源型区域的产业路径形成初期，政府起到了重要的甚至是决定性的作用。

同样的道理，在资源型区域产业路径依赖的深化和持续过程中，政府的作用也不可忽视。如前所述，路径依赖的形成和持续需要各个要素的配合。大型国有企业的企业战略不仅仅是以利润为衡量标准，而是要考虑到国家政策、社会利益等多方面因素，因此在制定企业战略和企业

---

① 孙荣、彭超：《东北地区煤炭类资源型城市转型的路径探索——基于地方政府主导的视角》，《行政论坛》2016年第5期。

决策时需要考量的因素更多，及时作出产业调整的决策更难①。例如，东北地区在计划经济时期执行国家的重工业赶超战略，相对利润而言，东北地区的国有企业更关心产值。这种战略决定了东北地区国有企业最根本的任务是完成国家交给的指令性计划，生产出更多的工业产品，在这种情况下，谈不上企业自主实现产业转型。另外，传统的资源型区域在政府的主导下往往形成了较为完整的产业链条。这些产业链或者产业网直接服务于政府的宏观产业政策，不会因为某个节点上的企业或者产业试图做出转产、升级而做出调整，这更加决定了整个产业路径的依赖性。

此外，资源型产业能否转型还受到政府宏观经济政策、产业政策的影响②。不同的经济形势下，政府为应对不同的国内外挑战需要制定不同类型的宏观和产业政策。对于政府政策而言，其政策目标往往是国民经济的稳定增长、物价的稳定，或者就业水平的提高，又或者国际收支的平衡。这些目标往往要求在相对较短的时期内取得一定的效果。在这些条件的约束下，需要较长时间才能实现的产业路径的调整可能被置于次要地位，甚至为实现宏观目标而在一定程度上被放弃或者牺牲。除此之外，宏观经济目标是靠宏观政策实现的。在实践中，不论是货币政策还是财政政策很难做到毫无偏差的精准调控，其政策影响很可能波及产业发展的路径转移。2008年国际金融危机出现后，我国政府为应对恶化的国内外经济形势采取较大规模的扩张性财政政策，这又要求较为宽松的货币政策配合。面对为了缓解危机影响而释放的大量投资，很多资源型区域内刚刚萌芽的新产业或者尚未成熟的新产业无法承担起短期加大投资、提振经济的作用。从所有制角度看，资源型企业中国有企业占比较大，特殊形势下更容易配合宏观政策从而加大投资。在此条件下，很多地方政府愿意，也不得不将财政资金向原有的、较为成熟的资源型产业倾斜。从货币政策角度看，新增的流动性必须有相应的企业或者产业作为载体。作为金融企业的银行，不论是国有还是其他类型，都要考

---

① 赵彬等：《基于CiteSpace的国内资源型城市知识图谱研究》，《城市发展研究》2019年第9期。

② 刘合等：《石油资源型城市转型的思考与探索——以大庆市（大庆油田）为例》，《大庆石油地质与开发》2019年第5期。

虑投放贷款的安全性和盈利性，在国内外经济形势严峻的情况下，规模较大、发展成熟、抵押值高，甚至有政府背书的传统资源型产业顺理成章地成为资金流入地。

第三节　资源型区域经济转型路径依赖的解锁条件

鉴于辅助要素中"机会"的特殊性，本章只考虑其他五个因素，在分析某一因素时将"机会"因素视作外生变量。

一　生产要素的解锁条件

如前所述，生产要素可以分为初级要素和高级要素两种。其中，初级要素即包括自然资源。解除资源型区域生产路径的生产要素锁定包括两个途径：一是彻底放弃对原有资源的开发，重新寻找新的产业路径；二是在原有资源的基础上，调整传统的产业关联关系，构建新的产业链条从而达到解锁的目的。

对于第一种途径，大多数实现产业路径解锁的地区是在本地区的自然资源消耗殆尽时采用。之所以如此有两个原因：一是该地区已无资源可用，必须重新寻找新的经济增长点；二是当资源消耗殆尽时，原有产业的低成本优势不复存在，重新选择产业路径时的收益成本与此前相比发生变化，机会成本降低，企业更乐于重新选择。总之，第一种途径相对被动。在这种情况下，解锁产业路径，实现产业转型的办法有两种：第一种是发掘和利用本地区原有的其他资源，将其打造成新的增长点并努力形成新的产业链条。如河南省焦作市作为原有的煤炭产区实现产业转型的办法就是利用本地的旅游资源发展第三产业。显然，实现这种途径的前提是该地区有某种可以利用的其他资源。第二种办法是承接产业转移，利用其他地区转移出来的产业实现在当地的发展。这种办法的好处是风险较小，有较为完善的上下游市场可以利用。同时，当前条件下承接的产业一般属于劳动密集型产业，有利于改善当地夕阳产业所造成的闲置劳动力和就业状况。

相对于第一种较为被动的产业转型，第二种途径相对主动，即在本地自然资源尚未达到枯竭的时候主动进行产业的升级，实现产业路径的解锁。具体来说，这种主动的转型也可以分为两种情况。一种情况是由于某种偶然的因素，出现了原有产业转型的时机。这种偶然的机会可以是市场状况发生变化，而原有的资源在做某种调整后恰好能够适应这种变化了的市场状况。在这种条件下，原有企业会权衡转业转型的成本与收益，尝试调整现有产品线，进而实现路径解锁。当然，这种偶然因素的出现规律很难预期，即使出现了这种机遇，原有资源能否恰好满足市场需求也难以保证。或是某种与原有资源相关的技术产生创新型变化，使现有产业链有机会向其他方向拓展。例如煤化工技术的突破使产煤区从单一的煤炭开采产业链向化工产业转移。另一种情况是由当地企业、政府合作，主动寻找产业转型机会。这种转型需要解决两大问题：一是这种转型往往是根据对市场和技术变化的预期提前进行的，而预期如果不准确则意味着转型失败。二是在方向正确的条件下，转型还需要其他辅助条件、配套产业的支撑，这些条件未必在短期内具备。而且在转型初期产品成本一般较高，高企的成本会抵消企业转换产业路径的收益，降低企业积极性。

生产要素还包括高级因素，具体包括熟练和高素质劳动力。在进行产业路径解锁时，无论是上述哪种生产要素的解锁，熟练的和高素质的劳动力是必需条件。更为关键的是，不论是熟练劳动力还是高素质劳动力的培养都非短期内能够完成，这就意味着即使实现了生产要素——自然资源层面的产业转型，但与之相配合的劳动力却不一定能够保证。解决这一问题的方法之一是对本地劳动力进行培训，使其在较短的时间内成为符合新产业要求的产业工人；办法之二是区域外引进高素质的复杂劳动力，包括各类管理人才。不论哪种方法都要立足本地区，这样才能够保证在长期内新产业和原有产业实现对接，保证新产业的生命力。在实践中一些地区尝试发展旅游产业时由于本地相关人才储备不足只能从外部引入，短期内这种做法无可厚非，但这种情况长期得不到改善可能会出现外部资金和人员一旦由于某种原因撤离，企业经营难以为继的局面。

二　需求的解锁条件

市场的有效需求是所有产业得以发展的关键条件，没有持续稳定的需求，任何产业谈不上健康的发展。对于资源型区域的产业路径解锁而言，这一问题更加复杂。就前述的生产要素解锁而论，当既有自然资源临近枯竭时，即使市场仍然存在较为旺盛的需求，但是资源供给已经无法满足需求。当资源型区域主动寻求解锁产业路径时，实质上是寻找一个新的产品市场[①]。综合来看，需求层面的解锁从而解除自然资源路径依赖本质上是创造或者寻找一种新的市场需求。这种新需求的创造可以从主体和客体两个角度加以考察。

新需求创造的客体是指新需求的来源。与生产要素的解锁相对应，新市场的创造也分为两类。一类是开发一个全新的市场，这个市场与原有的资源型产业几乎没有什么经济和技术上的关联，如此前提到的煤炭开采区开发旅游资源。就选择范围看，这种新市场的建立可以分为区域内和区域外两类。区域内的新市场往往此前未被重视或者未被挖掘，需要通过营销、宣传等手段激活。同时需要注意的是，就全国范围看很多地区均选择了开发旅游资源，策略也基本都是在电视等媒体做宣传，这种一拥而上的做法容易造成旅游产品同质化，导致其影响力局限于本区域。另一类需求的创造是在既有的市场基础上拓展新领域。这种拓展可以是已有产业在本区域内的发展，也可以是原有产业的细分。这类拓展一般以新技术的出现为前提，新技术的出现允许在已成熟的产业环节中细分出新链条，进而衍生出全新的产业路径。

新需求创造的主体是企业、科研机构和政府。这些主体在解锁资源型产业路径的压力和动力下，被动或者主动探寻新的市场机会。新市场或者新需求的建立源自以下几个方面：一是新技术的研发。在这种条件下的新技术研发大多基于原有生产和技术基础。技术创新的方向包括原材料的使用方法、产品的加工过程等方面。企业可视实际情况采取相应的技术创新方法，规模较大的企业可以建立自身的技术研发机构；较小规模的企业可以激励技术人员进行技术创新，也可以通过购买专利实现技术的跨越；科研机构则应重视与市场和实践的结合，加强科技成果的市场转化意识；政府则应营造技术创新的氛围，降低企业创新的成本，鼓励科研成果向成产品应用的转换。二是新产品的研发。新产品的创新可以包括前述的技术创新，也可以是单纯的商业创新和设计创新。就目

---

① 霍冉等：《基于当地居民感知视角的煤炭资源型城市生态系统服务福祉效应研究——以新泰市为例》，《中国土地科学》2019年第9期。

的而言，单纯的商业创新和设计创新并不能起到直接解锁产业路径依赖的效果，但是可以增强现有企业的盈利能力，提高后续的产业升级和路径调整的能力；也可以通过产品创新实现产品多元化，延缓自然资源枯竭阶段企业成本的逐渐上升。

三 相关产业的解锁条件

相关或者支持产业的解锁是指原有核心产业的关联产业从原有的产业链条中脱离出来，发展出新的产业增长点甚至形成新的产业链[①]。

相关产业可以从产业链的上游实现解锁。上游解锁是不再使用原有的资源作为投入要素，从而彻底解除了对原有自然资源的依赖，从根本上解除原有产业路径依赖。实现上游解锁的条件有二：一是技术变革。一般来说，这种变革应该是原有行业的根本性变革而不仅仅是现有技术的补充。例如，传统上我国电力行业的上游产业是煤炭开采行业，也就是说，主要依靠煤炭为燃料的火力发电。随着技术的革新和成熟，我国发电市场中核电比例将逐渐上升。2016年我国在运的核电机组34台，发电量占全部发电量的2%。按照"十三五"规划，在2020年，核电机组应该达到90台，届时，中国将成为世界第二的核电大国。由此例可以看出，新技术的出现将完全改变原有的产业发展路径，摆脱对原有资源的依赖。实现上游解锁的条件之二是经济因素，具体而言是指解锁产业链的成本。仍以发电行业为例，中国目前是世界上风电装机容量最大的国家，陆上风电和海上风电在低碳经济风潮下具有乐观的发展前景。但是，我国陆上风电的大发展是以政府的绿色能源补贴为支持的，没有财政补贴，陆上风电的度电成本远高于传统火电。据测算，约在2020年，风电的度电成本才能够接近火电。可以这样说，如果没有政府大幅度的财政支持，尽管陆上风电技术较为成熟、环境友好，但风电仍不可能取代煤炭发电。

相关产业也可以从下游实现产业解锁。利用新技术实现对原有资源的深加工、再加工，建立起新的下游产品线，以此改变原有的产业路径。如果说第一种上游解锁的方式适用于自然资源面临枯竭的境况，那

---

① 安树伟、张双悦：《新中国的资源型城市与老工业基地：形成、发展与展望》，《经济问题》2019年第9期。

么第二种下游解锁的方式则适用于资源尚能够稳定生产的阶段。下游解锁的方式能够开拓或者延展现有产业链，同时，由于这种方式能够充分利用原有的自然资源，一定程度上有利于控制生产成本。以煤化工产业为例，煤化工产业开始于18世纪后期，在19世纪初期形成了完整的产业体系。彼时的煤化工主要涉及焦炭、电石、合成氨等产品，成为化工产品的主要原材料供应源。进入21世纪后，新型煤化工通常指煤制油、煤制甲醇、煤制二甲醚、煤制烯烃、煤制乙二醇等。

这种以煤炭为龙头的下游产业链扩展给相关企业带来了传统煤炭产业路径上没有的机遇。在2016年煤炭行业普遍低迷的情况下，早期实现了煤化工转型的企业，如中煤能源、神华集团等都取得了较好的业绩。从中可以看到下游产业解锁的思路和效果。

四 战略结构的解锁条件

企业战略是企业对较长时期内发展方向的规划，决定了企业的发展路径。企业战略的层面较多、内容较繁复，此处仅选择与产业路径解锁关系密切的企业战略中的发展战略进行分析。企业发展战略包括一体化战略、多元化战略、密集成长战略等方面，其中与产业路径解锁有直接关系的是多元化战略。当资源型企业面临产业路径依赖时，可以考虑实施同心多元化战略，也称为相关多元化战略。它是指以现有业务为基础向相关产业拓展的战略，实施这一战略的条件是该企业在产业内具有较强的竞争优势，从而有实力向相关领域投入资金。对于实力较差，在产业内实施跟随策略的企业而言，更适合采取离心多元化战略，也称为不相关战略，它是指脱离原核心产业向其他产业发展。

产业结构同样对路径依赖产生影响。就我国当前资源型区域的实际情况而言，不同类型的资源其产业内部的结构有较大的差异。煤炭资源由于分布较广、储量丰富，全国产煤区中除大型国有企业外，还有很多中小型的私营企业。大型国有企业的经济、科研实力较强，对国家产业政策把握较为准确，通过运用多元化战略实现产业路径的解锁可能性更高。中小型私营企业的实力较弱，几乎不可能进行基于本行业的科技研发。这类企业在实施产业路径解锁时只能采取逐步退出的战略。相对煤炭而言，我国的石油和天然气储藏量较低，但是相对集中，行业内大多是大中型国有采油采气企业。这种集中的市场结构有利于企业筹集资金进行产品创新和技术创新,实现产业转型。因此,较为集中的市场结构是实施产业路径解锁的有利条件。

五 政府层面的解锁条件

政府对资源型产业的前瞻性规划是产业路径解锁的基础条件。自由主义经济学认为,在产业发展过程中政府不应当干预,而且干预也达不到预期效果。但是在资源型产业路径的解锁问题上,自由主义的经济理论的适用性存疑。首先,一个地区在获得资源型产业的发展机遇后,为什么能在某一时点实现路径解锁,而不是等到资源型产业的成本超过收益时才转向其他产业,用传统经济以成本—收益范式无法得到有力解释。其次,我国的资源型区域的产业发展大多由政府发起,若完全用市场机制解释其后续的产业转型缺乏理论上的自洽。因此,从实践层面看,需要政府在资源型产业的路径解锁中扮演更主动的角色[①]。具体而言,政府应通过制定具有前瞻性的产业规划作为产业路径解锁的重要抓手。除例行的五年规划外,资源型区域的政府还可以通过制定专门的资源型产业规划作为产业转型的指导性意见。

政府对资源型产业转型的资金和政策支持是产业路径解锁的重要条件。新产业运行初期的投入资金规模巨大,资源型地区的企业在实施产业转向和升级时一般会面临较大的资金压力。政府可以给予实施产业转型和升级的企业资金上,尤其是政策上的支持。给予转型企业适当的税收优惠可以减轻企业资金压力,也可以对其他企业起到示范效应,彰显了政府实施地区产业转型的决心。资源型企业在实施转型后,往往会遗留大量的社会问题,如采空矿区的治理、生态环保和失业人员的安置等,这些问题不可能依靠企业自身解决[②]。这些遗留问题不仅会影响本地区后续的产业转型,甚至会影响社会稳定,这类问题只能由政府加以解决。

[①] 陶建群等:《资源枯竭型城市的破局之变——淮南谢家集区转型升级发展的探索与实践》,《人民论坛》2018年第4期。

[②] 马丹、高丹:《矿产资源开发中的生态补偿机制研究》,《现代农业科学》2009年第2期。

第四节 资源型区域经济转型路径依赖的解锁机制设计

合理的环保政策可以解锁资源型区域经济发展路径依赖。资源型区域的经济腾飞以对各类自然资源的开发利用为支撑，在对区域经济发展和社会民生改善做出贡献的同时，也引发了经济增长和环境污染之间的矛盾。国民经济的飞跃式增长伴随着高投入、高消耗的"竭泽而渔"模式，对不可再生资源的持续开采使资源型区域的发展模式严重受限。而长期粗加工的经济增长模式不仅令资源型区域出现经济增速下滑甚至经济倒退的现象，更使环境污染状况持续恶化，当前中国生态文明建设在压力叠加下继续进行转型。对资源型区域的环境状况进行系统分析，可以降低资源型区域各种污染物的排放量和污染强度，并根据各区域的环境状况制定合理的环保政策，达到资源型区域产业路径依赖解锁条件。

根据《全国资源型城市可持续发展规划（2013—2020年）》（以下简称《规划》）中对资源型区域的划分以及数据的可获得性等，选用了河南、宁夏回族自治区、吉林、陕西、山东、安徽、江西等省（区）共41个资源型地级市作为研究对象，并根据《规划》中对资源型区域环境保护指标和"十三五"规划时期对资源环境保护主要指标的相关规定以及数据的代表性和可获得性，选用了废水、化学需氧量、氨氮、二氧化硫、氮氧化物、烟粉尘以及工业固体废弃物七种主要污染物指标。它们既是工业生产和生活中常见的污染物，同时也是大气污染、水污染和土地污染等环境现象的来源。通过测算各资源型区域在2006年和2015年不同发展阶段下的污染强度和减排潜力，发现各区域发展中的生态短板是产业路径解锁的重要条件，对于推动资源型区域经济转型具有重要的研究意义。

一 度量方法和数据选择

（一）数据的标准化

由于各资源型区域的废水、化学需氧量、氨氮、二氧化硫、氮氧化物、烟粉尘以及工业固体废弃物等主要污染物指标的量纲不同，因此采用客观性较强的极值标准化法式（3-6）对各污染物指标数据进行标准化处理并消除量纲。

$$Z_{ij} = \frac{x_{ij} - \min\{x_1, x_2, \cdots, x_n\}}{\max\{x_1, x_2, \cdots, x_n\} - \min\{x_1, x_2, \cdots, x_n\}} \quad (3-6)$$

式（3-6）中，Z_{ij} 为对第 j 个地级市的第 i 种污染物进行标准化转换之后的值；x_i 为第 i 种污染物的排放量。

（二）指标权重的确定

为计算各污染物所占权重，根据式（3-6）所得标准化结果，采用均方差赋权法式（3-7）分别计算2006年和2015年权重数据。

$$Z_i = \frac{\sum_{j=1}^{p} Z_{ij}}{n}$$

$$L_i = \sqrt{\sum_{j=1}^{p}(Z_{ij} - Z_i)^2}$$

$$W_i = \frac{L_i}{\sum_{i=1}^{n} L_i} \quad (3-7)$$

式（3-7）中，Z_{ij} 为各种排放物无量纲化处理之后的标准值；L_i 为第 i 种排放物指标的均方差；W_i 为第 i 种排放物指标的污染强度权重。

（三）综合污染强度的计算

将各类排放物标准值与其所对应的权重相乘，再分别累加，便可得出各地区主要排放物的综合污染强度。

$$R_j = \sum_{i=1}^{n} Z_{ij} \times W_i \quad (3-8)$$

其中，R 为第 j 个地级市的综合污染强度。

（四）减排潜力的计算

分别以2006年、2015年综合污染强度最低的资源型区域作为综合减排潜力的参考目标，在此基础上计算各资源型区域的综合减排潜力。

$$M_j = 1 - \frac{R_{\min}}{R_j} \quad (3-9)$$

式（3-9）中，$R_{\min}$ 为综合污染强度最低值；R_j 为第 j 个地级市的综合污染强度；M_j 为第 j 个地级市的减排潜力。

二 区域选取依据

经过统计相关资料发现，中国北方资源型区域的产业结构偏重，以煤炭、石油为代表的传统能源在资源消耗结构中的占比高于全国平均水平15个百分点，水污染物和大气污染物的排放总量较大，在资源型区域能源消耗结构和排放比重中具有代表性。且近几年中国北方的一些资源型区域空气污染、水污染严重，雾霾极端天气现象频发，因此对此类资源型区域的污染强度和减排潜力进行数据分析，并据此改善环境状况迫在眉睫。另外，由于江西省煤炭资源丰富，各类矿种齐全，其产业结构严重偏向于第二产业，且能源消耗结构和主要污染物排放种类与北方资源型区域类似，因此将江西省的各个资源型区域同样作为研究对象。

表 3-10　　　　　　　　　　资源型区域分类

省份	各地级市资源类型			
	成长型	成熟型	衰退型	再生型
河南省		三门峡、鹤壁、平顶山	焦作、濮阳	洛阳、南阳
宁夏回族自治区			石嘴山	
吉林省	松原	吉林、延边	辽源、白山	通化
陕西省	延安、咸阳、榆林	渭南、宝鸡	铜川	
山东省		东营、济宁、泰安、莱芜	枣庄	淄博、临沂
安徽省		宿州、亳州、淮南、滁州、池州、宣城	淮北、铜陵	马鞍山
江西省		赣州、宜春	景德镇、新余、萍乡	

为深入分析各资源型区域的污染状况和减排潜力，根据《规划》对各省（市、区）41个资源型地级市按照成长型、成熟型、衰退型和再生型进行分类。选用的国民经济统计量数据来源于各省市统计年鉴，据此分别选取了河南、宁夏、吉林、陕西、山东、安徽及江西2006—2015年共41个资源型地级市的GDP原始数据，并根据各省市环境统计

年报和统计年鉴的相关数据资料，选取了2006年和2015年各资源型区域的废水、化学需氧量、氨氮、二氧化硫、氮氧化物、烟粉尘以及工业固体废弃物的排放量原始数据。

三　污染强度分析

在污染物排放量方面，相对于2006年的排放量平均水平，2015年大部分污染物指标的排放量平均值呈迅猛之势增加（见表3-11），其中废水和工业固体废弃物的排放量尤为显著，而二氧化硫、氮氧化物和烟粉尘等代表空气质量的污染物指标排放量有所下降。在此期间，渭南市、淄博市和济宁市的多项污染物指标排放量均为最大，且相对于污染物的平均排放情况，淄博市和济宁市的污染物排放量均在平均排放量的水平之上，可见经济发展总量与污染排放量大致成相对正比的关系，即资源型区域的国民经济总量越大，其开采矿产的力度越大，污染物的排放量也就随之增加。

在污染强度分析方面，相对于2006年的污染强度平均水平，2015年所有指标的污染强度平均值均有不同程度的下降，其中延安市作为资源型区域成长型城市，虽然GDP总量在41个资源型区域中排名中上，其多项指标的污染强度却相对较低，且多次位于污染强度最低值的位置，远低于污染强度平均值，可见污染物排放强度与经济总量的多寡密切相关，当经济总量较多时，其对应的污染强度可能会较低。而作为资源衰退型城市，白山市的国民经济总量比较落后，在2006年和2015年排名均为第37位，但2006年白山市在化学需氧量、氨氮、二氧化硫、氮氧化物、烟粉尘等指标的污染强度均高于统计中的其他资源型区域，环境状况不佳，因此白山市应加大力度发展新兴产业、跳出资源衰退诅咒、促进当地环境发展。

在污染强度的权重方面，2015年废水、化学需氧量和氨氮等代表水质的污染物指标权重相对于2006年有所下降，而二氧化硫和氮氧化物等代表空气质量的污染物指标权重有所上升，工业固体废弃物的排放权重同样有所上升，可见总体来讲，2015年各省市资源型区域总体水污染比重下降，大气污染和土地污染的比重上升，以下是根据度量方法计算出的结果（见表3-11）。

表3-11 污染强度计算结果

参数	极值	年份	化学需氧量	氮氧化物	工业固体废弃物	二氧化硫	氨氮	烟粉尘	废水
污染物排放量（万吨）	最大值	2006	6.22 赣州	17.13 济宁	2412 渭南	33.92 渭南	0.814 南阳	25.92 淄博	23141 淄博
		2015	14.57 临沂	14.79 济宁	3706 渭南	21.06 渭南	1.580 临沂	20.14 榆林	59123 莱芜
	最小值	2006	0.15 池州	0.80 马鞍山	23 延安	0.06 赣州	0.009 淮南	0.21 池州	294 铜川
		2015	0.16 铜川	0.75 延安	110 延安	1.27 亳州	0.003 铜川	0.69 东营	398 铜川
污染强度（万吨/亿元）	最大值	2006	0.992 白山	0.917 白山	6.390 渭南	0.814 白山	0.960 白山	0.915 白山	27.96 亳州
		2015	0.006 鹤壁	0.013 石嘴山	4.133 淮南	0.018 石嘴山	0.001 宜春	0.023 莱芜	89.01 莱芜
	最小值	2006	0.001 松原	0.002 濮阳	0.042 延安	0.001 赣州	0.0002 辽源	0.002 延安	1.45 延安
		2015	0.001 铜川	0.001 延安	0.089 濮阳	0.001 亳州	0.0005 鹤壁	0.001 泰安	1.31 铜川

注：所有数据均来源于各省市2007年和2016年的统计年鉴及环境统计公报。

四 各区域综合污染强度分析

在综合污染强度分析方面，不仅污染强度的综合平均值有所下降，2015 年大部分地区的综合污染强度都有不同程度的下降情况（见表 3-12），且大部分资源型区域的综合污染强度低于综合平均值。在综合污染强度的名次变动方面，成长型资源型区域延安市和成熟型资源型区域延边市、宝鸡市的综合排名分别上升 15 个名次和 16 个名次。而成熟型资源型区域淮南市和衰退型资源型区域石嘴山市的综合排名下降 13 个名次，再生型资源型区域马鞍山市的综合排名下降 16 个名次。济宁市、淄博市和洛阳市的综合污染强度始终高于平均值。以济宁市为代表，其 2006 年和 2015 年的综合污染强度排名分别为第 41 名和第 40 名，始终处于落后位置，可见济宁市在依靠开采煤矿、发展煤炭黑色经济，进而实现国民经济高速发展的同时，也不可避免地破坏了生态环境。与济宁市相反，铜川市在 GDP 排名中虽然较为落后，但其在分指标污染物排放量分析、污染强度分析和综合污染强度排名分析中却一直处于领先地位，其环境综合状况相对较好。

表 3-12　　主要污染物排放量的综合平均值

类型	地级市	2006 年综合	排名	地级市	2015 年综合	排名
成长型	松原	0.07	2	延安	0.02	1
	延安	0.17	16	松原	0.06	6
	咸阳	0.21	20	咸阳	0.17	17
	榆林	0.25	25	榆林	0.52	37
成熟型	池州	0.04	1	池州	0.04	4
	宣城	0.09	5	亳州	0.06	5
	鹤壁	0.14	10	宣城	0.09	8
	亳州	0.14	11	宝鸡	0.13	10
	淮南	0.15	13	延边	0.13	13
	滁州	0.15	14	滁州	0.14	15
	宿州	0.21	19	宿州	0.16	16
	三门峡	0.24	23	鹤壁	0.17	18
	莱芜	0.25	24	东营	0.22	23
	宝鸡	0.27	26	吉林	0.27	25

续表

类型	地级市	2006年综合	排名	地级市	2015年综合	排名
成熟型	平顶山	0.30	27	淮南	0.27	26
	宜春	0.31	28	三门峡	0.30	27
	延边	0.32	29	赣州	0.34	29
	泰安	0.37	30	宜春	0.36	32
	吉林	0.38	31	平顶山	0.41	33
	东营	0.42	32	泰安	0.42	34
	赣州	0.43	33	莱芜	0.45	35
	渭南	0.51	37	渭南	0.46	36
	济宁	0.77	41	济宁	0.70	40
衰退型	铜川	0.08	3	辽源	0.02	2
	辽源	0.09	4	白山	0.03	3
	石嘴山	0.10	7	铜川	0.07	7
	淮北	0.13	8	景德镇	0.13	11
	白山	0.13	9	铜陵	0.13	12
	铜陵	0.14	12	淮北	0.14	14
	景德镇	0.16	15	濮阳	0.19	19
	新余	0.17	17	石嘴山	0.21	20
	濮阳	0.19	18	萍乡	0.21	21
	萍乡	0.24	22	新余	0.24	24
	焦作	0.48	35	枣庄	0.30	28
	枣庄	0.56	38	焦作	0.34	30
再生型	马鞍山	0.09	6	通化	0.12	9
	通化	0.22	21	马鞍山	0.21	22
	南阳	0.47	34	南阳	0.34	31
	临沂	0.51	36	洛阳	0.57	38
	洛阳	0.57	39	淄博	0.58	39
	淄博	0.77	40	临沂	0.71	41

注：根据各省市2007年和2016年统计年鉴中的原始数据和表3-11计算而得。

五 减排潜力分析

综合来看，各资源型区域的综合污染强度排名与其减排潜力排名相对应，污染强度越高的地区环境状况就越差，其减排空间也就越大，即减排潜力的数值越大，环境状况就越恶劣（见表3-12）。

2006年相比2015年平均减排潜力的上升幅度为9.1%，且88%的资源型区域减排潜力在数值上有所上升，说明2015年大部分资源型区域的环境状况有所恶化，其中再生型资源型区域马鞍山市的综合减排潜力上升幅度达到了61.9%，在综合排名上，马鞍山市更是落后了16个名次，说明马鞍山市在从衰退型资源型区域转型为再生型资源型区域的过程中，虽然实现了产业转型、扭转了经济不可持续发展的局面，但环境污染状况却日益严重。济宁市和淄博市的综合污染强度和减排潜力一直处于排名的倒数地位，因此环境综合治理状况和产业分布状况不佳。与之相反的是，2015年成长型资源型区域延安市的减排潜力在数值上下降了0.75，综合排名提高了15位，这与延安市近年来积极转变经济发展方式、大力培育本土绿色产业的发展理念相符合，也与表3-12中综合污染强度的分析结果相一致。另外池州市和铜川市作为各地区综合污染强度最小地区，其减排潜力也始终处于领先地位，污染物排放较低，环境状况较好。

六 环保政策解锁条件分析

资源开发对资源型区域的生态环境造成了巨大破坏，而良好的环境是社会发展的基础，因此研究资源型区域的污染强度和减排潜力，对于推动资源型区域转型的环保政策调整具有重要的研究意义。采用均方差赋权法，以河南、宁夏、吉林、陕西、山东、安徽、江西等省（区）共41个资源型地级市为研究对象，测算各区域在2006年和2015年不同发展阶段下的污染强度和减排潜力。结果显示：

在污染强度的权重方面，二氧化硫和氮氧化物等代表空气质量的指标权重分别上升了0.013和0.022，工业固体废弃物的权重上升了0.038，说明空气污染和土地污染加剧。同时代表水污染的废水、化学需氧量和氨氮的比重分别下降了0.008、0.024和0.031，在资源生态环境与气候变化的双重压力下，资源开发过程中的负效应迟早会引发资源型区域经济衰退，治理污染刻不容缓。

资源型区域减排潜力在数值上有所上升，且平均减排潜力的上升幅度为9.1%，说明2015年各资源型区域的整体环境状况有所恶化。其中马鞍山市的综合减排潜力上升幅度为61.9%，经历了由初期资源高强度开发到资源枯竭期的"资源陷阱"且环境条件下降显著，马鞍山市环境污染状况却日益严重，同时济宁市和淄博市的环境综合治理状况同样不佳。与之相反的是，2015年延安市的减排潜力在数值上下降了0.75，环境状况大大改善，同时池州市和铜川市作为各地区综合污染强度最小地区，其减排潜力也远高于其他城市，环境状况相对以前有所扭转。

2015年大部分污染物指标的排放量平均值呈迅猛之势增加，远超2006年平均值。其中废水和工业固体废弃物的排放量分别从6940.8万吨和510.29万吨上升到16408万吨和1090.3万吨，增长幅度最大。各个资源型区域的环境污染状况和治污水平、治污力度等仍然参差不齐，环境规制迫在眉睫，因此根据当地环境实际情况有区别地进行治理很有必要。

第四章

资源型区域经济转型评价指标体系构建与实证分析

第一节 资源型区域经济转型评价指标体系的构建原则

自 20 世纪后半叶以来,连续的气候变化和生态环境事件引起了世界各国对资源问题和环境问题的讨论。例如,1972 年的《人类环境宣言》为世界各国改善资源和环境问题起到了一定的启发作用[①]。同年罗马俱乐部发表了《增长的极限》,这也是全世界第一份警告资源环境问题重要性的研究报告。之后此类会议和研究成果越来越多,"可持续发展"和"绿色经济"的主题表明生态环境保护和能源资源合理开发已成为关注重点,例如 1992 年环境发展大会、2002 年可持续发展大会以及 2012 年可持续发展大会,这三次会议是全球可持续发展的里程碑[②]。资源型区域由于其资源具有不可再生性,故而经济发展不具备可持续性。因此资源型区域必须在产业发展初期就培育具有现代竞争力的非资源型产业经济,即转向依赖非资源耗竭型经济,由量变实现质变,最终实现资源型区域经济结构的转型升级。资源型区域转型是一个系统化的

---

① 陶建群等:《资源枯竭型城市的破局之变——淮南谢家集区转型升级发展的探索与实践》,《人民论坛》2018 年第 4 期。
② 郝祖涛等:《基于民生满意度的资源型城市转型绩效测度及群体差异研究——以湖北省黄石市为例》,《自然资源学报》2017 年第 8 期。

工程，且无法在短期内完成①。在资源型区域转型发展实践过程中，需要从多方面综合考虑展开评价活动。基于高质量发展背景运用科学方法对资源型区域转型效果进行测度，可以对资源型区域的可持续发展提供全面、客观、科学的决策依据②。

（1）系统性原则。资源型区域转型是一项复杂的综合系统工程，各系统之间相互联系和影响。因此，对资源型区域转型进行评价时，必须综合考虑各系统间的制约关系，构建具有系统性的评价指标体系。即从宏观、系统的角度统筹看待，既要考虑各类评价指标间的横向联系，也要兼顾纵向影响，以确保评价指标体系的协调统一，做出全面合理的评价。

（2）科学性原则。科学性原则是指在确立评价指标体系时，要依据科学原理，通过适宜的指标选择方法、评价方法，结合资源型区域转型的实际情况，因地制宜、因时制宜地构建评价指标体系，确保评价指标规范实用、资源评价结果真实有效，能够科学指导资源型区域转型实践。

（3）可操作性原则。由资源型区域转型评价指标体系构建的根本目的可知，指标体系应具有较强的可操作性。首先，指标体系必须具有可量化的特点，便于对应数据的采集和比较分析。既兼顾理论必要性，也考虑实践可操作性，使评价指标体系在不同地区能够推广和应用。其次，指标体系各指标含义明确，结合现有统计数据和资料，便于提高信息采集人员和使用人员的效率。最后，指标体系可比较，资源型区域转型情况各不相同，这要求选取指标需要在不同地区之间比较，也可在同地区不同发展阶段比较，提高评价指标体系的实践的可操作性。

---

① 陈妍、梅林：《东北地区资源型城市经济转型发展波动特征与影响因素——基于面板数据模型的分析》，《地理科学》2017年第7期。

② 王学军等：《基于 TOPSIS 法的资源型城市低碳转型评价体系研究——以焦作市为例》，《生态经济》2015年第11期。

第二节 资源型区域经济转型评价指标体系的构建依据

首先,资源型区域经济转型需要高质量发展,其转型过程复杂、持久,如何使决策者在转型的过程中秉持既定的方针和政策的连贯性,就需要有明确的评价体系指引,在资源型区域进行主导产业选择、转变经济增长方式、搞社会文明建设等过程中,就有了决策依据从而能更好地引导社会建设[1]。其次,决策者在资源型区域的转型过程中,如何对各阶段的转型效果、成功与否做出准确的判断,及时调整转型路径中可能导致的决策偏差。资源型区域经济转型评价体系的建立,有利于引导决策者树立正确的经济社会发展方向,贯彻绿水青山的生态理念和高质量发展的理念[2]。而高质量发展是中国经济社会发展到一定阶段的产物,关系到社会的转型建设与深刻变革,无论是理论还是实践都将在此命题下平波缓进[3]。如何准确地构建评价指标体系仍是极具争议的问题,学术界针对高质量发展评价指标体系主要是从"新发展理念"和"人民美好生活需要与不平衡不充分发展"两个视角来构建。前者视角多从创新、协调、绿色、开放、共享五个维度来构建综合评价体系,而后者视角将满足人民日益增长的美好生活需要纳入高质量发展评价体系中[4][5]。

本书研究认为,资源型区域转型的根本是摆脱地区发展对资源的高度依赖,优化升级原有的产业结构和就业结构,最终实现资源型区域经济成功转型。结合资源型区域转型的基本特点及实际情况,延续采纳

---

[1] 程鹤:《资源型城市绿色创新能力评价指标体系的构建》,《科技管理研究》2019年第19期。

[2] 周玄德等:《资源型城市转型力评价指标体系构建与测度:以山西省资源型城市为例》,《中国矿业》2018年第4期。

[3] 李梦雅、严太华:《基于DEA模型和信息熵的我国资源型城市产业转型效率评价——以全国40个地市级资源型城市为例》,《科技管理研究》2018年第3期。

[4] 李梦雅、严太华:《基于DEA模型和信息熵的我国资源型城市产业转型效率评价——以全国40个地市级资源型城市为例》,《科技管理研究》2018年第3期。

[5] 张国兴、苏钊贤:《黄河流域中心城市高质量发展评价体系构建与测度》,《生态经济》2020年第7期。

"经济、资源、环境、社会"四大类的指标构建思路。所构建指标体系除了反映转型效果外,还应当发挥"指挥棒"作用,指导资源型区域朝着"经济活力迸发、社会和谐进步、资源保障有力、人居环境优美"的方向发展,构建时在综合梳理与归纳国内外文献基础之上,借鉴徐丽婷(2019)等学者的研究成果①②③④⑤⑥,对资源型区域经济转型内涵进行阐述,从产业经济水平、资源利用与保护水平、生态环保水平、社会保障水平四个维度来开展⑦⑧⑨。

(1) 产业经济水平。从产业发展潜力和对外开放水平方面反映城市产业经济水平。产业发展潜力反映了资源型区域经济发展的动力、经济发展方向和结构优化;资源型区域经济转型应涵盖全方位、宽领域、多层次的对外开放水平,在世界经济格局嬗变中把握机遇。

(2) 资源利用与保护水平。从教育、医疗、人力以及自然资源来衡量资源型区域资源利用与保护水平。文化资源的有效转化可以为资源型区域经济转型提供智力支撑,医疗资源的完善为城市的发展提供了保障,而土地资源、水资源是城市居民赖以生存的自然资源,是资源型区域经济转型的原生动力。

(3) 生态环保水平。从生态污染和绿色治理方面来衡量资源型区

---

① 徐丽婷等:《高质量发展下的生态城市评价——以长江三角洲城市群为例》,《地理科学》2019年第8期。
② 马丽等:《中国中心城市内生动力和支撑力综合评价》,《经济地理》2019年第2期。
③ 张震、刘雪梦:《新时代我国15个副省级城市经济高质量发展评价体系构建与测度》,《经济问题探索》2019年第6期。
④ 卢硕:《资源禀赋视角下环境规制对黄河流域资源型城市产业转型的影响》,《中国科学院院刊》2020年第1期。
⑤ O'Faireheallaigh, C., "Economics Base and Employment Structure in Northern Territory Mining Towns", *Resource Communities: Settlement and Workforces Issues*, CSIRO, Australia, 1988, pp. 221–236.
⑥ Oyinlola, M. A., et al., "Natural Resource Abundance, Institutions and Economic Growth in Africa", *African Journal of Economic & Sustainable Development*, 2015, p. 4.
⑦ 王冠:《基于能值—生态足迹法的资源型城市生态安全演变研究:以河南省焦作市为例》,《中国矿业》2018年第4期。
⑧ 李贵芳等:《典型资源型城市脆弱性评估及预测研究——以焦作—大庆—铜陵—白山市为例》,《华东经济管理》2017年第11期。
⑨ 王状等:《西部资源型城市经济增长与能源消耗关系计量研究》,《中国矿业》2019年第12期。

域生态环保水平。适度的宜居生态环境是普惠的民生福祉和高质量发展的时代主题，但当前水、土壤、大气等污染弊病问题较为突出，污水、二氧化硫以及烟（粉）尘气体等不合理的排放导致区域黑臭水体增多、雾霾天气严重、生物多样性减少、传染性疾病增加等问题加剧，资源型区域经济转型应将以上因素考虑在内。

（4）社会保障水平。从交通信息基础设施和居民生活质量来衡量资源型区域社会保障水平。道路交通基础设施改善会促进要素在区域间的流动，从而助推资源型区域经济转型。资源型区域经济转型不仅要满足大多数人的利益，尚需兼顾保障弱势群体，当前新增的劳动力与有限的新增就业岗位相矛盾，造成大量新增劳动力闲置和未充分就业。

第三节　资源型区域经济转型评价方法和指标体系构建

一　资源型区域经济转型评价方法

常见的综合评价方法有层次分析法、模糊综合评价法、优劣解距离法、人工神经网络法、灰色综合评价法等，具体的方法思路如下。

（1）层次分析法。20世纪70年代，美国运筹学家提出了层次分析方法。层次分析法致力于将问题中的相关要素进行分解，并形成目标层、准则层和方案层，通过目标层、准则层和方案层的两两对比确定相对重要的解决因素，进而综合研究人员的经验判断以确定相关要素之间的权重与排序。它体现了决策思维的系统性、综合性与简便性的基本特征。层次分析法大致包括明确问题、建立层级结构、构造判断矩阵、层次单排序及一致性检验、层次总排序、做出决策六个步骤。层次分析方法充分利用研究人员的经验决策性，并根据两两因素的相互对比得出合适的决策支撑，因此层次分析方法是将定性与定量结合的分析方法。

（2）模糊综合评价法。模糊综合评价法（Fuzzy Comprehensive Assessment）是将模糊数学应用于多目标综合评价的一种重要方法。它能够解决评价问题当中存在的模糊性，尤其是定性评价信息较多的问题。多数评价方法的指标权重一般人为给定，而且定性指标一般根据研究人员或教授的经验进行量化确定，定性指标的特征明显。但需要注意的是，研究人员的经验判断具有一定的偏好性和模糊性，对研究指标的断定难免有所偏差，因此模糊综合评价方法同时要求模糊数学方法来处理主观偏好问题，以使研究结果更科学规范。很多学者对于模糊综合评价法的应用和理论分析研究较多，如使用模糊综合评价法确定指标时，首先要确定研究问题的隶属度向量，然后在目标集和评定集的评判基础上，得出多个目标进行模糊综合评价的研究结果。除了确定评价指标体系，模糊数学的评价方法在其他领域应用也比较广泛。如针对政府的绩效评估可以科学地应用模糊综合评价方法，进而得出绩效上的量化结果，并且在对各个指标因素进行比对分析时可以得出各项指标的强弱原因，进而针对弱项指标提出较有针对性的行政措施。模糊评价法也存在一定的局限，在评估实践中由于实际问题的各种约束，并且可能受到评估人员主观因素的影响，得到完全科学合理的评估结果存在一定的难度。

（3）优劣解距离法。优劣解距离法于1981年出现并广泛应用，属于多目标决策分析方法。优劣解距离法致力于从原始数据矩阵中找到各项解决方案中的最优解和最劣解，在计算最优解和最劣解的相对距离的基础上得出评价问题与最优解的接近程度，并进行数据上的最优解排序，以此确定多个目标决策下的解决方案。优劣解距离法在应用中主要包括六个步骤：首先要在数据标准化的基础上建立决策上的数据矩阵，其次要对数据矩阵进行决策性加权，再次在计算矩阵的前提下确定好有限方案中的最优解与最劣解，然后确定好各个备选方案中最优解和最劣解的相对距离及其贴近程度，再根据计算结果对其进行方案排序，最后确定决策方案。一般而言，多数评估方法产生的评估结果会由于评估者偏好的不同而有所不同，使决策者该如何采纳成为问题。优劣解距离法则可以避免主观决断所产生的影响缺陷，进而突出科学计算结果的决断优势，并向区域政策的决策者提供具备合理性和可操作性的决策信息。但优劣解距离法的缺陷也较为明显，尤其是在多因素分析的背景下难以进行指标权重的确定，此时就需要借助其他的权重分析方法。

（4）人工神经网络法。人工神经网络模型本质上属于理论模型，是在科学连接的基础上由大量的信息处理单元构成，其运行的原理主要是对人脑的工作原理及其人脑的神经处理信息方式进行模仿。人工神经网络的工作原理是以原始数据为基础，经过一定程度的训练之后，探讨数据之间的内在联系，进而求取问题解并进行判断评价。人工神经网络模型的优势在于适应能力和自学组织能力较强，并且适合大规模的分布式信息处理方式，对于模糊性较强或因素复杂的决策问题分析较为擅长。基于人工神经网络的多指标复杂综合评价方法通过自学习、自适应、强容错性以及非线性拟合能力，建立更接近人类思维的定性和定量相结合的综合评价模型。这种分析方法通过将专家评价思想以特定方式赋予网络，使其可以模拟专家进行定量评估。由于模型的权重是通过学习得到的，使其能够避免传统评价方法中的主观因素影响。同时还应注意到，人工神经网络模型在应用中的难点在于目标集的科学选取，这个过程通常较为繁复模糊，因此还需借助其他的方法来进行综合评价的训练集选取过程。在成功获取分析的目标样本集后，再利用人工神经网络模型计算出指标权重，同时根据实际研究问题的特征参数，得出相应的评价结果。评估实践中，较为常用的是 BP 神经网络，即以误差反向传递学习算法（BP 算法）进行训练的神经元模型，由 Rumelhart 等于 1985 年提出的，是一种多层次反馈型网络。

（5）灰色综合评价法。在控制论中，灰色系统是介于信息完全知道的白色系统和完全不知道的黑色系统之间的中介系统。1982 年，著名学者邓聚龙教授提出了灰色系统理论，能够处理部分已知、部分未知的贫信息系统，通过对部分已知的信息进行处理开发来确定未知的信息，适用于只有少量观测数据的项目。由于现实社会经济问题的层次复杂性和关系模糊性，灰色系统理论被应用在相关领域的评估工作中。灰色关联分析是一种应用较广的评估方法，其基本原理是从评价对象的各个指标中选取最优值并作为评价标准，然后计算各方案与最优方案之间的关联度大小，并以此进行排序然后做出优劣评价。灰色系统评价方法的优势在于可以排除人为主观判断造成的不良影响，科学地量化指标选取问题，并以定性和定量相结合的方式解决数据获取问题，使指标的数据分析结果更加客观。缺点是要求指标数据具有时间序列特性，且灰色关联分析的评价指标体系和权重分配合适与否，对评价结果也会产生影响。

（6）熵权法。熵权法是客观赋权评价方法的一种，可以避免受主观因素的干扰,起源于物理学中热力原理,在20世纪七八十年代广泛得到传播。熵值越小代表该指标的权重越小;反之则代表该指标的权重越大。

对资源型区域经济转型进行评价应根据现实问题,采用适合方法对各项权重进行确定,并开展进一步评估,做出更加科学合理的评价结论[1][2][3]。

表4-1　资源型区域经济转型综合评价方法比较

评价方法	优点	缺点
层次分析法	需要通过一致性检验,可信度较高	多依赖主观判断
模糊综合评价法	能够有效兼容,适合复杂问题判断	隶属度和权重确立上主观性较强
优劣解距离法	避免专家打分时个人偏好	权重确定较为困难
人工神经网络法	避免传统方法主观打分的弊端	过程相对复杂,应用局限性强
灰色综合评价法	工作量较小	权数确定时过于依赖个人判断
熵权法	根据各项指标传递给决策者的信息量大小来确定权重,消除人为因素的影响	忽视决策者主观的意图

二　资源型区域经济转型指标体系构建

基于全面性、动态性、客观性及数据可得性等原则,构建产业经济水平、资源利用与保护水平、生态环保水平和社会保障水平4个一级指标。在产业经济水平方面,采用产业发展潜力和经济开放水平作为产业经济水平的分指标,共同反映资源型区域经济结构现状。产业发展潜力的相关指标用第三产业占GDP比重和人均全社会固定资产投资额来衡量;经济开放水平的指标采用货物进出口总额、当年直接使用外资投资额和接待外国游客人次来衡量。在资源利用与保护水平方面,采用公共

---

[1] Tullock, G. "The Welfare Costs of Tariffs, Monopolies, and Theft", *Western Economic Journal*, Vol. 5, No. 3, 1967, pp. 224-232.

[2] Krueger, A. O, "The Political Economy of the Rent-Seeking Society", *American Economic Review*, Vol. 64, No. 3, 1974, pp. 291-303.

[3] Bhagwati, J. N., "Directory Unproductive, Profit-seeking (DUP) Activities", *The Journal of Political Economy*, Vol. 900, No. 5, 1982, pp. 988-1002.

资源和水土资源作为资源有效配置的分指标,共同反映资源型区域的资源使用情况。文化资源由每万人公共图书馆藏书来衡量;医疗资源用每万人拥有医生数来衡量;水资源用人均居民用水量来衡量;耕地资源用人均耕地占有面积来衡量;绿地资源用人均园林绿地面积来衡量。在生态环保水平方面,采用污染排放和绿色治理作为生态环保水平的分指标,共同反映资源型区域的宜居环境水平。污染排放用化学需氧量、工业废水和废物排放量、工业氮氧化物排放量、工业二氧化硫排放量、烟(粉)尘排放总量来衡量;绿色治理用建成区绿化覆盖率、工业固体废物利用率和生活垃圾无害化处理率来衡量。在社会保障水平方面,采用交通信息基础设施和社会公平正义作为社会保障水平的分指标,共同反映资源型区域的公共服务质量状况。交通信息基础设施用高速公路里程占比、人均道路面积和互联网普及率来衡量;社会公平正义用城乡收入比和城镇登记失业率来衡量,指标体系如表4-2所示。

表4-2 资源型区域经济转型评价指标体系

	指标层		具体指标
资源型区域转型效果评价体系	产业经济水平	产业发展潜力	第三产业占GDP比重
			人均全社会固定资产投资额
		经济开放水平	货物进出口总额
			当年直接使用外资投资额
			接待外国游客人次
	资源利用与保护水平	公共资源	每万人拥有医生数
			每万人公共图书馆藏书
		水土资源	人均耕地占有面积
			人均居民用水量
			人均园林绿地面积
	生态环保水平	生态污染	化学需氧量
			工业废水和废物排放量
			工业氮氧化物排放量
			工业二氧化硫排放量
			烟(粉)尘排放总量

续表

	指标层		具体指标
资源型区域转型效果评价体系	生态环保水平	绿色治理	建成区绿化覆盖率
			生活垃圾无害化处理率
			工业固体废物利用率
	社会保障水平	交通信息基础设施	高速公路里程占比
			人均道路面积
			互联网普及率
		社会公平正义	城镇登记失业率
			城乡收入比

第四节 资源型区域经济转型评价的实证分析

为推动区域生态治理、经济和社会协调发展，黄河流域生态保护和高质量发展作为国家战略在2019年9月被提出，这标志着黄河流域生态保护和高质量发展将与长江经济带发展、京津冀协同发展等共同成为国家战略。黄河流域是中国重要的生态屏障、经济地带和打赢脱贫攻坚战的重要区域，也是我国区域型工业带，区域内一半以上区域均为资源型城市和老工业城市，辖内蕴含多种关键自然资源（金属、天然气以及煤炭等）支撑着我国经济长期稳定发展。本书选取黄河流域资源型区域进行实证分析。

一 黄河流域发展现状

黄河流域资源型城市以能源资源的开采为经济发展的物质基础，因此经过成长期和繁荣期的发展之后，黄河流域资源型城市的发展面临着矿产资源枯竭的危机，从而进入到发展的衰落阶段。

长期重工业化的发展模式使黄河流域资源型城市的产业经济水平较低，缺乏科技含量高、创新水平高的产业支撑，导致区域经济产业链条短，经济发展缺乏可持续性，最终不得不经历由资源开发初期到资源枯竭期的"资源陷阱"，由此引发严重的经济增速放缓、环境破坏和失业，并进一步面临着资源枯竭、生态环境恶化、产业结构畸形、就业率下降及企业、劳动力外迁等各种问题，社会经济发展区域停滞。

黄河流域资源型区域高排放、高污染的工业发展路径影响黄河流域的生态可持续和高质量发展,作为中国重要生态屏障和打赢脱贫攻坚战的重要区域,资源型区域的转型发展深刻影响并制约着区域生态效益、对外开放水平和高质量发展。

二 实证结果分析

根据熵权法测算出2010年与2017年黄河流域资源型区域经济转型测度,从而观察转型效果(见表4-3、表4-4)。

表4-3　　　　2010年黄河流域资源型区域高质量发展测度

城市	综合得分	排序	城市	综合得分	排序
鄂尔多斯市	0.55	1	三门峡市	0.30	21
包头市	0.52	2	朔州市	0.30	22
东营市	0.44	3	延安市	0.29	23
乌海市	0.43	4	宝鸡市	0.29	24
淄博市	0.40	5	呼伦贝尔市	0.29	25
石嘴山市	0.37	6	运城市	0.28	26
莱芜市	0.37	7	忻州市	0.27	27
阳泉市	0.35	8	榆林市	0.27	28
晋中市	0.35	9	临汾市	0.27	29
临沂市	0.34	10	平顶山市	0.27	30
济宁市	0.33	11	咸阳市	0.26	31
长治市	0.33	12	吕梁市	0.26	32
焦作市	0.32	13	武威市	0.26	33
泰安市	0.32	14	白银市	0.26	34
鹤壁市	0.32	15	濮阳市	0.25	35
枣庄市	0.32	16	南阳市	0.24	36
铜川市	0.32	17	平凉市	0.22	37
晋城市	0.32	18	渭南市	0.21	38
大同市	0.32	19	庆阳市	0.21	39
洛阳市	0.31	20	陇南市	0.18	40

表4-4　　　　2017年黄河流域资源型区域高质量发展测度

城市	综合得分	排序	城市	综合得分	排序
包头市	0.45	1	运城市	0.31	21
鄂尔多斯市	0.44	2	阳泉市	0.30	22
乌海市	0.43	3	临汾市	0.29	23
石嘴山市	0.41	4	朔州市	0.29	24
淄博市	0.38	5	白银市	0.29	25
洛阳市	0.37	6	鹤壁市	0.29	26
莱芜市	0.36	7	武威市	0.29	27
长治市	0.36	8	枣庄市	0.28	28
东营市	0.35	9	吕梁市	0.28	29
铜川市	0.35	10	濮阳市	0.28	30
济宁市	0.35	11	南阳市	0.28	31
呼伦贝尔市	0.34	12	忻州市	0.28	32
焦作市	0.33	13	平凉市	0.28	33
大同市	0.33	14	咸阳市	0.27	34
晋中市	0.33	15	榆林市	0.26	35
三门峡市	0.32	16	庆阳市	0.26	36
平顶山市	0.32	17	渭南市	0.26	37
晋城市	0.32	18	延安市	0.25	38
临沂市	0.31	19	宝鸡市	0.25	39
泰安市	0.31	20	陇南市	0.18	40

以资源类产业的差异将黄河流域资源型区域划分为3个类型，针对不同资源禀赋的资源型区域高质量发展提出路径参考。

阳泉市、临汾市、朔州市（综合得分＜0.3）等19个资源型城市属于较低资源禀赋区域，城市普遍共性是位于流域中上游地带。黄河流域低资源禀赋城市要实现产业经济的高质量发展，必须采取措施扶持非资源型产业，一方面，要在优势产业结构的基础上延伸深加工产业链条，并在原有的经济基础上投资于教育和科技产业，提高黄河流域低资源禀赋城市的就业率并实现社会稳定，为黄河流域低资源禀赋城市发展接续替代产业提供优良的外部环境。另一方面，要实现黄河流域低资源禀赋城市产业经济的高质量发展，还要进一步延伸区域的资源型产业链条，并从中寻求新的经济增长热点，不仅要提高资源型产品的经济科技附加值，还要以优惠政策和良好的投资环境培育和发展新型替代产业，促使黄河流域低资源禀赋城市走多产业共同发展的道路。培育和发展新型替代产业，目的是摆脱经济发展对资源的依赖，如发展金融业、生物制药以及教育培训等对资源依赖度较低的接续替代产业。黄河流域低资源禀赋城市的经济发展在繁荣期时拥有大量的财富积累，能吸引高素质人才和投资，有培育和发展替代产业的先机和条件。这个阶段规划替代产业，可以在黄河流域低资源禀赋城市的矿产资源相对枯竭之后，能够以新的经济增长热点继续发展区域经济，在降低区域经济发展风险、拓宽黄河流域低资源禀赋城市发展道路的同时，推动黄河流域低资源禀赋城市产业结构的转型升级和高质量发展。

淄博、洛阳、莱芜等（综合得分在0.3—0.4）17个资源型城市属于中等资源禀赋区域，城市普遍共性是位于流域下游地带。主要特征是城市在经历繁荣期的迅速发展之后，使区域内的政府财政收入增加，经济财富积累雄厚，此时应该将区域经济的发展投资方向转向追求科技水平的非资源型产业，在增加科技投入的基础上，将经济发展方向从高能耗、高污染的模式转向精加工、高科技的产业经济方向上来。从管理创新、体制机制改革、增加教育培训投资及生态环境保护等多方面下手，实现黄河流域中等资源禀赋城市的经济发展从资源驱动、投资驱动向创新驱动的转变。另外，还需提高资源型产业的生产效率和能源利用效率，降低环境治理成本，减少污染物排放与生态环境的破坏，实现黄河流域中等资源禀赋城市的经济发展与生态环保系统的协调性可持续化发展。

包头市、鄂尔多斯市、乌海市、石嘴山市（综合得分>0.4）4个资源型城市属于较高资源禀赋区域，该类型城市主要位于黄河流域中游。主要特征是城市拥有丰富的自然资源，但与之对应的是非资源类产业比重过低、产业结构过于单一。由于黄河流域高资源禀赋城市以能源资源的开采为经济发展的物质基础，因此经过成长期和繁荣期的发展之后，黄河流域高资源禀赋城市的发展面临着矿产资源枯竭的危机，从而进入发展的衰落阶段。此时，黄河流域高资源禀赋城市面临着资源枯竭、生态环境恶化、产业结构畸形、就业率下降及企业、劳动力外迁等各种问题，社会经济发展停滞。因此，黄河流域高资源禀赋城市维持经济发展的难点是消化、吸收和解决就业问题，经济转型的关键点在于调整产业政策，促使产业结构变化，在产业结构优化的基础上重点发展现代金融业及生产性服务业，创造更多的就业岗位，促进三大产业互融互促。

三 转型难点分析

黄河流域资源型区域经济发展受资源禀赋条件的优劣影响较大，资源型地区的资源条件越好，反而越缺乏创新动力。由于资源型地区过于依赖资源，在缺乏创新动力的情况下产生了资源诅咒，不但没有带来财富的持续增长，反而形成了单一、畸形、初级化的产业结构，对经济转型产生限制作用。有以下几方面原因：

（1）资源型产业的路径依赖。近几年黄河流域资源型区域为适应能源市场萎缩、国家经济增速换挡和供给侧结构性改革，区域的战略性高新技术产业还未形成相对成熟的产业链，竞争力相对后劲不足。同时，由于资源型区域经济的产业发展路径会沿着资源产业演进，其他更优的体系很难对它进行替代，引发"锁定"风险，形成路径依赖。在传统资源型产业的路径依赖和经济锁定效应下，若非资源型产业发展不利，将产生内生动力不足的影响，最终会使整个资源型区域经济增长失速。

（2）发展思路不清晰。黄河流域资源型区域经济发展是典型的非均衡性"速度效益型"模式，虽然支撑了我国工业和城市的快速发展，也人为地造成了资源型区域城乡结构、产业结构和需求结构的扭曲，然而传统资源型区域经济转型路径的设计由于缺乏全面的科学思想和系统方法论，经常使转型效果转变为另一种不平衡、不协调和不可持续。另外，没有建立完整的产—学—研—用的机制，导致各资源型区域在选择高新接续替代产业时往往具有跟风趋势，产业选择具有明显的同质化倾向，而且商业运行模式和企业组织方式的创新水平也有待提高。

（3）制度供给不足。黄河流域资源型区域经济转型的传统路径困难重重，一定程度上是制度供给难以适应资源型区域经济转型的需要导致的，财税制度设计不合理、制度转换没有与时俱进、制度的协调度低以及关键转型制度的缺失和执行不力造成区域经济转型困难重重。而且很多制度执行力度不足，例如一些地方为吸引投资发展经济，采用协议的方式出让工业用地，违背了国家"以市场方式出让"的规定，这在很大程度上降低了资源配置的效率。

（4）人本观念的缺失。黄河流域在资源型区域的经济转型过程中，大多以形成多元化的产业结构为主要目标，进而推动区域经济可持续发展和社会福利的增加。在这样的经济转型链条中，改善民生、提高民众的生活质量是转型中产业结构调整的附带结果，而不是核心目标，人本观念的缺失导致传统资源型区域转型中对民生目标的核心位置重视不足甚至有所偏离，缺少了对转型主体的人文价值关怀，忽视了人民对高品质生活的追求，而这恰恰是一切转型工作的出发点和落脚点。

四 黄河流域资源型区域发展路径

在黄河流域资源型区域经济转型过程中，各级政府要从全局的角度，高度重视资源型区域的生态环境保护工作，做好各方面的详细规划和体制机制建设，减轻区域经济转型的外部压力、促进各系统部门协调共进，做好以下工作：

（1）制定好黄河流域资源型区域经济转型的总体规划。资源型区域经济发展路径的转变是一个漫长而复杂的过程，且资源型区域数量众多，资源开发和经济发展处于不同的阶段，基础设施和经济社会发展水平差距较大，其面临的经济问题也不尽相同，需要政府层面的相关部门进行详细的规划和科学的指导。

（2）构建黄河流域资源型区域经济转型的管理机制。资源型区域经济已经由地方政府之间的竞争模式逐步向中央统一规划靠拢，新的形势下不仅需要地方经济实现协调发展，同时也对产业间的协调发展提出了新的要求，在此情况下，构建中央政府统一规划的管理部门如最近成立的自然资源部，可统筹全国范围内的资源生态保护等重要问题，最大效率地利用有限的社会资源，实现区域经济科学转型的目标。

（3）黄河流域发展作为一项长期系统工程，上中下游应加强协作、优势互补而避免同构竞争，整合黄河流域各中心城市的优势资源，借助黄河流域生态保护和高质量发展与"一带一路"国家重大战略政策的交叉相融，建立具有约束力的黄河流域对外开放合作框架，完善流域生态补偿机制，形成上中下游联动、梯度分工错位、干支流互补的产业与经济格局。

第五章

资源型区域经济转型中利益博弈与激励机制分析

第一节 区域经济转型中各方利益博弈相关理论概述

一 经济转型理论

"经济转型"词汇被收录在2002年版及以后的《现代汉语辞海》中。在辞海中,"经济"在经济学上是指社会物质生产和再生产的活动。"转"是指改换方向、位置、形势、情况等。从经济学现有文献研究来看,经济转型多指资源配置和经济发展方式的转变,包括发展模式、发展要素、发展路径等从一种经济运行状态向另一种经济运行状态转变。

在现有阶段,经济转型往往指某一国家或地区经济结构和经济制度在一定时期内发生的根本变化,包括经济体制的更新、增长方式转变、结构提升等内容。任何一个国家在经济发展过程中都会面临着经济转型的问题。

(1) 西方经济转型理论。由于西方市场经济国家,市场经济制度相对成熟,制度转换本身在经济转型中所占比重较小,经济转型多指产业结构或组织结构变动为主的产业转型,更多强调经济技术、产业组织、增长方式、科技革新等方面的合成变动。对于这类国家而言,经济转型强调运用科技创新手段和组织创新手段引领国民经济结构和经济运行机制的调整和变革。俄罗斯的转型是在制度上彻底放弃社会主义制度，体制上转向市场经济，因此其转型是突变式的转型，以制度转换引领国家产业结构、生产方式等经济转型。

（2）中国经济转型理论。我国从改革开放至今所进行的经济转型，是在坚持社会主义基本方向不变的条件下，通过市场经济体制的不断完善和科技进步推动的经济转型，属于渐变式转型。当前经济背景下，经济体制改革逐步深入，资源日益稀缺、环境污染日益严重，经济转型包括经济体制改革、增长方式转变、产业结构升级等内涵。

二 利益协调理论

（1）西方的利益协调思想。主流经济学一直是以西方为主导，以市场经济为基础，提倡市场经济能创造社会财富、每个人为自己考虑的经济后果是大家都能分享社会财富，从而实现社会分配最优，其理论逻辑的出发点在于证明资本主义市场经济体系的合理性和完美性，认为私有制经济是完美的经济制度，能够最大程度上自发实现经济利益。西方利益协调的有关思想演变时期较长，从最初的比较朴素的利益协调思想到亚当·斯密的《国富论》，强调市场看不见的手，再到凯恩斯的"看得见的手"，强调政府干预，这些理论的演变，对于西方重商主义和个人主义传统具有重要的维护作用，其研究重点是在于个人主义或者个人利益的维护，不同阶段的关切侧重点不同。

（2）中国利益协调思想。由于文化的差异，西方更注重从法的角度阐述利益问题，如个人利益的获取应在合法的前提下进行。而中国传统文化更注重从理的角度阐述利益问题，如儒家主张整体利益应大于个人利益。在物质利益与精神利益孰轻孰重时，我国传统的儒家思想充分肯定后者。因此，在传统利益观上，更注重公平正义和伦理道德。当今社会的和谐观，实际上就是传统利益协调思想的延伸。具体到资源富集区，如何在诸多利益攸关方构建利益协调关系，减少矿区内复杂冲突事件的发生，维护社会稳定和经济高质量发展，就要求从资源富集区发展的不同角度和阶段入手，寻求维护资源开发和收益分配的良性秩序。

第二节 资源富集区矿业寻租中的租值耗散与治理问题研究

根据《全国资源型城市可持续发展规划（2013—2020年）》，我国资源型城市有262个，其中大约80%都分布在中西部地区。这些城市或地区的资源开发利用在促进经济增长的同时，也带来了不同程度的环境污染、资源枯竭、寻租、腐败等问题。其中，寻租作为一种非生产性活动，不仅不会创造社会财富，还会带来租值耗散，降低社会福利水平，引起了广泛的关注。

寻租理论萌芽于Tullock[1]，其认为人们为了获取垄断特权和租金所采取的各种游说和疏通活动就是寻租。寻租概念的正式提出者是Krueger[2]，认为寻租是政治特权所导致对第三方造成的损害大于租金获得者收益的行为。Bhagwati认为寻租是对政府干预的寻求活动[3]。Buchanan认为寻租和市场进入或竞争的限制制度或政策密切相关[4]。Tullock从经典的经济学框架出发，认为寻租是指试图获得一种可以赚取经济利润的垄断的活动[5]。因此，寻租理论中的"租"特指由于政治特权、行政管制或组织设置而形成的非生产性利润，相应地，寻租行为就表现为寻租者为谋取超额经济利润/经济租金而采取的各种合法或非法活动。"租值耗散"概念最早可以追溯到Gordon关于公海捕鱼的研究，是指无主的、缺乏产权归属的那部分收入会在边际上降为零[6]。近年来，国内学

---

[1] Tullock, G., "The Welfare Costs of Tariffs, Monopolies, and Theft", *Western Economic Journal*, 1967, 5 (3): 224-232.

[2] Krueger, A. O., "The Political Economy of the Rent-Seeking Society", *American Economic Review*, Vol. 64, No. 3, 1974, pp. 291-303.

[3] Bhagwati, J. N., "Directory Unproductive, Profit-seeking (DUP) Activities", *The Journal of Political Economy*, Vol. 900, No. 5, 1982, pp. 988-1002.

[4] Buchanan, J., "Rent-seeking and Profit-seeking", in Buchanan & Tullock (eds.), *Toward a Theory of the Rent-seeking Society*, Texas A&M University Press, 1980.

[5] Tullock, G., "The Welfare Costs of Tariffs, Monopolies, and Theft", *Western Economic Journal*, Vol. 5, No. 3, 1967, pp. 224-232.

[6] Gordon, S., "The Economic Theory of a Common-property Resource: The Fishery", *The Journal of Political Economy*, No. 2, 1954, pp. 124-142.

者将中国情境下资源开发、环境治理和制度环境对寻租行为、租值耗散的影响纳入研究视野。学者孙国峰认为渐进主义改革中"不关心"、"不作为"和寻租行为是"反公地悲剧"的诱因[①]。李月和贾绍凤从交易成本、租值耗散的角度研究了水权制度的选择问题[②]。张复明、曹海霞认为，我国矿产资源产权残缺引起了资源环境相关利益主体的寻租行为和资源开发利用中的租值耗散问题[③]。陶国庆认为寻租的根源在于政府官员知识水平有限、利己主义和制度漏洞[④]。周晨认为矿企的寻租行为导致企业要素投入和规模生产的无效率，也使得政府规制失效[⑤]。葛立宇（2018）认为转轨时期我国要素市场的扭曲程度和企业寻租行为正相关[⑥]。徐晨和孙元欣则认为惩治腐败能有效阻止各种设租寻租行为[⑦]。这些问题的研究丰富和提高了中国渐进式制度改革背景下资源环境开发利用对寻租行为和租值耗散影响的认识。

然而，尽管已有文献直接或间接指出了矿产资源开发利用中的寻租和租值耗散问题，且有一些研究通过定量评价工具分析了寻租行为与制度环境之间的内在关联，但这些研究缺乏矿产资源开发利用中寻租行为的理论分析和租值耗散的测度，也未对租值耗散形成的影响因素做出深入的分析。矿产资源开发本质上是把不可再生资源转化为可再生资本的过程，由于其可耗竭性和稀缺性，资源租金和寻租问题不可避免。其中，矿业寻租、租值耗散或社会福利损失如何测度，又受什么因素影响？从经济学角度对这些问题的探究试图推进以往文献研究中资源富集区矿业寻租中租值耗散问题的研究，并对该类问题的解决建言献策。

---

① 孙国峰：《产权改革与体制低效的"反公地悲剧"现象分析》，《当代经济管理》2014年第7期。
② 李月、贾绍凤：《水权制度选择理论——基于交易成本、租值消散的研究》，《自然资源学报》2007年第9期。
③ 张复明、曹海霞：《我国矿产资源产权残缺与租值耗散问题研究》，《经济学动态》2013年第8期。
④ 陶国庆：《政府寻租行为分析及治理对策》，《生产力研究》2011年第6期。
⑤ 周晨：《政府管制与企业寻租——基于矿产资源开发企业生产行为的分析》，《软科学》2014年第10期。
⑥ 葛立宇：《要素市场扭曲与企业家寻租及创新关联研究》，《科技进步与对策》2018年第6期。
⑦ 徐晨、孙元欣：《着眼长远还是急功近利：竞争压力下腐败对企业创新和寻租的影响研究》，《外国经济与管理研究》2018年第11期。

一 资源富集区矿业寻租中租值耗散的产生条件与危害

（一）资源富集区矿业寻租中租值耗散的产生条件

在经典经济学教科书中，"租"和"租金"是同义语，指土地使用者支付给土地所有者的报酬，后来泛指支付给要素的报酬超过为获得该要素供应所必须支付的最低报酬部分，类似于产品市场中的生产者剩余，又被称为"经济租"。现代经济学把一切生产要素所能产生的超额利润都称为租金，寻租就是寻求经济租金的简称。在现代产权经济学中，公共领域中全部资源的价值被称为资源租金，其经济价值会随着大家竞相寻租而减少，直到资源租金被消耗为零，即"租值耗散"。资源富集区矿业资源开发利用作为一种生产性活动，其寻租活动中的租值耗散本质上属于市场失灵的问题，其产生条件主要源于以下几个方面。

1. 客观条件

政府管制下垄断带来超额利润和外部性下的成本缺失。一个不争的现实是，矿产资源开发的可耗竭性和工业化发展对其需求增加进一步凸显了矿产资源的稀缺性。为了实现资源合理利用，近些年我国政府相继实行了矿产资源规制，如2002年和2007年相继对钨矿开发和稀土资源开发的总量控制，并对矿产资源出让和转让过程中设置市场进入壁垒或垄断要素所有权。市场进入者或要素使用者为获得垄断地位的寻租活动中所花费的成本支出就可能会产生租值耗散。如图5-1所示，企业获得矿产资源开发利用权后，面临的需求曲线、边际收益曲线和边际成本曲线分别为D、MR和MC_P，利润最大化目标驱使下，会产生两个结果：一是造成社会福利净损失（哈伯格三角形ECF），二是形成社会福利转移（塔洛克四边形P_1ECP），即原有消费者剩余转换成生产者剩余的部分，也就是所谓的垄断租金。这些租金只有很小的一部分为寻租者（企业）所得，大部分都在竞争性寻租过程中耗散蒸发了。因此，资源开发中的租值耗散实质是管制和垄断下社会成本的增加和社会福利水平的下降。不仅如此，由于资源开发利用存在很大的负外部性，但由于市场不完全和成本（如安全成本，环境修复成本，对周边居民生活和企业生产造成不利影响的补偿成本）缺失等，使资源开发利用的社会边际成本MC_S远高于企业所面临的边际成本MC_P，导致资源的过度开采。

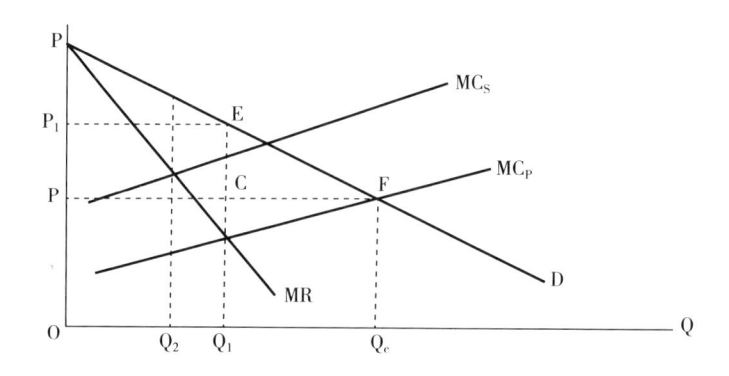

图 5-1 政府管制、垄断与寻租

2. 制度条件

矿产资源产权公共领域的存在。根据科斯定理,如果产权是明晰的或交易成本为零或者很小,市场均衡结果总是有效的。由于交易费用和技术勘测难题的限制,物品的多用途和多属性在被多行为主体分割时无法清楚界定,导致产权界定时存在很多公共领域[①]。矿产资源作为特殊资产,其所有权归属国家,产权制度属于公有制基础上的委托代理制度,但其地质勘测环境比较复杂,规模性和采矿设备专用性比较突出,市场具有高风险性,开采利用具有环境负外部性。由于技术勘测难题、法律不完备、制度真空和市场完全成本缺失层面的原因,矿产资源产权(所有权、使用权、处置权、转让权、收益权等)公共领域普遍存在,产权不明晰或残缺问题比较突出,并成为矿业寻租的对象,引起资源环境所有权收益的转移和侵蚀等租值耗散问题。

3. 外在条件

信息不完全和监管缺失。资源富集型区域寻租问题较为突出,既与矿产资源开发的特殊性有关,也与政府、公众层面信息不完全、监管缺失有关。在矿产资源开发利用领域,信息不完全主要体现在政府无法获取企业的真实成本和超额收益等信息,公众无法监测政府企业间的寻租、护租、创租行为等。新制度经济学认为,制度影响着人们对各种行动方案成本收益的权衡,并影响着最终决策。监管缺失的制度真空导致

---

① Barzel, Y., *Economic Analysis of Property Rights*, Cambridge University Press, 1989.

权力运行不受监控，寻租行为不易察觉，都变相提高了寻租行为的收益成本比。在监管缺失下，由于"理性经济人"假设，政府官员具有利用手中掌握的权力为自己谋取私利的行为动机，即所谓的"主动设租"或"创租"；不仅如此，由于自身知识和能力的限制，政策制定可能存在一些无意创租的问题，如矿产资源的价格/数量管制可能会导致人为短缺从而产生大量的资源租金，造成了资源收益的滥用和租金耗散。

（二）资源富集区矿业寻租中租值耗散的危害

矿业寻租引起租值耗散，浪费了社会资源，不仅挤出经济增长的市场化促进行为，也加剧了经济波动的风险。寻租作为非生产性活动，浪费了社会资源，阻碍了市场机制的有效运行，将大量企业家才能从经济创新活动引导到了寻租活动方面，提高了社会生产成本，扭曲了资源配置。根据世界银行最新数据可知，遭遇"资源诅咒"的国家研发支出占 GDP 比重普遍较低，如墨西哥、尼加拉瓜、秘鲁三国 2015 年研发支出占 GDP 比重分别为 0.55、0.10 和 0.12，远远低于 21 世纪初 2.1% 的世界平均水平。不仅如此，由于要素资源过于集聚于资源型产业，也加剧了经济波动的风险。根据《中国统计年鉴》，我国 2002—2016 年经济增长速度极差（极大值—极小值）为 7.5，而传统资源型大省山西、内蒙古、陕西分别为 12.8、16.6 和 8.8。资源型区域经济波动过于强烈不仅会对经济发展产生不利影响，也会造成消费需求不足、失业问题突出等问题，从而降低社会福利[①]。

矿业寻租本质上是一种利益再分配过程，租值耗散的背后是收益转化机制的缺失，降低了 GDP 含金量，加剧了贫富差距，也带来了环境不公问题。MMSD（2001）指出，南非矿业资源租金分配中企业所占份额为 52.5%、政府份额为 34.7%，其他 12.8% 为所在地居民、土地所有者、资源所有者所得，资源租金分配并不公平[②]。衡量地区社会资源财富在政府、企业和居民之间进行分配状况的一个指标为单位 GDP 含

[①] 赵康杰、景普秋：《资源依赖、有效需求不足与企业科技创新挤出——基于全国省域层面的实证》，《科研管理》2014 年第 12 期。

[②] 唐荣彬等：《基于区域背景——斑块状态的矿业城市资源型生态关键地段识别》，《工业安全与环保》2017 年第 2 期。

金量（人均居民可支配收入/人均 GDP）①。世界上大多数发达国家居民收入占 GDP（GDP 含金量）的 60%，非居民收入占 GDP 的 40%。而我国几乎相反，2016 年我国 GDP 含金量才为 47.5%，即居民收入占 GDP 比值为 47.5%，非居民收入占 GDP 比值为 52.5%，资源大省内蒙古的 GDP 虽然比较靠前，但含金量（2016 年为 33.5%）比较靠后，进一步反映了居民收入增长滞后于经济增长，在经济增长迅猛的情况下，居民掌握的财富比例仅为 33.5%。不仅如此，矿业开发利用的生态成本和社会成本比较高，但这些都并未体现在企业的私人边际成本中，市场缺失的环境和社会成本却要由本地区居民、周边其他企业，甚至政府承担，损伤了环境公平和正义。

导致政府规制失效，"公地悲剧"和"反公地悲剧"并存。由于市场机制不健全或者监督机制不完善，在矿产资源开发利用过程中，政府部门主动或者被动地接受矿山企业的"寻租"行为，存在或多或少的合谋行为，不仅造成政府规制失效，带来矿业开发过度的"公地悲剧"，而且由于产权限制或外部性市场缺失，"不关心""不作为"的机会主义同样会带来环境治理方面的"反公地悲剧"。

二 矿业寻租中租值耗散测度及影响因素分析——以煤炭资源富集区为例

（一）煤炭资源富集型地区判定

本部分在构建煤炭资源富集区时，选用区位熵指数（又称专门化率）。由于区位熵指标能排除各地区由于区域经济规模的差别而引起的区域产业比较优势的问题，选取某资源富集区区位熵 $E_{IJ} = S_{IJ}/Q_{IJ}$，式中，E_{IJ} 表示某地区煤炭开采和采选业（以下简称煤炭产业）某类指标的区位熵，S_{IJ}、Q_{IJ} 分别表示某地区/全国煤炭产业某类指标占该地区/全国工业该类指标比重，I 表示某地区，J = 1、2、3 分别表示煤炭产业产值、从业人员和固定资产指标。临界值选定采用美国地理学者 N. J. Nelson（纳尔逊）方法，即计算出全国所有地区的煤炭产业产值、从业人员和固定资产的算术平均值（M）和标准差（S.D），超过平均

---

① 田洪涛等：《基于 CiteSpace 分析的我国资源城市转型研究知识图谱》，《资源与产业》2020 年第 2 期。

值加1个标准差即为典型煤炭资源富集区[①]。

由表5-1可知，各省份的 S_{I1} 反映了全国各地区的煤炭产业的相对比较优势，数值越大说明该地区的煤炭产业相对比较优势越强，超过纳尔逊指标值（S_{I1-I3} 的纳尔逊指标值分别为6.00、3.90、2.74）即表示该地区煤炭产业相对比较优势明显，据此判定为煤炭资源密集型地区。以三者数据不低于各自指标的纳尔逊指标值来判定，山西、内蒙古、贵州、宁夏为典型的煤炭资源密集区；若以某一单项指标判定，山西、内蒙古、贵州、陕西、宁夏被判定为煤炭资源密集区。基于陕西省是典型的煤炭资源大省和扩大样本地区的考虑，本部分采用后一标准，并进一步对这5个地区相关指标占全国同类指标位势绘制雷达图。如图5-2所示，5个地区煤炭产业相关指标占全国比值远远大于工业同类指标占比和GDP占比，进一步佐证了本部分对煤炭资源富集区的判定结果。

表5-1　各地区煤炭产业产值、从业人员、固定资产区位熵

省份	北京	天津	河北	山西	内蒙古	辽宁	吉林	黑龙江	上海	江苏	浙江
S_{I1}	0.06	0.02	1.09	19.02	9.72	0.56	0.53	1.34	0.00	0.07	0.00
S_{I2}	0.17	0.03	1.21	11.62	4.04	1.49	1.13	3.84	0.00	0.13	0.00
S_{I3}	0.01	0.03	0.65	8.99	3.23	0.87	0.51	0.97	0.00	0.05	0.00

省份	安徽	福建	江西	山东	河南	湖北	湖南	广东	广西	海南	重庆
S_{I1}	0.90	0.15	0.22	0.65	0.93	0.07	0.57	0.00	0.14	0.00	0.62
S_{I2}	1.72	0.17	0.45	1.01	1.39	0.10	0.63	0.00	0.16	0.00	1.13
S_{I3}	1.96	0.08	0.25	0.89	1.15	0.02	0.31	0.00	0.05	0.00	0.64

省份	四川	贵州	云南	西藏	陕西	甘肃	青海	宁夏	新疆	M	S.D
S_{I1}	1.15	7.91	1.93	0.00	6.09	2.22	0.51	7.01	1.55	2.10	3.90
S_{I2}	1.25	5.20	2.11	0.00	2.63	2.64	0.71	4.32	1.53	1.64	2.26
S_{I3}	0.41	2.78	0.49	0.00	2.34	1.20	0.19	3.21	0.71	1.03	1.70

[①] Gordon, S., "The Economic Theory of a Common-property Resource: The Fishery", *The Journal of Political Economy*, No.2, 1954, pp.124–142.

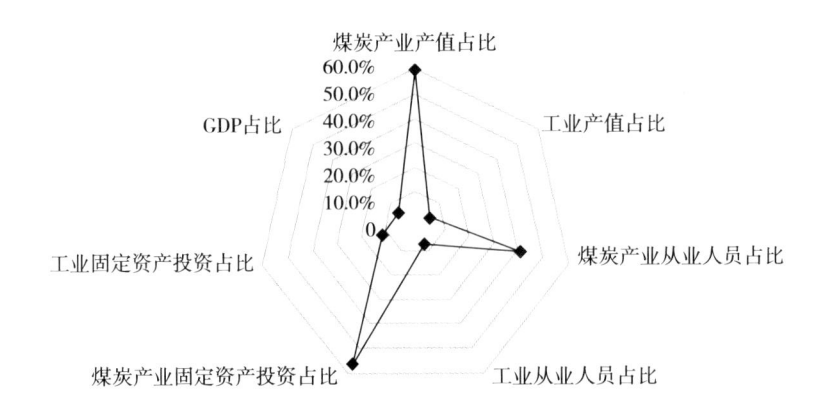

图 5-2 5 个地区煤炭产业各类指标占全国同类指标位势雷达

（二）煤炭资源开发寻租中租值耗散的测度

煤炭资源开发利用本质上是自然与社会两个再生产过程的结合。煤炭资源的自然开发利用过程会引起价值损失和生态环境外部性成本增加；煤炭产业作为特殊的政府管制产业，其社会再生产过程因为涉及寻租、护租、设租等行为，会引起社会净福利损失和寻租成本的增加。从理论上讲，两种再生产过程都会带来租值耗散[①]。鉴于各地区煤炭资源价值损失和生态环境外部性成本难以统一和测度，本部分主要计算政府管制下，煤炭资源开发寻租所带来的租值耗散。根据寻租经济学，矿业开发社会再生产过程中的租值耗散主要指政府垄断下社会福利净损失（哈伯格三角形）和消费者损失（塔洛克四边形）。

（1）社会福利净损失测度。受长期计划经济影响，我国资源品定价机制以政府为主导，部分资源开采采取总量控制规制，如 2002 年起对钨矿开采的总量控制等。近年煤炭资源价格已经放开，由于相关政策缺失，其私人成本仍未涵盖煤炭开采的环境负外部性所产生的社会成本，在高额利润诱导下的企业为谋求政策优惠或维持垄断地位会进行寻租，从而会造成社会福利损失，即无谓损失，亦即所谓的"哈伯格三角形"，其社会福利损失公式为：$\int_{Q_1}^{Q_m} D(x)dx - (Q_m - Q_q)P_m$。根据于良

---

① 曹海霞：《矿产资源的产权残缺与租值耗散问题研究》，博士学位论文，山西财经大学，2013 年。

春、丁启军研究，此公式可近似用 $0.5\ r^2 \varepsilon\ P_m Q_m$ 来近似代替①。其中 r 为经济利润率，ε 为需求价格弹性，$P_m Q_m$ 为销售收入。在做测算时根据需要做了如下处理，$P_m Q_m$ 为资源富集区煤炭产业销售收入，r 为全部工业销售利润率（利润总额/销售收入）与煤炭产业销售利润率之间的差值，ε 为煤炭需求价格弹性。借鉴林伯强等的研究结果②，取长期煤炭出厂价格弹性值为 -0.2579，取其绝对值，计算结果见图 5-3。由图 5-3 可知，研究期内资源富集区由于煤炭资源开发所导致的社会福利净损失具有一致性，都呈现出先上升后下降，近年又逐步攀升的趋势。由于 2008 年国际煤炭从高位下跌，经历了价格反弹又于 2011 年开启持续下跌通道直至 2015 年底，直接导致的结果是煤炭行业销售利润率和全部工业行业正常报酬率的差距在缩小，进而带来社会福利净损失的下降。

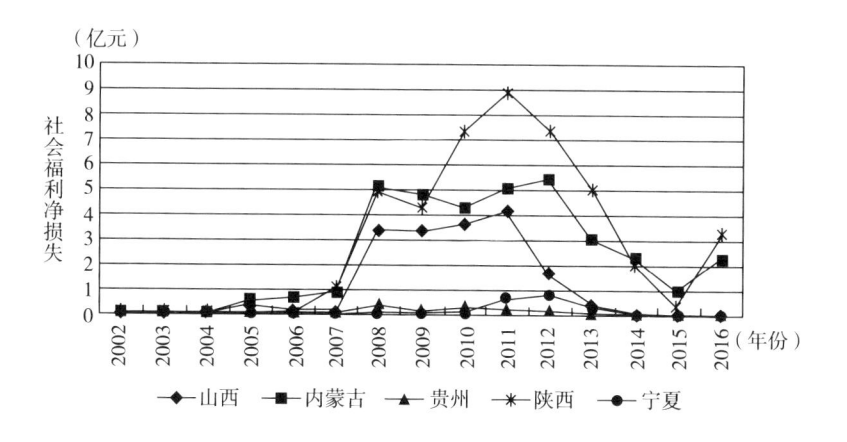

图 5-3 各地区煤炭资源开发的社会福利净损失

（2）寻租成本测度。煤炭资源开发过程不仅要受到劳动、资本、土地等多种生产要素的制约，而且由于资源所有权归属国家，审批、处置、确权等归属于各级地方政府和矿业部门，煤炭企业要想获得探矿权

---

① 于良春、丁启军：《自然垄断产业进入管制的成本收益分析》，《唯实》2007 年第 1 期。
② 林伯强等：《中国长期煤炭需求：影响与政策选择》，《经济研究》2007 年第 2 期。

和采矿权，行政审批程序十分烦琐，且矿产资源开采权和其他生产要素使用权也存在竞租性行为，花费巨大。不仅如此，在获得行政垄断或其他政策优惠的特权后，企业仍需继续增加成本支出以巩固其在位者的优势，只有企业寻租成本等于寻租收益时才会停止寻租行为。这类寻租成本是塔洛克四边形的一部分，但国内外相关实证研究较少且缺少统一的测度标准。借鉴曹海霞的观点①，为方便计算，假设企业发生游说、贿赂等寻租行为时必须增加其管理费用，而没有此类行为的企业存在一个合理的"管理费用/主营业务成本"。选择各地区工业企业平均费用成本比作为没有寻租行为时的正常值，计算公式为：各地区煤炭产业的寻租成本 = 煤炭产业主营业务成本（煤炭产业管理费用/煤炭产业主营业务成本 − 工业管理费用/工业主营业务成本），具体计算结果见图 5-4。由图 5-4 和图 5-3 对比可知，各地区煤炭资源开发中的寻租成本远远超过了社会福利净损失，且煤炭产业规模越大，寻租成本越大。

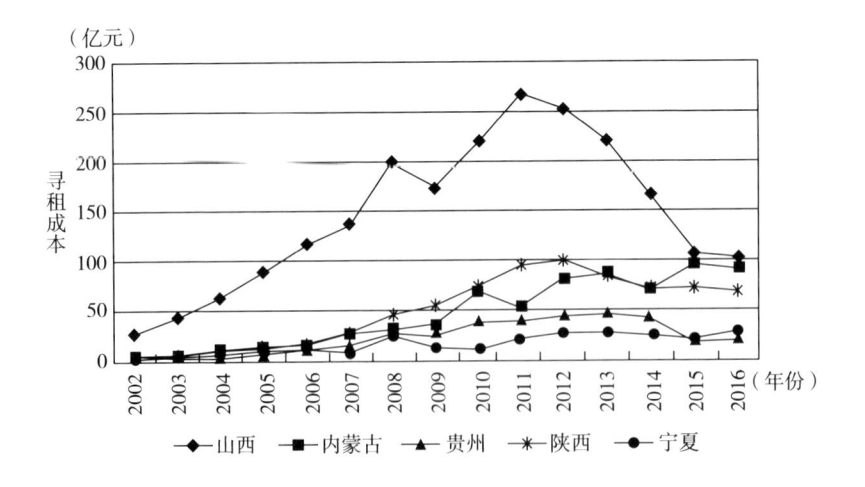

图 5-4　各地区煤炭资源开发中的寻租成本

（3）租值耗散（社会福利总损失）测度。限于数据的可得性和方法的实用性，通过社会福利净损失、寻租成本两个指标水平加总，粗略测度各地区煤炭资源开发矿业寻租过程中所产生的租值耗散（见表 5-

---

① 曹海霞：《矿产资源的产权残缺与租值耗散问题研究》，博士学位论文，山西财经大学，2013 年。

2)。由表 5-2 可知，由于政府不当干预、矿产资源产权缺失和经济转型等原因，除内蒙古近年租值耗散（社会福利总损失）略有反弹外，各地区资源开发过程中社会福利总损失整体表现出先上升后下降的趋势，其占 GDP 比重也呈现出一个先上升后下降的关系。

表 5-2　各地区煤炭资源开发过程中社会福利总损失占 GDP 比重

地区		2007 年	2008 年	2009 年	2010 年	2011 年	2012 年	2013 年	2014 年	2015 年	2016 年
山西	依赖度	27.5	33.9	36.9	37.6	40.0	41.0	37.9	34.9	33.0	32.8
	总损失	137.5	202.7	175.4	222.9	269.9	251.7	219.5	164.6	106.3	102.2
	GDP	6126	7427	7356	9189	11214	12127	12665	12761	12766	12966
	占比	2.2	2.7	2.4	2.4	2.4	2.1	1.7	1.3	0.8	0.8
内蒙古	依赖度	12.8	16.0	16.7	19.2	21.1	21.0	18.6	17.1	15.7	16.8
	总损失	28.6	35.9	40.8	73.8	59.4	87.0	91.3	73.3	97.4	93.8
	GDP	6423	8496	9740	11672	14360	15881	16917	17770	17832	18633
	占比	0.4	0.4	0.4	0.6	0.4	0.5	0.5	0.4	0.5	0.5
贵州	依赖度	7.3	11.4	11.6	15.8	18.5	19.2	18.4	17.2	16.1	13.6
	总损失	14.0	27.8	26.9	39.4	38.5	43.8	45.4	41.5	18.9	21.3
	GDP	2884	3562	3913	4602	5725	6879	8115	9299	10540	11777
	占比	0.5	0.8	0.7	0.9	0.7	0.6	0.6	0.4	0.2	0.2
陕西	依赖度	6.7	10.8	11.8	12.6	13.1	14.0	12.5	11.2	10.7	10.5
	总损失	29.2	51.8	59.1	82.3	105.6	108.1	89.9	74.2	73.7	71.3
	GDP	5757	7315	8170	10123	12512	14454	16205	17690	18022	19400
	占比	0.5	0.7	0.7	0.8	0.8	0.7	0.6	0.4	0.4	0.4
宁夏	依赖度	10.8	14.5	15.2	14.2	15.4	14.3	13.2	13.3	12.6	12.1
	总损失	7.3	26.2	13.3	12.0	22.4	27.8	28.1	26.0	21.3	28.1
	GDP	919	1204	1353	1697	2112	2353	2590	2767	2928	3169
	占比	0.8	2.2	1.0	0.7	1.1	1.2	1.1	0.9	0.7	0.9

注：社会福利总损失和 GDP 单位为亿元，资源依赖度和社会福利损失占 GDP 比重单位为%。

（三）资源富集区矿业寻租中租值耗散（社会福利总损失）的影响因素分析

资源富集区矿业寻租中的租值耗散与资源依赖型的发展模式密切相

关，本部分以当年煤炭产业产值占工业总产值比重为经济工业发展对煤炭资源开发依赖度的代表性指标（见表5-2），可以看出资源依赖度和社会福利总损失（租值耗散）占GDP比重呈现出一致性。资源依赖度比较高的年份，社会福利总损失占GDP比重也往往比较高。由于资源富集区经济发展路径依赖、经济转型战略推进等原因，这五个地区经济发展对煤炭资源开发的依赖度都呈现出一个先上升后下降的趋势，对应的社会福利总损失占GDP比重也呈现出一个先上升后下降的趋势。矿产资源开发中寻租行为是一个普遍的现象，其发生既与矿产资源开发的特殊性有关，也与政府对资源的管控程度（市场化程度）有关，如布坎南认为，寻租是一定制度背景下的产物，如果制度规则人为地阻滞了要素流动和配置的市场化过程，就会产生疏通、游说等寻租活动来降低要素流动和使用成本。

基于以上分析，为了进一步测度资源富集区矿业寻租中租值耗散的影响因素，我们借鉴张伯杨等的模型，构建了关于社会福利总损失影响因素的模型。

$$\ln ZJ_{it} = c_i + \beta_{1i}\ln ZY_{it} + \beta_{2i}\ln GDP_{it} + \beta_{3i}\ln ZJ(-1)_{it} + \beta_{4i}\ln SCH_{it} + \varepsilon_{it}$$
(5-1)

其中，ZJ、ZY、GDP、SCH分别表示租值耗散（社会福利总损失）、资源依赖度、国内生产总值和市场化程度，i、t分别表示对应的地区和年份。本部分以当年煤炭产业产值占工业总产值比重为经济发展对煤炭资源开发依赖度的代表性指标，市场化程度用非国有企业产值占工业产值比重来表示[①]。数据来源于历年《中国统计年鉴》和《中国工业统计年鉴》。

经过对模型（5-1）进行面板模型检验和具体模型选择分析（见表5-3），发现F检验显示个体效应优于混合效应、Hausman检验显示个体随机效应（RE）优于固定效应（FE）。从个体随机效应模型结果可以看出，在其他条件不变的情况下，资源依赖度提高1%，租值耗散所导致的社会福利损失提高0.35%。在相同资源依赖的情况下，经济

---

① 孙早等：《市场化程度、地方保护主义与R&D的溢出效应——来自中国工业的经验证据》，《管理世界》2014年第8期。

规模（GDP）越大，社会福利损失就越大。像资源富集区经济发展模式的路径依赖一样，矿业寻租所导致的租值耗散上期值对下期值具有显著的影响。经济和制度的变化具有路径依赖，寻租的制度环境也有路径锁定效应，制度初始路径的选择锁定了动态化的制度变迁过程。而市场化程度对社会福利总损失的影响系数为负，说明了市场化程度的提高有助于降低社会福利总损失。

表 5-3　资源依赖度、经济发展等对社会福利总损失的影响

解释变量		常数项 c	资源依赖度 β_1	经济规模 β_2	上期福利损失 β_3	市场化程度 β_4	Hausman 检验	调整的 R^2
被解释变量 lnZJ	FE	-4.95*	0.43**	0.81**	0.61***	-0.47	0.00	0.96
	RE	0.45*	0.38***	0.17*	0.66***	-0.13*		0.94

注：*、**、***分别表示在10%、5%和1%的水平下显著，空白部分表示结果不显著。

三　结论与政策启示

资源富集区资源依赖的发展模式对经济增长贡献较大，但在矿产资源日益稀缺、矿业活动日益频繁的背景下，也产生了较为突出的寻租问题，租值耗散程度有局部加深的迹象。研究样本区域作为资源富集区，其煤炭资源大规模开发过程中存在较为突出的寻租及租值耗散问题。矿业寻租所导致的社会福利总损失以塔洛克四边形所表示的寻租成本为主，社会福利净损失由于矿产资源价格变化和行政管制等原因，其变化具有不确定性，这也验证了哈伯格和莱本斯坦（Harvey Leibenstein）等的研究，即垄断所造成的社会福利净损失（哈伯格三角形）其实很小。矿业寻租中所产生的租值耗散受多种因素影响，其与经济规模和资源依赖的经济发展模式高度相关，由于经济和制度运行的路径锁定效应，租值耗散具有多期的延续性，市场化程度的改善有助于降低寻租带来的社会福利损失。基于此，提出如下对策：

（1）通过资源环境税费改革，建立健全矿产资源开发生态补偿机制，实现资源开发利用的市场成本内化。我国资源税改仍主要集中在石油、天然气领域，煤炭资源税改较晚（2014年12月1日起实施），且

现有矿产资源有偿使用制度仍很不完善，如缺少矿产资源税费整体设计、矿业权使用费相对固定，缺少随矿业市场冷热调控的动态调整机制等问题。同时，资源开采企业的私人成本除资源使用权、收益权等必须支付的资源租金外，也应包括环境治理、生产安全费用等社会成本，可根据《矿产资源权益金制度改革方案》和矿山环境治理恢复的要求，按照企业销售收入计提一定比例用于矿山环境保护、综合治理；结合资源型地区发展实际，拓展多元化的生态补偿方式，实现资源开发利用的市场成本内化。

（2）建立居民可持续增收的长效机制，促进矿产资源财富合理转化。以煤矿资源开发为例，其开发过程对周边居民带来了生活环境质量下降、大气污染、水污染和土地沉降等危害，甚至可能面临部分耕地和草地被征用而失业和收入下降的风险，因此，应建立居民可持续增收的长效机制，促进矿产资源财富合理转化。如可以借鉴蒙古国经验，采用草地、耕地、林地补偿费入股，并以劳动参与获得劳务收入的形式分享矿产资源开发的收益。现有矿产资源开发项目收益分配中虽然有对当地居民土地收益补偿、生态移民费用补偿和劳动参与获得收入等形式的补偿方式，但由于土地、草地、耕地补偿和矿产资源富集程度关联性的相关法律法规缺失，居民很多利益获得不稳定性比较强，有时甚至引发群众纠纷。因此，应建立健全资源开发利益分享法规体系，建立市场分享（劳动参与、技术、土地等资源入股分享收益）、公共基础设施分享等多元化的收益分享方式，提高资源所在地居民对矿产资源开发决策和利益分配的参与权。

（3）解构资源产权制度，缩小公共域，降低交易费用。尽管我国30余年的资源产权制度改革取得了一定的绩效，但在资源需求快速增长的背景下，矿产资源日益稀缺，其产权残缺问题越发凸显，大量资源收益被置于公共领域是"寻租""追租"（rent-capture）行为的诱因。租值耗散实际上属于寻租过程中所发生的交易或社会费用，根据科斯定理，产权明晰和交易费用为零或者很小是实现资源配置帕累托最优的前提，因此需要进一步明晰产权，完善矿产资源有偿使用制度，建立完备的矿业权市场交易体系，逐步降低市场中的交易费用和不确定性，消除资源开发中的租值耗散现象，以实现矿产资源社会收益最大化和资源配置帕累托最优的目标。

（4）强化监督体系，完善信息披露制度，避免出现管制俘庞问题，消除租值耗散存在空间。新制度经济学认为，管制者和被管制者同属于"经济理性人"，容易出现管制者被管制者俘庞，导致管制失效。因此，在完善的监督机制和信息披露制度基础上，应加大寻租行为的处罚力度，架空寻租双方财、位、权，增加矿业寻租的经济成本，只要寻租行为的成本大于收益，寻租动机就会自我抑制。

第三节 基于激励相容的资源富集区经济转型中多主体利益博弈

资源富集区经济增长中的利益博弈和一般地区一样，都面临着经济发展过程中不同地区不同阶层、不同利益主体之间的各种社会关系。和一般地区不同的是资源富集区的各种利益关系伴随着资源开发和利用的过程，不仅在资源开发利用过程中，各种利益主体所获得的经济和物质收入产生了各种平衡或不平衡的关系，而且政府、企业、本地居民等利益主体围绕着矿产资源的开发利用还产生了各种委托代理和资源获取与补偿关系。本部分从激励相容的角度出发，通过多方主体之间关系的深入分析，研究各主体之间利益趋于一致的具体条件，并进一步提出完善经济增长方式转变的制度安排。

一 政府与政府之间的利益博弈

（一）政府间多主体利益博弈构建

经济转型实质是社会各层次、各利益主体相互促进、相互制衡的经济关系变革过程。从利益主体的纵向角度讲，主要包括中央政府、地方政府和非政府主体（包括企业、劳动者以及其他社会团体）间的利益博弈关系；从利益主体的横向角度讲，则主要包括地方政府与地方政府之间的竞争与合作态势（见图5-5）。

由图5-5可以看出，中央政府和地方政府、地方政府和非政府主体（包括企业、地方居民和社会团体）等存在委托代理关系，而地方政府和地方政府之间是以"锦标赛模式"为核心的竞争与合作关系。本部分主要分析中央与地方间的利益博弈关系。

```
                 ┌──────────┐
                 │ 中央政府  │
                 └────┬─────┘
                   委托│代理
                 ┌────┴─────┐   竞争    ┌──────────┐
                 │ 地方政府  │─────────→│ 地方政府  │
                 │          │←────────│          │
                 └──┬───────┘   合作    └──────────┘
                 委托│代理    ＼
                    │          ＼
                 ┌──┴───┐      ┌──────────┐
                 │ 企业 │←────→│ 地方居民 │
                 └──────┘      └──────────┘
```

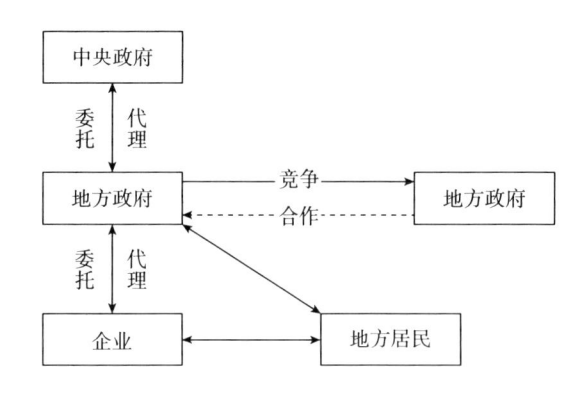

图 5-5　多主体利益博弈关系

(二) 中央与地方政府关于资源开采的利益博弈

与一般的委托—代理关系不同，中央与地方之间的委托—代理关系是一种特殊的"政治承包制"下的委托代理关系，中央政府利益是全体社会公共利益的集中代表和体现，注重公共利益最大化。而地方政府的利益导向具有双重属性，一方面与中央政府具有利益一致性，另一方面"唯GDP"的政绩导向驱使地方政府追求本地区经济利益最大化。

由于资源富集区经济发展依赖于资源开采与资源型产业的发展状况，在地区经济发展问题上，中央政府和地方政府的目标具有一致性，但由于资源的不可再生性，如果资源型产业发展过快或资源型经济过热，中央政府要从全局出发实行资源型产业收缩或资源富集区经济转型政策，而地方经济由于发展路径锁定等原因，希望资源型产业发展更快一点。假设资源型富集区经济发展依赖于资源开采速度。依此，建立一个中央政府和地方政府的博弈模型。假设地方政府的效用函数为：

$$U_{dg}(V, C) = a - (V - V^e)^2 - C \tag{5-2}$$

V 代表资源开采速度，V^e 是地方政府较为理想的资源开采速度（既不破坏环境且又维持经济发展的速度）。一旦对资源过度开采，地方政府就会受到中央政府的处罚，假设处罚力度为 C。$C = dV^2$。下标 dg 表示地方政府，a 是常数，d 代表中央政府对地方政府资源开采的处罚（可以是资源税等物质的，也可以是非物质的，如官员晋升方面的惩罚等）。假设中央政府的效用函数为：

$$U_{cg}(V, C) = C - yV \tag{5-3}$$

其中,下标 cg 表示中央政府,y 表示地方政府的 GDP 或其他经济总量占全国比重。

由此,地方政府的利益最大化问题为:

$$\max U_{dg}(V, C) = a - (V - V^e)^2 - C = a - (V - V^e)^2 - dV^2 \tag{5-4}$$

运用数学求导方法可求出利益最大化的资源开采速度为 $V^* = \dfrac{V^e}{1+d}$。

中央政府的利益最大化问题为:

$$\max U_{cg}(V, C) = C - y(C/d)^{1/2}, \text{ 即 } C^* = y^2/4d \tag{5-5}$$

由此可见,中央政府如果真对资源开采速度进行限制,地方政府的最优战略反应是:理想的资源开采速度越高,实际的资源开采速度就越高,处罚程度越低(d 越小),资源开采速度就越高。中央对资源开采的处罚往往是和地方政府的经济总量正相关,而中央政府这种按照经济增长基础作为惩罚参照基准的"一刀切"处罚政策,往往使较富裕的资源富集区对处罚的承受能力更强,选择的资源开采速度也会越高 $\left[\text{由} V^* = \dfrac{V^e}{1+d}, C^* = y^2/4d \text{ 可得} V = V^e \left/ \left(1 + \dfrac{y^2}{4C^*}\right)\right. \text{可知}\right]$。因此较贫穷的资源富集区对处罚的承受能力更弱,选择的资源开采速度也会越慢。这种惩罚措施一方面影响了中央政府的宏观调控力度,另一方面作为博弈参与人,中央政府应能够预见到地方政府的博弈行为,从而通过调整资源开采的处罚力度和方法,降低资源开采速度。

(三)经济转型中地方政府与地方政府间"锦标赛模式"下的利益博弈

对于地方政府和地方政府间的利益博弈,主要集中在"锦标赛模式"下的地方政府间竞相竞争的利益博弈关系方面。这和非资源富集区地方政府间的利益博弈本质上是一致的。由于区域经济转型中,一方面,地方政府间面临的是激烈的横向竞争关系,在跨行政区的区域环境管理制度不完善的情况下,地方政府往往具有把本地区环境成本外部化的倾向;另一方面,地方政府间由于产业协同、产业互补等因素,又面临的是产业对接或合作关系。但对于结构性和竞争性相似的地方政府之间,则以横向竞争关系为主导。

资源富集区转型，面临的一个问题是生态环境问题，为此环境规制有两种倾向：较严格的环境规制和较宽松的环境规制。前者对环境监督管理较为严格，环境治理投资力度也较大，后者环境标准较低，甚至对本地污染企业具有包庇行为。面对经济发展和环境保护的要求，地方政府间很容易就陷入"囚徒困境"。如表5-4所示。假设地方政府具有完全信息，且以本地区利益最大化为目标。地区A和地区B经济结构相似，环境决策方面有两种选择：较严格的环境规制和较宽松的环境规制。两方都实行较为严格的环境规制为集体最优，即 a_{11}，$b_{11} > a_{22}$，$b_{22} > 0$。如果一地区实行较为严格的环境规制，而另一地区实行较为宽松的环境规制，则另一地区有更多的经济发展机会，且实行较为宽松环境规制的地区所得到的收益要大于两个地区都实行较为严格环境规制情况下的收益，因此 $a_{21} > a_{12} > 0$ 且 $a_{21} > a_{11} > 0$，$b_{12} > b_{21} > 0$ 且 $b_{12} > b_{11} > 0$，但如果两个地区都实行较为宽松的环境规制，则环境恶化使两个地区不得不分摊环境恶化的成本，获得净损失 a_{22}，$b_{22} < 0$。由此可见，两个地区均存在占优策略：较宽松的环境规制，从而两个地区都会实行较为宽松的环境规制，但此结果并非集体理性最优。

表5-4　　　　　　　　地方政府甲和地方政府乙的支付矩阵

		地方政府乙	
		执行严格环境标准	执行宽松环境标准
地方政府甲	执行严格环境标准	a_{11}，b_{11}	a_{12}，b_{12}
	执行宽松环境标准	a_{21}，b_{21}	a_{22}，b_{22}

由于区域经济发展模式转型势在必行，中央政府会采取各种措施监督或督促地方政府进行环境规制，如通过增加生态文明建设程度、技术创新能力等方面指标重新考核评估地方政府政绩，改变"锦标赛模式"的地方政府官员绩效考核体系，改变地方官员的效用函数，从而改变地方政府支付。也可以通过在现有财政分权制度框架下，进行适当的财政集权，中央政府承担更多的环境规制实施方面的财政支出责任，减少"锦标赛模式"下地方政府间的竞争，对资源富集区增加专项转移支付力度，促进资源富集区技术创新，从而实现资源富集区经济转型。

二 政府与资源型企业的利益博弈

(一) 中央政府、地方政府与资源型企业的利益博弈

政府的行为会对资源型企业产生重要的影响,政府分为中央政府和地方政府,其追求经济发展和环境保护的利益具有一致性。但相对于中央政府而言,由于地方政府官员的升迁直接和地方经济增长有关,而资源型地区的资源型企业是本地财税贡献的主力军,因此在具体实践中,地方政府和资源型企业可能存在某种合谋关系,这也从另一个侧面反映了为什么资源型区域总是环境恶化较为严重的区域。在环境污染的监管中,如果一切都由环保总局对环境污染投入人力、物力、财力等进行监管,势必会带来极高的监管成本。因此,省级、市级及县级地方政府基本都设有专门的环保部门,但各级环保部门都是各级地方行政机关的组成部门,不仅对上级环保部门负责,也对本地政府负责,而且各级环保部门的行政机关工作人员都由本地政府任命,经费来源也都由本地财政拨款。所以这就为本地政府和资源型企业合谋行为提供了弱监管的可能。另外,我国环境污染的法律法规尚处于日益完善的过程,且地方官员政绩考核和地方经济指标直接相关,制度的缺陷和漏洞也为政府和企业共同追求单纯的经济增长、忽视环境污染的合谋提供了无形的激励。一方面,合谋有利于增加地方财政收入和地方官员收入,另一方面,如果地方政府和企业合谋所带来的环境恶化,可能会受到中央政府监管,从而致使地方政府官员受到惩罚,假设合谋与不合谋遇到的变量描述如表 5-5 所示。由此带来的中央政府、本地政府、企业三方博弈的效用矩阵可用表 5-6 表示。

表 5-5　　　　　　　　　　主要指标和参数定义

符号	定义	符号	定义
a	本地政府与资源型企业合谋进行污染环境的生产性活动时地方政府的收益	b	本地政府与资源型企业合谋进行污染环境的生产性活动时资源型企业的收益
c	本地政府与资源型企业合谋进行污染环境的生产性活动时所获得的租金	d	中央政府对环境污染活动的合谋行为进行监管时所引致的监管成本

续表

符号	定义	符号	定义
e	中央政府对合谋的资源型企业的惩罚	f	中央政府对合谋的本地政府及官员的处罚
δ	本地政府与资源型企业合谋的概率	β	中央政府对合谋监管的概率
γ	中央政府对合谋监管成功的概率		

表 5-6　中央政府、本地政府、资源型企业三方的利益博弈

		中央政府		不监管 $(1-\beta)$
		监管 (β)		
		成功 (γ)	不成功 $(1-\gamma)$	
本地政府、资源型企业	合谋(δ)	$a+c-f, b-c-e, e+f-d$	$a+c, b-c, -d$	$a+c, b-c, 0$
	不合谋$(1-\delta)$	$0, 0, -c$	$0, 0, -c$	$0, 0, 0$

在这个博弈论中，地方政府(g)的期望收益(E_g)为 $E_g = \delta \times \beta \times [\gamma \times (a+c-f) + (1-\gamma)(a+c)] + \delta \times (1-\beta) \times (a+c)$。运用求导方法，地方政府的收益最大化应满足条件 $\frac{\partial E_g}{\partial \delta} = \beta \times [\gamma \times (a+c-f) + (1-\gamma)(a+c)] + (1-\beta) \times (a+c) = 0$，即 $\beta_g^* = \frac{a+C}{\gamma f}$，$\beta_g^*$ 是博弈处于均衡时中央政府对政企合谋行为进行监管的最优概率，如果中央政府监管概率 $\beta > \beta_g^*$，地方政府就不会选择与资源型企业合谋；反之，则选择合谋。由 $\beta_g^* = \frac{a+C}{\gamma f}$ 可以发现，$\frac{\partial \beta_g^*}{\partial c} > 0$，$\frac{\partial \beta_g^*}{\partial c} > 0$，$\frac{\partial \beta_g^*}{\partial \gamma} < 0$，$\frac{\partial \beta_g^*}{\partial f} < 0$，因此，一旦地方政府从政企合谋中获得的收益和租金较多，中央政府应加大对政企合谋监管力度，而监管成功的可能性越大，对政府违规进行合谋惩罚的越多，会不自觉对欲图合谋的地方政府起到一个威慑作用。

同样，资源型企业(f)的期望收益(E_f)为：$E_f = \delta \times \beta \times [\gamma \times (b-c-e) + (1-\gamma)(b-c)] + \delta \times (1-\beta) \times (b-c)$。运用求导方法，资源型企业的收益最大化应满足条件 $\frac{\partial E_g}{\partial \delta} = \beta \times [\gamma \times (b-c-e) + (1-\gamma)(b-c)] + (1-\beta) \times (b-c) = 0$，即 $\beta_f^* = \frac{b-C}{\gamma e}$。$\beta_f^*$ 是博弈处于均衡时中央

政府对政企合谋行为进行监管的最优概率，如果中央政府监管概率 $\beta > \beta_f^*$，资源型企业就不会与政府进行合谋；反之，则选择合谋。由 $\beta_f^* = \dfrac{b-C}{\gamma e}$ 可以得出，$\dfrac{\partial \beta_f^*}{\partial b} > 0$，$\dfrac{\partial \beta_f^*}{\partial e} < 0$，$\dfrac{\partial \beta_f^*}{\partial c} < 0$，且 $\dfrac{\partial \beta_f^*}{\partial \gamma} < 0$。由此可以看出，资源型企业从政企合谋中获得的收益越大，企业越容易合谋，而为达成合谋的租金越高，或合谋的惩罚越高，监管成功的可能性越高，都对意图合谋企业起到一个替代监管的效用。

另外，作为博弈参与的第三方，中央政府（C）的期望收益 $E_c = \delta \times \beta \times [\gamma \times (e+f-d) + (1-\gamma) \times (-d)] + (1-\delta) \times \beta \times (-c)$。运用求导方法，中央政府的收益最大化应满足条件 $\dfrac{\partial E_c}{\partial \beta} = \delta \times [\gamma \times (e+f-d) + (1-\gamma) \times (-d)] + (1-\delta) \times (-c) = 0$，即 $\delta^* = \dfrac{d}{\gamma(e+f)}$。$\delta^*$ 为博弈处于均衡时，地方政府与资源型企业合谋进行污染环境的生产性活动的概率，如果 $\delta > \delta^*$，中央政府的最优选择是对政企合谋行为进行监管；反之则不监管。$\dfrac{\partial \delta^*}{\partial d} > 0$，$\dfrac{\partial \delta^*}{\partial \gamma} < 0$，且 $\dfrac{\partial \delta^*}{\partial (e+f)} < 0$，可知，中央政府的监管成本越大，监管行为成功的可能性越小，地方政府与资源型企业合谋被发现后对其的处罚力度越小，本地政府与资源型企业越容易进行污染环境的生产性活动。

（二）地方政府与资源型企业关于生产方式转变的利益博弈分析

资源富集区的资源型企业为地区经济增长做出了极大的贡献，但资源型企业对资源多属于粗放式开发利用，具有负的环境外部性。政府追求经济发展和区域发展目标，资源型企业追求成本最小化和收益最大化。这样，政府与企业就存在基于合作或非合作的利益博弈。

假设资源型企业存在两种策略：高污染生产方式或低污染生产方式，政府对资源型企业也有两种策略：补贴或不补贴（如给予政策支持或收缴庇古税等，前者称为正补贴，后者称为负补贴）。如果资源型企业与政府之间存在信息不对称，企业采取高污染生产方式概率为 P_1（低污染生产方式概率为 $1-P_1$），政府进行补贴的概率为 P_2（不补贴概率为 $1-P_2$）。假设企业采用高污染生产方式，其收益为 B_1，但会产生 $-B_h$ 的环境成本，而采用低污染生产方式，其收益为 B_2，且资源节

约收益为 B_j，带给社会的环境福利为 B_h。具体利益博弈如表 5-7 所示。

表 5-7 资源型企业与政府的利益博弈

		政府	
		补贴（P_2）	不补贴（$1-P_2$）
资源型企业	高污染生产方式（P_1）	$B_1 - T_g$，$T_g - B_h$	B_1，$-B_h$
	低污染生产方式（$1-P_1$）	$B_2 + B_j + B_g - C$，$B_h - B_g$	$B_2 + B_j - C$，B_h

如表 5-7 所示，对于政府而言，如果资源型企业选择低污染生产方式，则政府的最优策略为不补贴（$B_h > B_h - B_g$），如果资源型企业选择高污染生产方式，政府的最优策略是补贴（$T_g - B_h > -B_h$）。对于资源型企业而言，如果政府对其进行补贴，$B_2 + B_j + B_g - C > B_1 - T_g$，资源型企业就会选择低污染生产方式，反之则选择高污染生产方式；而当政府对其不补贴时，则只要 $B_2 + B_j - C > B_1$，资源型企业就会选择低污染生产方式，反之则选择高污染生产方式。

综上所述，只要 $B_2 + B_j - C > B_1$，资源型企业就会选择低污染生产方式，而当资源型企业选择低污染生产方式时，政府一定给予政策支持或环境投资等正补贴。

（三）地方政府与企业利益博弈的激励相容机制

企业和地方政府的利益博弈之所以存在，源于所追求的目标并不完全相同，前者目标是利润最大化，后者目标是经济增长。契约设计是激励相容机制建设的重要环节，如何设计契约就成了关键。假设地方政府与企业成立一笔清洁生产投资基金，基金资金源自向企业征税获得。如果企业是清洁生产的企业，地方政府就按照比例返还给企业，如果企业是高能耗或高污染的企业，地方政府不仅不会返还，还会按照一定的标准对企业进行处罚，并根据其严重程度没收其上缴大部分或全部资金。假设企业获得的资金为 F，$F \in \{F_-, F^-\}$。

一般而言，企业努力程度（假设主要包括高效努力信息 e_h 和低效努力信息 e_l）等信息在地方政府和企业之间分布是不对称的。由于企业为进行清洁生产所作出的努力属于私人信息，地方政府无法获得，只能通过能够观察到的企业清洁生产投资（I，包括清洁设备投资、清洁设施的配套建设等）对企业的清洁生产行为进行监督。在环境规制手段日益严厉的背景下，为清洁生产所进行的投资已经成为企业获得生产许可的基本条件。假设企业清洁生产投资额 >0，并且能够满足 $0 \leqslant I_1 < I_2 < I_3 < \cdots < I_n$。

地方政府通过设计契约组合 $\{(F^-, I^-), (F_-, I_-)\}$，如果契约设计合理，$e_h$ 类型企业选择 (F^-, I^-)，而 e_l 类型企业选择 (F_-, I_-)。如果契约设计满足激励相容原理，则：

$$F^- - I(e_h) \geqslant F_- - I(e_l) \tag{5-6}$$

政府（g）和企业（f）各自的效用函数可以表示为：

$$EU_g(I) = EU_g[I - F(I)]; \quad EU_f(I) = EU_f[F(I) - I(e)] \tag{5-7}$$

假设 p_{ik} 表示企业对清洁生产投资 I_i 的概率［其努力程度为 e_k（$k = h, l$）］，其满足 $\sum_{i=1}^{n} p_{ik} = 1$。在契约设计模型中，往往假设参与双方都是风险规避者，每一方都应按照最优风险分担原则承担一定的风险。在此假定下的激励相容问题对于地方政府而言就是：

$$\max_{T(I)} \sum_{i=1}^{n} p_{ih} EU_g[I_i - T(I_i)] \tag{5-8}$$

则对于企业而言的参与约束和激励相容问题为：

$$(IR) \sum_{i=1}^{n} p_{ih} EU_f\{[F(I_i)] - I(e_h)\} \geqslant \overline{u_f} \tag{5-9}$$

$$(IC) \sum_{i=1}^{n} p_{ih} EU_f\{[F(I_i)] - I(e_h)\} \geqslant \sum_{i=1}^{n} p_{il} EU_f\{[F(I_i)] - I(e_l)\} \tag{5-10}$$

其中，$\overline{u_f}$ 为企业的保留效用水平。

在效用函数确定的情况下，可以运用拉格朗日求导方法求出最优解。鉴于地方政府和企业之间信息并不对称，为了激励企业对清洁生产进行投资，往往选择一个清洁生产投资额 I^* 为参照基准，如果企业低于此参照基准进行投资，政府就会设定惩罚机制进行惩罚。如果企业不努力实现清洁生产，或者造成环境污染，相关人员甚至会被免职、罚款等。面对这种契约，企业只有以高效的努力使生产达到参照的企业清洁生产投资额。

三 资源型企业与地方居民之间的利益博弈

（一）资源富集区劳动成本低廉构成了资源型企业生产方式转变的阻碍

我国的资源富集区大多在西部地区，而资源型产业的初始劳动力多源于本地居民，相对于资本，资源富集区劳动力价格比较低廉，使企业采用劳动替代资本的技术实现利润最大化。同时，资源型产业的高利润驱使劳动和资本转向该部门，而资源采掘业产业链较短，缺乏有效的前向关联产业和后向关联产业，对人力资本要求较低，资源采掘业的繁荣，严重低估了教育和人力资本的长期价值，伴随制造业衰落的人才外流是必然趋势，由此形成一种低劳动价格—低有效需求—低产品价格—低产品质量的恶性循环。我国目前劳动力的收入分配呈现出两极分化的初始形态，整个社会收入二元趋势不断明显，如何通过改善分配关系提高劳动力价格，利用环境规制、技术创新补贴等手段促使企业不断进行节约劳动的资本深化，促进企业生产方式转变，是资源富集区经济转型时期必须要考虑的事情。

（二）基于环境公众参与的资源型企业与地方居民的利益博弈

资源富集区的环境污染和资源型企业的粗放型生产方式密切相关，资源型企业所造成的环境污染不仅有损于社会整体福利，还造成了环境权益在空间分配上的不公平，其中受影响最大的是资源型企业所在地的周边居民，囿于空间限制，周边居民只能被动地接受被污染的环境。在我国，地方居民在企业的投入产出关系中要么作为企业资源开发过程中的劳动力要素仅获得普通的劳动力工资，要么仅仅是作为资源开发过程中的社会环境而存在什么都没有获得。但各类资源开发不仅要占据较大地上与地下空间，其过程还会产生一系列经济问题和环境破坏问题，如过度开采煤矿会造成地基下降威胁周边居民居住安全等。面对这种情况，地方居民与企业就存在基于环境公众参与的资源型企业与地方居民的利益博弈关系。

假设本地居民有两种策略：一是积极的公众参与，即为争取适应生存环境而斗争，面临的成本为 C_1（$C_1>0$）；二是消极的公众参与，即对于周围环境污染保持沉默，在不考虑环境污染对生活带来的负效应下面临的成本为 0。相应地，资源型企业的对策也有两种：一是承担环境保护责任，即企业对地方居民环境污染进行补偿（假定按照 α 比例补偿）下企业收益为 $(1-\alpha)B$；二是推卸环境保护责任的行为，即企业对地方居民环境污染不进行任何补偿下企业收益为 B。

表 5-8　　　　　　　资源型企业与地方居民的利益博弈

		周边居民	
		积极的公众参与	消极的公众参与
资源型企业	承担环境责任	$(1-\alpha)B, -C_1$	$(1-\alpha)B, 0$
	推卸环境责任	$B, 0$	$B, 0$

根据表 5-8 构建的完全信息静态博弈，可以很容易看出，企业和本地居民存在一个占优策略：推卸环境责任，消极的公众参与。而这并不是社会福利的最优状况。现实中，由于缺少对资源型企业的效益约束机制，而资源型企业往往也提供了很多工作机会给本地居民，再加上面对环境污染时，公众参与的成本过高，本地居民往往无力干涉资源型企业的生产经营活动。所以，在资源型企业对本地居民的利益博弈关系中，往往不会考虑到本地居民的环境利益，但其在开采过程中对本地居民造成的环境负效应，理应对本地居民给予相应的补偿。我国现在并没有法律条文规定资源型企业应对本地居民实现环境利益的分配，即使给予本地居民一定的环境利益补偿，也是所补甚微。

（三）基于环境利益补偿的资源型企业与地方居民之间的利益博弈

由于缺少相关环境补偿法律约束，资源型企业很少能够积极履行环境保护和补偿的社会责任，缺乏主观能动性，本地居民在环境公众参与方面，也不是很积极。但随着生态文明建设的推进，越来越多的人意识到生态破坏的严重性，一些资源型地区的过度开发不仅造成了大面积的农田塌陷、水质污染，还造成了很大的生态风险。公众的环境意识在觉醒，越来越多的资源型企业也意识到履行社会责任的重要性，其对本地居民所造成的生态风险，都会对本地居民进行各种补偿，这样，双方就围绕着环境利益补偿的数量进行新的博弈。假设资源型企业按照利润比例反馈给本地居民，本地居民的选择有两种结果：接受或不接受。假设本地居民按照 p 的概率接受，如果第一阶段本地居民选择接受则博弈结束；如果第一阶段本地居民选择不接受，则第二阶段博弈开始，资源型企业要通过协商（增加补偿数额）或者冲突（如果协商失败，本地居民可以通过堵矿、示威、干扰生产甚至械斗等方式与企业进行斗争）的方式和本地居民进行第二阶段博弈（如图 5-6 所示）。

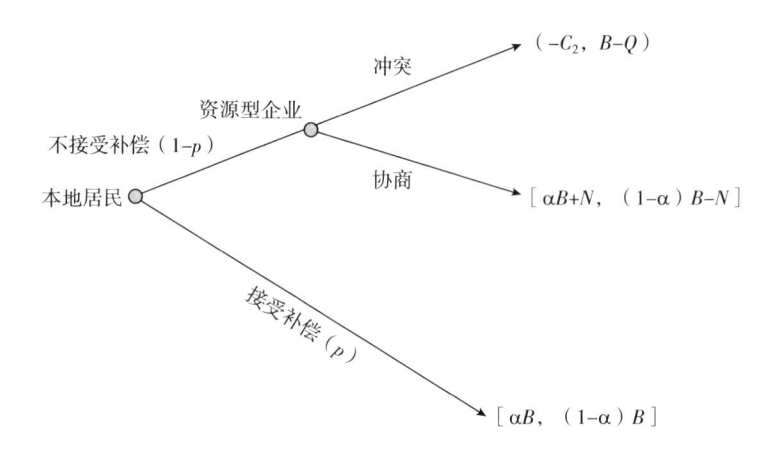

```
                                        冲突
                         资源型企业  ─────────→ ($-C_2$, B-Q)
              不接受补偿(1-p)    ●
                  ╱                    协商
   本地居民 ●                     ─────────→ [$\alpha B+N$, $(1-\alpha)B-N$]
                  ╲
                    接受补偿(p)
                         ╲
                          ─────────→ [$\alpha B$, $(1-\alpha)B$]
```

图 5-6　基于环境利益补偿的资源型企业与本地居民之间的博弈

由图 5-6 可知，本地居民在受到环境损害后，理应得到企业的补偿，但其是否接受资源型企业的生态补偿，取决于第一阶段资源型企业愿意补偿数额的多少。通过对资源富集区如云南几个代表性矿区调研得出，现实实践中矿区企业很少愿意和矿区居民分享企业利润，尽管可能只需要 3%—5% 的利润分享额。因此，由本地居民接受补偿而结束的概率 p 往往等于 0。当博弈进入到第二阶段，由于对于本地居民而言，$\alpha B + N > -C_2 > 0$，所以本地居民往往会选择接受，而对于企业而言，由于与本地居民发生冲突影响着企业的当前利益和长远利益，所以 Q 往往会比较大（往往会大于 $\alpha B + N$），所以资源型企业和本地居民往往会围绕着补偿如何讨价还价，从而促使双方协商成功。当然，在现实中，如果资源型企业和本地居民发生冲突，无法协商成功，往往需要政府从中调停才会使博弈局势有所改善。

第四节 资源富集区要素变迁中的利益博弈与政策设计

从长期来看，资源富集区必然受到自然资源递减不可逆转的影响，其可能成为制约地区经济发展和人民生活水平提高的主要因素。对于绝大多数资源枯竭地区而言，其资源过度开采和单一型的经济发展模式已不可持续，且引发了一系列社会问题。因此，资源枯竭地区迫切需要经济转型。从经济理论和经济增长因素演进的角度来看，经济增长是全要素生产率（劳动力、资本、技术、土地、制度等）不断提升的过程，也是要素利益演变的过程。以下就经济增长中所涉及的要素变迁——制度、技术、产业结构、资源配置中所涉及的利益博弈进行分析。

一 制度创新中的利益博弈与政策设计

（一）制度创新的作用和发生条件

自从经济学家熊彼特于20世纪初首次提出"创新"概念，对于创新的研究就开始不断出现。按照其最初在《经济发展理论》中对创新的界定，创新包括5个方面：新产品引入、新生产方法的设计、新市场的开辟、新资源和新的企业组织形式的开发。在其最初界定中并没有明确指出制度创新，但制度创新本质上和熊彼特的"新的企业组织形式"有相同的含义。制度创新强调对现有制度安排的改进，或激进式改进或渐进式改进，用以提高制度综合效率。作为经济增长全要素生产率提升的重要制度保障，制度创新已引起了广泛的长期关注。

制度创新又称制度变迁，西方最早从经济学角度开始对制度变迁进行研究。19世纪末至20世纪30年代的旧制度经济学，如凡勃伦和阿里斯都是旧制度经济学家，其认为制度是物质环境引起的，物质环境的变化会引起制度的变迁，但制度总是具有保守的倾向。20世纪"二战"后出现的新制度经济学派，如加尔布雷思、缪尔达尔、格鲁奇、贝尔、科斯、诺斯、威廉姆森、阿尔奇安、德姆塞茨、张五常等，都是新制度经济学的代表人物，其认为，在既定的制度框架下，经济增长受约于各要素的作用，但制度框架的改变会影响到经济增长的潜力。制度设计本身是为了激发经济行为个体对自身利益的追求，制度的创新往往意味着资源的再分配，政府的制度创新行为往往能够改变经济行为个体间利益的分配，从而改变个体间利益结构的均衡，对经济增长产生影响。

从经济学角度讲，一件事情是否会发生，需要比较其发生后所引起的净收益和可能由此引起的成本，制度创新也是这样，如果制度创新的净收益大于预期成本，制度创新就可能会发生。制度创新的过程涉及受其影响的各个利益主体，所以本质上是一个利益博弈的过程，无论受其影响的是个人、政府还是其他社会团体，其由于追求利益最大化的行为动机，会自动权衡制度创新带来的收益和因此不得不承担的成本。如果收益（收益—预期成本）为正，就会支持制度创新；反之，则会反对制度创新。

（二）资源型区域经济转型与制度创新

资源型区域的经济增长依赖于"三高"（高污染、高消耗、高排放）为特征的单一经济发展模式，产生了资源过度开采、生态环境污染等问题，也威胁着经济的可持续发展。在生态文明建设的大背景下，资源型区域为实现生态文明和可持续发展目标的制度创新变得十分必要。由于制度创新具有极强的公共物品属性——非竞争性和非排他性，所以，必然面临着利益博弈和"搭便车"的问题。污染物排放、循环经济制度创新等，本质上是各级政府、不同产业、不同企业、消费者之间利益博弈的过程[1][2]。

制度经济学把制度创新看作一种准商品，其产生形式从供给和需求的角度来说，就包括供给型和需求诱致型制度创新。由于制度创新会遇到更多所谓的外部效果和"搭便车"问题，需求诱致型制度创新总是会使制度创新的密度和频率少于社会整体的最优量，从而社会制度创新供给不足。而对于供给主导型制度创新，要想让制度创新发生，制度供给部门来自制度创新的收益必须大于其制度创新成本。即制度创新使制度供给部门不仅面临着通过降低交易费用获取提升经济增长效率和可持续性、自身利益强化和权力中心认可的收益的动机，也面临着破除旧有

---

[1] 傅沂、李静苇：《路径构造框架下资源型城市转型的演化博弈与仿真分析》，《工业技术经济》2019 年第 12 期。

[2] 张侃侃、郭文炯：《资源型城市转型中城企协同关系研究——基于阳煤集团与阳泉市的分析》，《经济研究参考》2016 年第 39 期。

制度而产生的决策成本、规范成本和风险成本,后者可能包括旧有制度带来的隐性收益、制度创新带来的人员培训和再配置成本等。因此,供给主导型制度创新方式也可能出现持续性制度创新不足的问题。

对于资源型区域,无论是需求诱致型制度创新,还是供给主导型制度创新,其资源枯竭或将要面临资源枯竭、环境污染、经济亟待转型的现状都充分说明制度创新供给的持续不均衡的问题。作为资源型区域制度创新的重要主体,地方政府在潜在制度收益的预期下与中央政府展开制度博弈[①]。

在资源型区域,是否采取制度创新,地方政府和中央政府由于各自立场的不同,会有不同的态度,假设地方政府选择是否创新,而中央政府选择反对地方、默认或赞同地方政府的制度创新。中央政府和地方政府之间展开关于制度创新的混合策略博弈,地方政府在中央政府不同态度下(见表5-9)选择不同策略。制度创新会给地方政府带来收益(假设为R),但也会引起相应的成本,如制度创新的设计、人员调整、政策的修订和实施等(用C_1表示),同时,为了取得中央政府的支持,也不得不采取一些措施和支付一些费用(用C_2表示)。考虑到地方政府进行制度创新的预期收益必须为正,制度创新才可能发生,因此,只有在$P_1(R-C_1-C_2)+P_2(R-C_1)+P_3R>0$,即$R \geq P_1(C_1+C_2)+P_2C_1$时,地方政府才会选择进行制度创新,由公式两边可知,地方政府进行制度创新与否取决于其所带来的收益和成本的比较,收益越高,成本越低,制度创新就越有可能发生,而中央政府也越倾向于支持。

表5-9　　　　　中央和地方政府之间关于制度创新的博弈

			地方政府	
			创新	不创新
中央政府	P_1	反对	$(r+C_2, R-C_1-C_2)$	$(0, 0)$
	P_2	默认	$(r, R-C_1)$	$(0, 0)$
	P_3	赞同	$(r-C_1, R)$	$(0, 0)$

[①] 陈长彬、盛鑫:《供应链一体化下区域物流产业集群升级的演化博弈》,《科技管理研究》2014年第10期。

由于资源型区域大多集中在中西部地区，中西部地区往往市场化程度较低，政策缺少创新活力，这也正是我国东中西部区际之间经济差距较大的原因。另外，信息经济学认为博弈双方所拥有的信息量是不相同的。在中央和地方政府两大政策创新主体之间的博弈中，信息往往是不对称的，相对于中央政府而言，在地方决策信息方面，地方政府往往享有天然的优势。即地方政府属于委托代理理论中处于信息优势的代理方，而中央政府属于处于信息劣势的委托方。由于拥有本地区资源和转型成本等更多的信息，在和中央政府博弈中地方政府往往会发生所谓的逆向选择和道德风险问题，如地方政府有意识隐藏经济增长速度指标等，拖延经济转型的时间，也可能发生中央政府和地方政府在某个方面达成共识后，地方政府有意识隐藏自己的类型和行动的机会主义行为[1]。

对于资源型区域来说，其为经济转型的制度创新过程中，必然面临着居民就业、社会保障和基础设施等服务压力。不仅如此，由于长期资源依赖的发展模式，使环境整治力度亟待加大。但长期的路径依赖使地方政府难以兼顾经济发展与资源环境。由于我国资源型区域的发展模式大多是由国家为了缓解南方地区资源紧张而对中西部地区资源进行动员的体制下引发的，经过多年单一模式的经济发展，往往都面临着制度转型的问题。因此，为了履行中央政府的责任，国家发改委、国土资源部、财政部等部门于 2008 年、2009 年、2012 年分别确定了 69 个资源枯竭型城市（县、区），并且设立了资源型城市吸纳就业、资源综合利用、发展接续替代产业和多元化产业体系培育中央预算内投资专项等措施，这为资源型区域地方政府制度创新降低了成本，因此，资源型区域制度创新供给的长期持续不均衡问题势必会得到缓解[2]。

二 技术创新中的利益博弈与政策设计

由于资源的稀缺性和有限性，从长期来看，资源型区域在经济发展中都面临着或将面临资源耗竭问题，如何从区域资源依赖型产业发展模

---

[1] 刘徐方：《企业技术创新行为的演化博弈分析》，《技术经济与管理研究》2016 年第 9 期。

[2] 刘徐方：《现代服务业融合研究》，博士学位论文，首都经济贸易大学，2010 年。

式到区域产业转型调整,技术创新是重要条件之一[1]。

(一) 资源型区域产业转型与技术创新

技术创新的作用在很多文献中都已经得到充分的阐释,早作为经济增长的第四大要素被纳入主流经济学研究中,如英国经济学家刘易斯,美国经济学家索罗、丹尼森和乔根森等研究证实了技术创新对经济发展所起的重要作用[2]。

资源型地区的经济转型和生态文明的实现关键取决于技术创新,技术创新或导致新兴产业出现,或实现对资源型产业的改造,无论哪一种技术创新,都遵循能源或资源成本最小化的原则,使资源/能源经济效益比传统效益有较大幅度的提高。企业作为技术创新和扩散的主体,在新兴产业发展和资源型产业改造中起着至关重要的作用。而企业是否采用技术创新行为取决于技术创新对企业的"效用"。企业技术创新的"效用"取决于两个方面:"所得"和"所失"。前者指企业进行技术创新所带来的收益,后者指可能因此引起的支出和放弃旧有技术可能导致的损失。如果"所得"大于"所失",企业就会采用技术创新行为;反之则采用旧有技术[3]。

随着我国环境规制的要求逐步深化,政府对企业技术创新的要求会更高,企业会根据自身需求、环境规制要求和其他企业的技术创新行为做出是否采用技术创新的决策[4][5]。

(二) 企业之间技术创新行为的利益博弈

企业在知识经济背景下要在市场竞争中生存与发展,必须把技术创新作为企业的核心竞争力,以技术创新重塑竞争优势。而创新成功的前提和保障,就是制定适合自身特点的创新战略或创新模式。由于制度创

---

[1] 刘徐方:《生态文明视角下中原经济区产业结构优化》,《改革与战略》2014年第1期。

[2] 唐冀平、曾贤刚:《我国地方政府环境管理体制深陷利益博弈》,《环境经济》2009年第39期。

[3] 吴鹏、严凤雅:《地方政府合作中的利益博弈和机制创新》,《天水行政学院学报》2011年第6期。

[4] 熊鹰、徐翔:《政府环境监管与企业污染治理的博弈分析及对策研究》,《云南社会科学》2007年第4期。

[5] 薛曜祖、蒲春玲:《关于企业社会责任履行的资源富集区政府与企业行为博弈分析》,《天津农业科学》2010年第3期。

新具有极强的公共物品属性——非竞争性和非排他性,所以,必然面临着利益博弈和"搭便车"的问题。一些学者应用博弈论对此类问题进行了研究,企业在知识经济背景下要在市场竞争中生存与发展,必须把技术创新作为企业的核心竞争力,以技术创新重塑竞争优势。而创新成功的前提和保障,就是制定适合自身特点的创新战略或创新模式。一些学者应用博弈论对此类问题进行了研究,本部分假设技术创新企业是有限理性的,在此前提下运用演化博弈的分析方法来研究企业之间技术创新的选择问题,以及政府与企业之间的技术创新战略选择问题。由于完全理性这一前提的现实制约,参与博弈企业需要在实践中进行学习调整,从而使策略选择趋向于完全理性的结果。从企业实际情况来看,参与博弈的企业规模和实力不一定相同,因此,分别从对称和不对称两个角度来分析参与博弈企业之间技术创新行为的演化稳定策略。

1. 对称企业技术创新的演化博弈

企业要么实行技术创新,要么不创新。现假设有两家企业,规模和实力相当,记为:企业1和企业2。技术创新博弈收益如下:双方都选择创新,则各得到 a 单位的收益;双方都选择不创新,则各得到 d 单位的收益;其中一方选择创新,创新的企业得到 b 单位的收益,不创新的企业得到 c 单位的收益。双方的支付矩阵如表 5-10 所示。

表 5-10　　　　　　企业之间关于技术创新的利益博弈

		企业1	
		创新	不创新
企业2	创新	a, a	b, c
	不创新	c, b	d, d

如参与博弈企业完全理性时,那么博弈结果完全取决于 a、b、c、d 数值的大小。现在考虑一组企业中企业之间随机进行该博弈。假设这组企业中,有比例 x 的企业采用创新的策略,比例 $1-x$ 的企业采用不创新策略。x 是时间 t 的函数。当企业的学习速度比较慢时,实施技术创新企业的比例动态变化速度用下面的复制动态方程来表示:

$$\frac{dx}{dt} = x(u_1 - \bar{u}) \qquad (5-11)$$

其中，u_1 为该组企业中实施技术创新的企业的期望收益，$\bar{u}$ 为该组企业中所有企业的平均期望收益。所有企业的期望平均收益为：

$$u_1 = xa + (1-x)b \tag{5-12}$$

$$u_2 = xc + (1-x)d \tag{5-13}$$

$$\bar{u} = xu_1 + (1-x)u_2 \tag{5-14}$$

其中，u_2 为该组企业中不实施技术创新的企业的期望收益。

将式（5-12）、式（5-13）、式（5-14）代入式（5-11）中，得：

$$\begin{aligned}\frac{dx}{dt} &= x(u_1 - \bar{u}) \\ &= x[u_1 - xu_1 - (1-x)u_2] \\ &= x(1-x)(u_1 - u_2) \\ &= x(1-x)[x(a-c) + (1-x)(b-d)]\end{aligned}$$

即 $\dfrac{dx}{dt} = x(1-x)[x(a-c) + (1-x)(b-d)]$ (5-16)

令 $\dfrac{dx}{dt} = 0$，得到式（5-6）的可能稳定状态为

$$x_1^* = 0,\ x_2^* = 1,\ x_3^* = \frac{d-b}{a-b-c+d}\left(\text{仅当}\ 0 \leqslant \frac{d-b}{a-b-c+d} \leqslant 1\ \text{成立}\right)$$

(5-16)

令 $F(x) = \dfrac{dx}{dt}$，当 $F'(x^*) < 0$ 时，x^* 即为演化稳定策略（ESS）。

（1）若 $a > c$ 且 $b > d$，此时，无论对方是否创新，一方创新的收益总大于不创新的收益。这种情况下，政府充分保护创新者的知识产权，同时企业有创新的动力。假设企业是对称的，那么企业的竞争力会得到同样的提高。企业市场蛋糕会增大。所以，在完全理性的情况下，各企业应该选择进行技术创新；在有限理性的情况下，$F'(x_1^*) > 0$，$F'(x_2^*) < 0$，x_3^* 不是稳定状态，$x_2^* = 1$ 是唯一演化稳定策略，所以企业会采用技术创新的策略。

（2）若 $a < c$ 且 $b < d$，此时，无论对方是否创新，一方创新的收益总小于不创新的收益。这种情况下，知识产权缺少有效保护，完全理性的企业会选择不创新，希望通过技术外溢进行模仿创新，则选择不进行

技术创新。

因此在完全理性情况下,各企业会陷入都选择不创新的"囚徒困境";而在有限理性情况下,$F'(x_1^*) < 0$,$F'(x_2^*) > 0$,x_3^* 不是稳定状态,$x_1^* = 0$ 是唯一演化稳定策略;博弈结果为:有限理性的企业都不会趋向于采用创新策略。

(3)若 $a > c$ 且 $b < d$,即同时创新或同时不创新时的收益均大于单独创新时的收益。如果企业单独创新,创新的一方会因为巨大的创新成本或风险反而使自己的收益降低。因此,在完全理性的情况下,企业会避免出现单独创新反而使收益降低的状况。

在有限理性情况下,$F'(x_1^*) < 0$,$F'(x_2^*) < 0$,$F'(x_3^*) > 0$,$x_1^* = 0$ 和 $x_2^* = 1$ 都是演化稳定策略。博弈的结果取决于 x 的初始水平。当初始的 $x \in (0, x_3^*)$ 时,经过长期反复博弈,有限理性的企业都会采用不创新策略;当初始的 $x \in (x_3^*, 1)$ 时,经过长期反复博弈,有限理性的企业都会趋向于采用创新策略。显然,$x_3^* = \dfrac{d-b}{a-c+d-b}$ 随着 $d-b$ 的增加而增加,随着 $a-c$ 的增加而减少。特别地,当 $d = b$,$a \neq c$ 时,$x_3^* = 0$,反复博弈的结果为企业选择创新策略;当 $d \neq b$,$a = c$ 时,$x_3^* = 1$,反复博弈的结果为企业选择不创新策略。

(4)若 $a < c$ 且 $b > d$,即企业单独创新时的收益要大于两家企业同时创新时的收益,也大于两家企业同时不创新时的收益。这种情况下,新产品的市场容量不大,同时创新会导致新产品供大于求,两个企业收益受损,而单独创新则可以将新产品全部销售出去,收益丰厚。因此在完全理性的情况下,博弈的均衡结果是:两个企业中一个企业选择创新,另一个企业则选择不创新。要实现这一结果,企业自身要依靠技术创新能力进一步降低创新成本,强化自己的优势地位,或者政府进行适当的补贴以改变支付矩阵中的得益结果,强化企业创新的威胁,另一个企业则相应地采用不创新的策略。而在有限理性情况下,$F'(x_1^*) > 0$,$F'(x_2^*) > 0$,$F'(x_3^*) < 0$,$x_3^* = \dfrac{d-b}{a-b-c+d}$ 是唯一演化稳定策略。博弈结果为:有限理性的企业经过长期反复博弈,有 $\dfrac{b-d}{c-a+b-d}$ 比例的企业

趋向于技术创新，$\dfrac{c-a}{c-a+b-d}$ 比例的企业趋向于不创新，显然，$b-d$ 的数值越大意味着采用创新策略的企业就越多，而 $c-a$ 的数值越大意味着采用创新策略的企业就越少。

资源型区域经济转型的过程是一个利益主体博弈的过程，存在各种利益主体之间的策略性行为。根据以上的分析，要促使企业进行技术创新，并使创新给企业带来更大的收益：一是加强知识产权的保护力度，营造企业进行技术创新的良好社会环境；二是加强企业间（中小企业尤为重要）在技术创新方面的合作，以便提高技术创新的成功率；三是地方政府通过补贴手段，使当地企业处于优势地位，改变博弈格局，以解决资源型区域经济发展中的各类逆向选择和道德风险问题。

2. 非对称企业之间的复制动态和演化稳定博弈

企业的规模、实力在实际中往往是不相同的，非对称的博弈占有一定的比重。假定博弈方有两个：一个是大企业，另一个是小企业。企业的策略也有两个：一个是实施技术创新；另一个是不进行技术创新，维持现状或者模仿创新。企业的规模和实力决定了大企业的创新动力更强，创新风险较小，创新贡献率要高于小企业。双方的支付矩阵如表 5-11 所示。

表 5-11　　企业之间关于技术创新的利益博弈

		企业 1	
		创新	不创新
企业 2	创新	R_1，R_2	R_3，R_4
	不创新	R_5，R_6	0，0

设支付矩阵中的得益值均表示企业技术创新所带来的收益，其中，R_1、R_2、R_3、R_4、R_5 均大于 0，而 R_6 代表小企业单独创新时的收益，在实际情况中，R_6 可能大于 0 也可能小于 0。

在有限理性情况下，假设在大企业组中采用创新的比例为 x，在小企业组中采用创新的比例为 y，则大企业的复制动态方程为：

$$F(x) = \frac{dx}{dt} = x(u_{11} - \overline{u}_1) = x(1-x)(u_{11} - u_{12}) = x(1-x)[(R_1 - R_3 -$$

$R_5)y + R_3]$ (5-17)

小企业的复制动态方程为:

$$G(y) = \frac{dy}{dt} = y(u_{21} - \bar{u}_2) = y(1-y)(u_{21} - u_{22}) = y(1-y)[(R_2 - R_4 - R_6)x + R_6]$$ (5-18)

对于大企业,当 $R_5 > R_1$ 时,如果 $y = R_3/(R_3 + R_5 - R_1)$ [因为 $R_5 > R_1$, $R_3 > 0$,所以 $R_3/(R_3 + R_5 - R_1)$ 位于 (0, 1) 之间],则 $F(x)$ 始终为 0,这意味着所有 x 的取值都是稳定状态;如果 $y \neq R_3/(R_3 + R_5 - R_1)$,则 $x_1^* = 0$ 和 $x_2^* = 1$ 是两个稳定状态,并且当 $y > R_3/(R_3 + R_5 - R_1)$ 时,$x_1^* = 0$ 是演化稳定策略,当 $y < R_3/(R_3 + R_5 - R_1)$ 时,$x_2^* = 1$ 是演化稳定策略。而当 $R_5 < R_1$ 时,对于任意的 $0 \leq y \leq 1$,$(R_1 - R_3 - R_5)y + R_3$ 始终大于 0,则有 $x_1^* = 0$ 和 $x_2^* = 1$ 为稳定状态,并且 $F'(x_1^*) > 0$,$F'(x_2^*) < 0$,得到 $x_2^* = 1$ 是演化稳定状态。

对于小企业,当 $R_6 > 0$ 时,如果 $x = R_6/(R_6 + R_4 - R_2)$ [因为 $R_4 > R_2$ 且 $R_6 > 0$,故 $R_6/(R_6 + R_4 - R_2)$ 位于 (0, 1) 之间],则 $G(y)$ 始终为 0,这意味着所有 y 的取值都是稳定状态;如果 $x \neq R_6/(R_6 + R_4 - R_2)$,则 $y_1^* = 0$ 和 $y_2^* = 1$ 是两个稳定状态,且当 $x > R_6/(R_6 + R_4 - R_2)$ 时,$y_1^* = 0$ 是演化稳定策略,当 $x < R_6/(R_6 + R_4 - R_2)$ 时,$y_2^* = 1$ 是演化稳定策略。特别地,当 $R_6 < 0$ 时,对于任意的 $0 \leq x \leq 1$,$(R_2 - R_4 - R_6)y + R_6$ 始终小于 0,则有 $x_1^* = 0$ 和 $x_2^* = 1$ 为稳定状态,并且 $G'(y_1^*) < 0$,$G'(y_2^*) > 0$,得到 $y_1^* = 0$ 为演化稳定策略。

令 $x_0 = R_6/(R_6 + R_4 - R_2)$,$y_0 = R_3/(R_3 + R_5 - R_1)$,用图 5-7—图 5-10 两组类型比例表示变化复制动态关系。

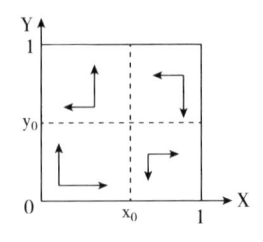

图 5-7 ($R_5 > R_1$,$R_6 > 0$)

从图 5-7 我们可以看到博弈的演化稳定策略为：$x^*=0$，$y^*=1$ 和 $x^*=1$，$y^*=0$ 两点，这表示两个企业长期的演化结果为：只有一个企业选择创新，而另一个企业采取跟随策略。此时双方跟随创新比自主创新的收益更大，博弈的结果必然为只有一方选择去创新，另一方选择跟随不去创新。

从图 5-8 我们可以看到博弈的演化稳定策略为：$x^*=1$，$y^*=0$，这表示两个企业长期的演化结果为：大企业选择主动创新，而小企业被迫选择跟随大企业。博弈的结果是：大企业选择创新策略，而小企业则选择跟随策略，博弈的演化稳定策略对企业创新策略起到关键作用。

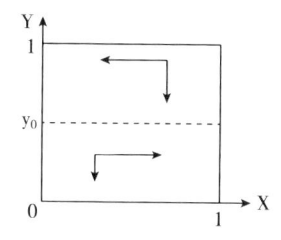

图 5-8　$(R_5 > R_1, R_6 < 0)$

从图 5-9 中我们可以看到博弈的演化稳定策略也为：$x^*=1$，$y^*=0$，这表示两个企业长期的演化结果为：大企业选择创新，小企业则同样选择跟随策略。这种情况下，大企业创新能力较强，这时大企业不受小企业的影响均倾向于采用创新策略，甚至在面对某些重大技术变革时可能还会被小企业所超越，相应地小企业采用跟随策略的收益要大于单独创新的收益。博弈的结果是大企业采用创新策略，相反的是小企业选择跟随策略。

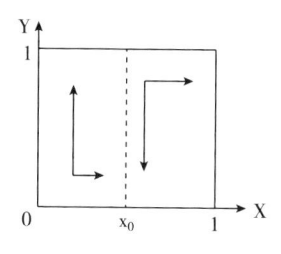

图 5-9　$(R_5 < R_1, R_6 > 0)$

从图 5 - 10 中我们可以看到博弈的演化稳定策略也为：$x^* = 1$，$y^* = 0$，这表示两个企业长期的演化结果为：大企业选择创新，小企业则依然选择跟随。因此，博弈的结果是，大企业趋向于采用创新策略，而小企业趋向于采用跟随策略。

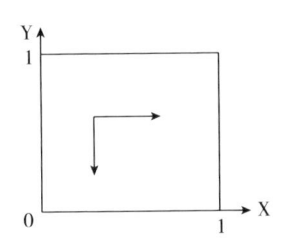

图 5 - 10 （$R_5 < R_1$，$R_6 < 0$）

经济增长本质上是经济要素变迁（如技术创新、制度变迁、产业结构转型等）中利益博弈关系的演变过程。上述四种情况中后三种是最符合现实的，即大企业的技术创新能力较强，其创新战略通常为自主创新，而小企业在技术创新时，更多的是跟随，采用模仿创新。

（三）政府与企业在技术创新方面的演化博弈

分析主体博弈和要素变迁博弈的均衡，为资源型区域政府制定经济转型升级政策提供决策参考。对于技术创新，政府与企业也有博弈。政府支持企业进行技术创新过程中，会出现可变的有利情景。因企业通过技术创新增加了收入，相应地以税收的形式增加了政府收入；相应地，政府对企业技术创新进行资助，降低企业技术创新的风险和成本，使企业的收益更大。

企业在进行技术创新时，选择一般有两个：一个是实施技术创新；另一个是不进行技术创新；而政府针对企业的技术创新也有两种策略：一种是实施资助，另一种是不进行资助。现假设企业与政府进行博弈时的支付矩阵如表 5 - 12 所示。

为了能简便地描述问题，我们设支付矩阵中的得益值均表示由技术创新所带来的净收益，其中，R_1 是政府资助下企业的创新收益；R_2 表示没有政府资助下企业的创新收益，故应有 $R_1 > R_2$；s 表示企业最终得到的创新收益的比例，故应有 $0<s<1$；$1-s$ 为政府最终得到的创新收益的比例，相当于税率；C_1 表示企业用于技术创新的研发经费支出；C_2 表示政府对企业的技术创新资助成本。

表5-12　　　　　　　　企业与政府关于技术创新的利益博弈

		政府	
		资助	不资助
企业	创新	sR_1-C_1, $(1-s)R_1-C_2$	sR_2-C_1, $(1-s)R_2$
	不创新	0, $-C_2$	0, 0

在有限理性情况下，假设企业在进行技术创新时，采取创新策略的比例为 x，政府对企业的技术创新采取资助策略的比例为 y，则企业的复制动态方程为：

$$F(x)=\frac{dx}{dt}=x(u_{11}-\bar{u}_1)=x(1-x)(u_{11}-u_{12})$$
$$=x(1-x)[s(R_1-R_2)y+sR_2-C_1] \qquad (5-19)$$

政府的复制动态方程为：

$$G(y)=\frac{dy}{dt}=y(u_{21}-\bar{u}_2)=y(1-y)(u_{21}-u_{22})$$
$$=y(1-y)[(1-s)(R_1-R_2)x-C_2] \qquad (5-20)$$

对于企业，当 $sR_2-C_1<0$ 时，有 $s<C_1/R_2$，由于 s 表示企业最终得到的创新收益的比例，而 C_1/R_2 表示的是企业创新的成本收益比，这意味着在没有政府资助的情况下，企业在创新收益中所占的比例小于创新的成本收益比。这时如果 $y=(C_1-sR_2)/s(R_1-R_2)$，$F(x)$ 始终等于 0，这意味着 x 的所有取值均为稳定状态；如果 $y\neq(C_1-sR_2)/s(R_1-R_2)$，则 $x_1^*=0$ 和 $x_2^*=1$ 是两个稳定状态，且当 $y>(C_1-sR_2)/s(R_1-R_2)$ 时，$x_2^*=1$ 是演化稳定策略，当 $y<(C_1-sR_2)/s(R_1-R_2)$ 时，$x_1^*=0$ 是演化稳定策略。

对于政府部门，当 $C_2<(1-s)(R_1-R_2)$，即 $(1-s)R_1-C_2>(1-s)R_2$ 时，有 $1-s>C_2/(R_1-R_2)$，由于 $1-s$ 相当于税率，$C_2/(R_1-R_2)$ 相当于政府对企业的创新资助支出与企业由此所产生的创新收益增加额的比例，也就是说，如果企业实施技术创新，其创新收益增加额所缴纳的税收要大于政府的创新资助支出，政府趋向于资助企业的技术创新。

进一步地，根据复制动态方程，当 $x > C_2/(1-s)(R_1 - R_2)$ 时，$y_2^* = 1$ 是演化稳定策略，当 $x < C_2/(1-s)(R_1 - R_2)$ 时，$y_1^* = 0$ 是演化稳定策略。当 $C_2 > (1-s)(R_1 - R_2)$，即 $(1-s)R_1 - C_2 < (1-s)R_2$ 时，有 $1-s < C_2/(R_1 - R_2)$，这时 $x < C_2/(1-s)(R_1 - R_2)$ 显然成立，也就是说，如果企业实施技术创新，其创新收益增加额所缴纳的税收要小于政府的创新资助支出，最终政府趋向于采用不资助的策略。但是当政府对企业进行资助后所得的收益更大时，只要 $x > C_2/(1-s)(R_1 - R_2)$，则 $y_2^* = 1$ 仍然是演化稳定策略，即政府的长期决策仍趋向于对企业技术创新进行资助。这说明如果企业创新效率比较低，政府实际的创新收益会比较低，就倾向于不予资助的策略。

令 $x_0 = C_2/(1-s)(R_1 - R_2)$，$y_0 = C_1 - sR_2/s(R_1 - R_2)$，用图 5-11—图 5-13 两组类型比例表示变化复制动态关系。

当 $sR_2 - C_1 > 0$，$(1-s)R_1 - C_2 > (1-s)R_2$ 时，从图 5-11 中，我们可以看到博弈的演化稳定策略为 $x^* = 1$ 和 $y^* = 1$，其他所有点都不是稳定状态。此时，企业的技术创新能力较强且政府税率适当，对企业而言，即使没有政府资助，技术创新也能带来一定的净收益，而有了政府的资助，技术创新能力将显著提高，对政府而言，适当的税率既没有影响企业的创新动力又使政府税收收入增加。因此，有限理性的博弈方长期演化博弈的结果是：企业最终都会选择技术创新，而政府则相应地采取资助的策略。

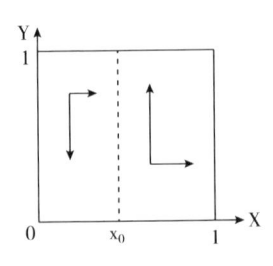

图 5-11　$[sR_2 - C_1 > 0, (1-s)R_1 - C_2 > (1-s)R_2]$

并且，对企业而言，当成本 C_1 一定时，企业技术创新所产生的收益就越大，C_1/R_2 就越小，这时 s 就可以降低，使 $1-s$ 增加，意味着政府可以适度提高税率，在增加税收的情况下又不打击企业的积极性。

当 $sR_2 - C_1 < 0$，$(1-s)R_1 - C_2 > (1-s)R_2$ 时，从图 5-12 中，我们可以看到博弈的演化稳定策略为 $x^* = 0$，$y^* = 0$ 和 $x^* = 1$，$y^* = 1$ 两点。此时，企业的技术创新能力较弱，并且政府税率较高，如果没有政府资助，创新反而降低了现有的收益水平，而得到政府的资助后，企业的技术创新得到显著提高，企业和政府都从中得到更多收益。博弈结果是：政府对企业创新进行资助，企业进行创新；政府对企业创新不进行资助，企业选择不创新。

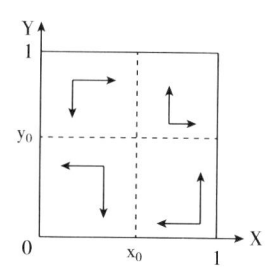

图 5-12　$[sR_2 - C_1 < 0, (1-s)R_1 - C_2 > (1-s)R_2]$

当 $sR_2 - C_1 > 0$，$(1-s)R_1 - C_2 < (1-s)R_2$ 时，从图 5-13 中，我们可以看到博弈的演化稳定策略为：$x^* = 1$，$y^* = 0$。此时，企业由于较强的技术创新能力，政府资助与否无关紧要。这时，政府可以适当调高税率，使政府有能力也有动力对企业进行一定的资助。

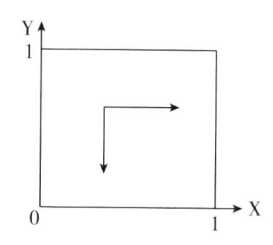

图 5-13　$[sR_2 - C_1 > 0, (1-s)R_1 - C_2 < (1-s)R_2]$

当 $sR_2-C_1<0$，$(1-s)R_1-C_2<(1-s)R_2$ 时，从图 5-14 中，我们可以看到博弈的演化稳定策略为 $x^*=0$，$y^*=0$。此时，企业的技术创新能力较弱且政府的资助对企业的技术创新能力没有显著的提升，一方面，企业创新反而降低了现有的收益水平，另一方面，政府实施资助所得的净收益低于采用不资助策略的净收益，结果是企业趋向于不创新，政府趋向于不资助。

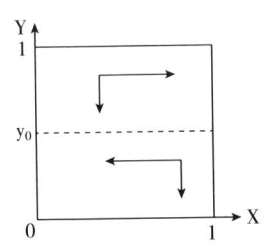

图 5-14　$[sR_2-C_1<0,\ (1-s)R_1-C_2<(1-s)R_2]$

由此，技术创新对于企业和政府而言，可以选择的策略要具体问题具体分析。大企业倾向于自主创新，小企业适宜模仿创新，存在彼此之间的"智猪博弈"。同时企业之间应注重合作创新，并争取获得政府资助，提高自主创新意识。

对于企业来说，要激励企业进行技术创新：一是加强知识产权的保护力度；二是要对企业进行激励性的补贴和资助；三是在激励企业的时候要兼顾企业规模和创新能力大小综合而定。

（四）促进企业技术创新的政策设计

根据技术创新的利益相关者分析，构建企业与政府间关于技术创新与环境规制的博弈行为。假设企业有采用技术创新和采用旧有技术两种选择。如果采用旧有技术，其收益为 R，地方政府环境规制手段包括公众环保宣传、技术创新激励与征收污染税费三种手段，其执行力强度因子分别为 α、β、γ，所消耗成本分别为 αA、βJ 与 γK。采用技术创新后，企业收益的增加量因地方政府是否进行环境规制而不同，如果地方政府进行环境规制对公众进行环保宣传，企业收益比原来增加，如果地方政府不进行环境规制不对公众进行环保宣传，企业收益增加，很明显，$\Delta R_2 < \Delta R_1$。企业为进行技术创新所消耗的创新成本为 C_1；如果企业采用技术创新行为，地方政府从中获取的收益为 R_g，如果企业不采用技术创新行为，政府的损失为 S_g。

表 5-13　地方政府与企业关于技术创新与环境规制的博弈

		地方政府	
		进行环境规制	不进行环境规制
企业	进行技术创新	$+\Delta R_1 + \beta J - C_1$,　$R_g - \alpha A - \beta J$	$R + \Delta R_2 - C_1$,　R_g
	不进行技术创新	$R - \gamma K$,　$\gamma K - \alpha A - S_g$	R,　S_g

由表 5-13 可以看出，如果地方政府进行环境规制，只要 $\Delta R_1 + \beta J + \gamma K - C_1 > 0$，企业的理性选择就是技术创新。给定企业技术创新成本，地方政府技术创新激励、污染税费征收强度越大，企业来自技术创新的收益就越大。因此，地方政府环境规制倒逼企业进行技术创新。如果地方政府不进行环境规制，除非 $\Delta R_2 - C_1 > 0$，企业才愿意进行技术创新。从表 5-13 还可以看出，如果企业进行技术创新，地方政府进行环境规制下的收益要比不进行环境规制下的收益低；如果企业采用旧有技术，只要 $\gamma K - \alpha A > 0$，地方政府进行环境规制下的收益要比不进行环境规制下的收益高。$K - A$ 取决于地方政府征收污染税费强度和公众环保宣传力度，即倾向于征收高污染税费、较弱公众环保宣传强度的地方政府更容易获得高的环境规制收益。

由以上分析可以看出，由于理性预期，地方政府倾向于不进行环境规制，即使进行环境规制，也倾向于采用征收高污染税费、较弱的公众环保宣传等环境规制手段。企业是否进行技术创新，取决于地方政府污染税费征收强度和技术创新激励强度。根据纳什均衡求解的划线法可以看出，在没有上级政府或外力干预下，企业与地方政府关于技术创新与环境规制博弈的纳什均衡不存在。

三　产业结构升级中的利益博弈与政策设计

资源开采量和资源利用程度是推动资源富集区经济发展的主要动力源，但随着我国工业化进程的加快，资源开发和供给的有限性与经济发展中资源消耗和需求的无限性矛盾必然会日益凸显①。如不进行产业结构调整和经济转型，资源富集区的经济发展必然为资源枯竭所累，陷入 Auty 所谓的"资源诅咒"陷阱。因此资源富集区如何实现经济可持续发展就成了理论界和实践者关注的重点和热点。虽然国家一直将产业结构调整作为经济发展的重点，但转型任务依然艰巨，因此有必要从产业结构调整缓慢背后的本质原因进行分析，根据经济学理论，所有问题的背后都可以归结为利益问题。由于产业结构侧重于中观层面经济结构的调整，所以多涉及地方政府和中央政府的利益博弈问题。经济学利己性的经济人假设同样适用于产业结构调整中的政府行为。地方政府一方面追求经济增长、就业稳定、财政收入提高等，另一方面地方政府官员追求政绩方面的诉求，如官员升迁、中央认可等。产业结构调整问题本质上是地方政府追求地区利益和中央政府利益平衡的问题②。

资源富集区地方政府在经济转型中难免会遇到困难和阻力，同时，为了维持地方经济原有经济模式的利益，甚至"上有政策，下有对策"，不论对国家产业结构调整整体目标影响如何，为了实现地区经济利益最大化的目标，地方政府更热衷于循着经济发展过去的产业选择和结构调整的偏好上，集中于发展资源依赖型产业，不愿意投资或扶植基础产业或高新技术产业，最终使资源富集区经济转型困难③。为进一步分析产业结构调整中地方政府和中央政府的决策行为，本部分借助于博弈论进行说明。

（一）资源富集区地方政府与中央政府间关于产业选择的利益博弈

对于资源富集区而言，假设中央政府对于某资源型产业选择鼓励或限制的策略，地方政府选择进入或放弃的策略，如表 5 - 14 所示。在该博弈中，由于产业结构调整的需要，所以中央政府会倾向于采用限制资源型产业发展的政策，但由于地方政府为了实现地区经济利益最大化的目标，倾向于选择继续发展资源型产业，因此，在各种组合下，中央政

---

① 王昌林、蒲勇健：《市场竞争模式下的技术溢出与技术创新分析》，《管理工程学报》2006 年第 4 期。
② 吕文震、江可申：《浅论技术创新扩散的微观基础》，《管理探索》2006 年第 1 期。
③ 王丽萍：《非对称企业间环境技术创新的复制动态和演化稳定策略》，《工业技术经济》2013 年第 5 期。

府在各种策略组合下的收益满足 $a_{21}<a_{11}<a_{22}<a_{12}$，地方政府在各种策略组合下的收益满足 $b_{12}<b_{11}<b_{22}<b_{21}$。

表 5-14　　　　　　　　　中央政府和地方政府间的博弈

		地方政府	
		进入	放弃
中央政府	鼓励	a_{11}, b_{11}	a_{12}, b_{12}
	限制	a_{21}, b_{21}	a_{22}, b_{22}

从静态博弈角度看，在这种收益矩阵下，（鼓励，进入）的组合就会成为一个纳什均衡，其总收益为 $a_{11}+b_{11}$，但很明显，这并不是双方所能获取的最大可能收益。双方合作（限制，放弃）能够实现更高的收益 $a_{22}+b_{22}$。但实际上，如果缺少产业协调、补偿或产业转型扶持机制，地方政府不会选择合作，而中央政府也只能选择支持，这属于典型的"囚徒困境"的问题，无法实现地区产业结构调整。

（二）地方政府与地方政府间关于产业结构升级的博弈行为

假设在不完全信息条件和利益驱使下，中央政府如何决策才能使资源富集区地方政府实现产业结构优化呢？为简化分析，假设有两个相邻地区（分别用 A 和 B 表示），欲投资发展两种产业：新兴产业和资源型产业，以高新技术为特征的新兴产业在发展初期具有一定的风险性，因此资源型产业的利润高于新兴产业。假设这两个地方同属于资源富集区，但就资源相对富裕度而言，根据李嘉图的比较优势理论，假设资源富集区 B 已面临枯竭，A、B 两地的相对比较优势产业分别是资源型产业和新兴产业。表 5-15 就表述了这种情形。

表 5-15　　　　　　　　　地方政府和地方政府间的博弈

		地区 B	
		资源型产业	新兴产业
地区 A	资源型产业	10, 9	16, 12
	新兴产业	12, 15	0, 0

这个模型存在两个纳什均衡（资源型产业、新兴产业）和（新兴产业、资源型产业），在同时属于资源富集区的情况下，假设两地区选择资源型产业的概率分别为 p_A、p_B，选择新兴产业的概率分别为 $1-p_A$、$1-p_B$，则两地区各自的期望收益为：

$$E_A(p_A, p_B) = 10p_Ap_B + 16p_A(1-p_B) + 12(1-p_A)p_B + 0(1-p_A)(1-p_B) = 16p_A + 12p_B - 18p_Ap_B \quad (5-21)$$

为了实现 $E_A(p_A, p_B)$ 最大，必须满足 $\frac{\partial E_A(p_A, p_B)}{\partial p_A} = 16 - 18p_B = 0$，则 $p_B = \frac{16}{18}$。

同样，地方 B 的期望收益函数为：

$$E_B(p_A, p_B) = 9p_B + 15p_B(1-p_A) + 12(1-p_B)p_A + 0(1-p_B)(1-p_A) = 15p_B + 12p_A - 18p_Ap_B \quad (5-22)$$

为了实现 $E_B(p_A, p_B)$ 最大，必须满足 $\frac{\partial E_B(p_A, p_B)}{\partial p_B} = 15 - 18p_B = 0$，则 $p_A = \frac{15}{18}$。

所以，由 $p_B = \frac{16}{18}$，$p_A = \frac{15}{18}$ 可得 $\max E_A(p_A, p_B) = 32/3$，$\max E_B(p_A, p_B) = 30/3$，中央政府的期望收益为：$\max E_{中央}(p_A, p_B) = \max E_A + \max E_B = 62/3$。

由此可知两地区不同策略组合的可能性为：

γ 资源型产业 × 资源型产业 $= P\{A$ 地选资源型产业$\} \times P\{B$ 地选资源型产业$\} = \frac{15}{18} \times \frac{16}{18} = \frac{40}{54}$

γ 资源型产业 × 新兴产业 $= P\{A$ 地选资源型产业$\} \times P\{B$ 地选新兴产业$\} = \frac{15}{18} \times \frac{2}{18} = \frac{5}{54}$

γ 新兴产业 × 新兴产业 $= P\{A$ 地选新兴产业$\} \times P\{B$ 地选新兴产业$\} = \frac{3}{18} \times \frac{2}{18} = \frac{1}{54}$

γ 新兴产业 × 资源型产业 $= P\{A$ 地选新兴产业$\} \times P\{B$ 地选资源型

产业$\} = \frac{3}{18} \times \frac{16}{18} = \frac{8}{54}$

两地同时出现资源型产业或新兴产业的可能性为：

$\gamma = \gamma$ 资源型产业 × 资源型产业 + γ 新兴产业 × 新兴产业 $= \frac{40}{54} + \frac{1}{54} = \frac{41}{54}$

两地不重复建设的可能性为：

$\gamma^* = \gamma$ 资源型产业 × 新兴产业 + γ 新兴产业 × 资源型产业 $= \frac{5}{54} + \frac{8}{54} = \frac{13}{54}$

以上分析说明，在存在地区利益的条件下，对新兴产业发展的初期，由于其高风险低盈利的特点，地区都选择资源型产业的可能性是最大的，这也充分说明为什么不同地区都会不约而同选择资源型产业进行重复建设，导致地区之间结构趋同，经济转型困难。

（三）促进产业结构升级的有关政策设计

如何弱化产业结构趋同？因为地方政府根据中央政府政策进行决策，我们认为中央政府可以考虑建立一个产业协调或利益分享机制，对不同区域的产业选择行为进行协调和补偿。假设中央政府设立资源型产业税 t，并把从资源型产业征收过来的税款等额补贴给新兴产业，如果两个地方都发展新兴产业，则由中央政府出资各自补贴 t，则改变后的支付矩阵如表 5-16 所示。

表 5-16　　　　政策补贴后两地区产业发展的博弈

		地区 B	
		资源型产业	新兴产业
地区 A	资源型产业	$10-t, 9-t$	$16-t, 12+t$
	新兴产业	$12+t, 15-t$	t, t

问题是针对新兴产业的补贴额度 t 为多大才能降低各地区重复建设或者资源型产业的竞相开采从而使中央政府的收益最大？

由表 5-16 和前述假设可知，两个地区不同产业选择的期望收益函数为：

$$E_A(p_A, p_B) = -18p_Ap_B + 16p_A + 12p_B + t - p_At \quad (5-23)$$

$$E_B(p_A, p_B) = -18p_Ap_B + 12p_A + 15p_B + t - p_Bt \quad (5-24)$$

中央收益函数为：

$$E_{中央}(p_A, p_B) = -36p_Ap_B + 28p_A + 27p_B + 2t - (p_A + p_B)t \quad (5-25)$$

由于利益最大化假设，该问题就转化为约束条件：

$$\frac{\partial E_A(p_A, p_B)}{\partial p_A} = 0, \frac{\partial E_B(p_A, p_B)}{\partial p_B} = 0, \frac{\partial E_{中央}(p_A, p_B)}{\partial t} = 0。 \quad (5-26)$$

可求得：$p_A = \frac{23}{36}$，$p_B = 25/36$，$t = 3.5$

故：$E_{中央} = -36 \times \frac{25}{36} \times \frac{23}{36} + 28 \times \frac{23}{36} + 27 \times \frac{25}{36} + 7 - \left(\frac{23}{36} + \frac{25}{36}\right) \times 3.5 = 69/3 > 62/3$

两地区同时选择同一产业的可能性为：

$$\gamma = \frac{25}{36} \times \frac{23}{35} + 11/36 \times 13/36 \approx 0.55 < 0.76$$

由此可知，中央政府通过对产业选择的支持或税收征收所建立的地区间利益分享机制，可以降低两地区产业雷同、低质产业趋同发生的可能性。

另外，假设两地区都有足够资金发展两类产业，则两地区的选择策略选择可以拓展为如表 5-17 所示的形式。假定其他条件不变，则模型的标准形式及支付矩阵如表 5-17 所示。

表 5-17　　　　放宽资金约束后两地区关于产业发展的博弈

		地区 B			
		资源型产业和新兴产业	资源型产业	新兴产业	放弃
地区 A	资源型产业和新兴产业	10, 9	22, 9	16, 0	28, 0
	资源型产业	10, 21	10, 9	16, 12	16, 0
	新兴产业	0, 15	12, 15	0, 0	12, 0
	放弃	0, 27	0, 15	0, 12	0, 0

通过求解表 5-14 的纳什均衡可知,两地政府的最优选择都是"资源型产业和新兴产业",这也是该博弈中唯一占优策略纳什均衡。因此可知,两地区政府存在重复建设,经济结构趋同。但可以很清楚地看出,本模型中的集体最优为(资源型产业、新型产业),即两地区选择差异化的产业进行生产。由此可见,如果中央政府不从中对地区的产业选择行为进行协调和补偿,产业差异化的集体最优结果不大可能实现。假设中央政府为了抑制同质化发展选择对资源型产业征税(假设为 9 个单位),则博弈表 5-17 就演变为表 5-18。

表 5-18 中央政府对资源型产业征税后的两地区产业发展博弈

		地区 B			
		资源型产业和新兴产业	资源型产业	新兴产业	放弃
地区 A	资源型产业和新兴产业	1,0	13,0	7,0	19,0
	资源型产业	1,12	1,0	7,12	7,0
	新兴产业	0,6	12,6	0,0	12,0
	放弃	0,10	0,6	0,12	0,0

对于地区 A 而言,选择"资源型产业和新兴产业"和"资源型产业"要分别好于选择"新兴产业"和"放弃",而对于地区 B 而言,选择"资源型产业和新兴产业"和"新兴产业"要分别好于选择"资源型产业"和"放弃",经过进一步剔除,就变成了地区 A 面临着选择"资源型产业和新兴产业"和"资源型产业"的选择,而地区 B 面临着选择"资源型产业和新兴产业"和"新兴产业"的选择。经过进一步筛选可知,实行利益分享和补偿后,该博弈最终的整体受益情况为地区 A 选择资源型产业获得 7,地区 B 选择新兴产业获得 12,而中央政府通过对资源型产业征税获得 9,综合受益为 $7+12+9=28$。

因此,综上所述,可以得出基本结论,各地区在经济发展过程中存在客观的局部利益最大化的诉求,各地区追求利益最大化并一定能带来整体利益最优,因此,在地区产业结构调整和转型过程中,中央政府要协调各地区与中央以及地区间利益博弈关系。利用利益分享机制和利益补偿机制,引导濒临资源枯竭地区实现经济转型,促进资源富集区新兴产业发展，明确产业协调政策，抑制各地区产业结构趋同的投资冲动，才能实现综合利益最大化。

四 资源配置中的利益博弈与政策设计

（一）资源配置中的利益问题体现

地方经济发展路径的形成，最初往往源于自然资源或自然禀赋、物质资本、技术进步、市场化程度等，在缺乏物质资本、技术进步等非资源禀赋经济基础的地区，要想摆脱贫困陷阱，多选择自然资源作为经济发展的出路[①]。因此，作为地区经济增长的初始源泉，劳动力、土地、矿产及各种自然资源起着至关重要的作用。一个地区发展模式的形成，本身就是利益相关者行为关系下各种有限资源与利益分配的过程[②]。

首先，在现行体制下，政府拥有各类资源（包括水土资源和矿产资源）的绝对控制权，而其中矿产资源价格往往很低，使矿产资源开发利用所带来的外部性属于环境效应"非市场性"的附带影响，这属于矿产资源开发利用决策者在矿产资源价格与环境成本市场缺位下所产生的环境低效率。再比如土地资源，通过市场化协议转让的土地属于极少一部分[③]。市场化缺位使土地使用成本极低，企业就不会选择少用土地。水资源也是这样，特别是在中国农村，水资源市场价格无法反映到农业用水的成本上，一方面是水资源市场价格体系不完善，另一方面则是处于收入下层的农户缺少对水价的承受力。实践也一再证明，凡是政府直接控制的资源，由于资源的价格不能在市场上合理地体现出来，往往造成价格扭曲和价格机制缺位，使资源的市场不仅体现为资源短缺，而且资源需求方没了价格或者成本的有效约束，资源开发利用方式极为粗放。而现实中大多数资源富集区也是环境污染比较严重的地区，由于资源开发利用方式较为粗放，环境保护的公共产品属性以及自然资源开发利用过程中具有一定外部性，生态环境会导致破坏而不能得到有序恢复。

---

① 张春英：《中央政府、地方政府、企业关于环境污染的博弈分析》，《天津行政学院学报》2008年第11期。
② 张学刚、钟茂初：《政府环境监管与企业污染的博弈分析及对策研究》，《中国人口·资源与环境》2011年第2期。
③ 钟春洋：《经济增长方式转变的利益博弈研究》，博士学位论文，厦门大学，2008年。

其次，由于地方政府政绩考核模式中给予经济增长过高的权重，且在政绩考核中缺少经济可持续发展的问责机制，使地方经济发展中对于资源开发利用任何行为主体在对资源进行利用和配置时，都谋求投入各方面和各种活动的边际私人净收益相等。在有外部成本或收益的情况下，往往会导致资源错配和配置的低效率。地方保护或者地区间所开展的"锦标赛模式"的区际竞争对某些破坏水土资源安全的生产行为采取纵容态度，环境安全事故处处可见。全国因工矿生产建设挖损、塌陷和压占等，大量土地被占用，造成大量土地被废弃。

（二）资源富集区矿产资源利益分配格局问题与政策设计

1. 资源富集区因矿产资源而起的利益分配主体

我国矿产资源所有权归属国有，中央政府可以从矿产资源的开采中以税收的形式获得经济利益，而政府责任是制定相关政策，以便使矿产资源合理有效地开发，以及保护矿山环境。地方政府往往履行兼顾地方经济增长和执行中央政府决策的职能，在矿产资源的开采中，也以税收的形式获得经济利益，而其责任是监督和指导资源型企业合理有效地开采矿产资源，保护矿山环境。资源型企业通过对矿产资源的开采利用创造出更多价值，获取更高收益，其最终目标是获取最大的经济利益，在开发矿产资源的同时也有责任依照国家规定，充分合理地利用矿产资源的使用权，同时也有责任保护矿山的环境。本地居民兼有企业生产要素和产品消费、环境负外部性的三重身份，作为本地居民的矿区农民，其土地被征为矿业用地，自己也可能作为企业生产过程中的劳动力投入到采矿过程中，而在资源型企业采矿的过程中既污染了当地的环境，又严重威胁到矿区居民的身体健康，而他们享受的利益却是微乎其微的，尽管如此，他们依然有责任保护矿区环境、遵守社会秩序，这显然是不公平的。

2. 资源富集区矿产资源利益分配格局的不平衡问题

在涉及的资源富集区矿产资源利益分配之间，存在诸多的不平衡，主要体现为：

（1）企业与本地居民利益分配的不平衡。首先，由于中央政府授权央企垄断油气资源开采等业务，央企获得超额利润并在内部分配方面倾向于个人，造成央企员工收入过高，行业报酬分配不公，对社会分配秩序造成干扰，而且很多资源类开采生产活动的施工队伍或产业工人大多来自区域外，对本地居民就业也缺乏带动效应，因此，央企从资源富集区所获取的资源收益和其对本地居民贡献不相匹配。最后，资源富集区内资源型行业快速发展抬高了本地区的消费品市场价格，扭曲了消费品资源的配置，使非理性消费和行为普遍盛行，不仅对本地区正常品价格造成干扰，在本地居民之间也会造成潜在的矛盾和冲突。

（2）中央政府、地方政府之间利益分配的不平衡。首先，由于自然资源所有权都归国家所有，所以中央政府往往直接授权把自然资源使用权给央企，地方政府尽管也可以获得部分资源使用权，但往往相对有限，资源富集区的地方政府资源税收入很低。其次，资源富集区所开采出的资源，大多附属于国家战略型需要，如"西气东输""西电东送"等。西部地区开发出的资源大多输往内地特别是东部发达地区，促进了内地和东部地区的经济发展，但留给本地的资源往往不但数量欠缺，而且价格也较高，如西部很多水电开发区的许多贫困农民至今都还未通电，而天然气产地的民众生活用气和本地下游产业用气也经常面临不足的窘境。再次，资源富集区所开采出的资源，调运到资源短缺省份，支撑了资源短缺省份的经济发展，但资源开采却给本地生态环境带来了极大的压力，煤炭开采、油气开发等矿产资源活动对水源、大气、植被、土地等造成了不同程度的污染和破坏，其环境恢复与治理却没有办法计入隶属于中央政府的央企资源开采与生产活动的成本中，无法获得相应的补偿。不仅如此，资源富集区以矿产资源开发利用为主导的经济发展方式，对地方经济的负面影响是多重的，比如人力资本存量不足，人力资本是地区劳动力或潜在劳动力通过教育、培训活动获得的可用于社会生产活动的知识和技能存量，是一个地区实现经济可持续发展的关键性要素。根据相关研究，煤炭类行业仅有29%愿意投资个人继续教育，过度关注于矿产资源开发所带来的眼前既得利益，损害了地区可持续发展的潜力。再比如地区竞争力弱化。以矿产资源开发利用为主的单一经济发展模式造成区域内短期的利益争夺，带来资本外逃、人力资本流失、技术进步缓慢等后果，甚至破坏了本地的自然环境和人文教育环境，使产业发展和产业投资环境不断恶化，非资源型产业发展困难重重，产业升级转型面临瓶颈，"资源诅咒"问题滋生，损伤了地区竞争力，也降低了地区经济的综合抗风险能力。

（3）地方政府和企业之间利益分配的不平衡。2013年，长庆油田公司（隶属于中国石油天然气股份有限公司）因接连拒绝向陕西省上缴8.5亿元的"水土流失补偿费"，名下22个银行账号被地方法院冻结，引起了社会舆论的广泛关注。这本质上属于央企和地方政府之间的利益博弈。隶属于中央政府的央企在不同地方从事资源开采生产活动，有赖于地方政府给予土地开发、生活及内部服务设施等支持，对于企业来说不但降低了生产成本，还可以通过对从本地政府获得的各类要素进行投资、租赁、抵押获得额外收益，但对地方政府而言，央企的经济贡献十分有限，其给予央企无偿划拨的土地和巨额土地出让金收入的流失也会对地方造成持续加大的经济发展和财政增长压力。不仅如此，政府往往还要为企业的环境污染性生产活动埋单，这对于地方财政财源点较少的西部地区而言，无异于雪上加霜。

3. 针对资源富集区矿产资源利益分配格局不平衡问题的政策设计

（1）建立健全利益协调机制。资源富集区各利益主体间的利益关系如何协调是一个综合问题，如何建立健全利益协调机制也引起了广泛的讨论。利益协调机制包括利益表达、分享、保障机制等。一是对于社会公众来说，最主要的是建立利益表达机制。相对于政府和企业，公众往往属于弱势群体，现有中国制度框架下，公众利益表达渠道的合法性不足，渠道不畅通，矛盾激化后弱势群体往往通过施压性的集体行动来维权，从而产生过激行为或不恰当的损失。二是消除以追求地方政绩和局部利益为目的的地方性规定，改善生态环境，建立有序的经济秩序，支持资源型地区培育接续替代产业，促进地区内和地区间利益分享。三是要生态补偿或利益补偿机制，使受损群体或个人能够获得适当的补偿。

（2）调整资源税征收与分配，改进矿产资源补偿机制。矿产资源归属国家所有，但在分配自然资源使用权时应考虑地方政府和开发地居民的利益，在资源税税收设计上可以考虑从价计征，提高矿产资源地对矿产资源补偿费等的分成比例，同时，央企矿产资源所得税可以考虑按产地原则征收，增加地方政府资源开发与管理的积极性。

（3）完善矿区生态补偿制度和接续替代产业扶持制度，着力资源富集区未来发展。国家在 2013 年颁布《全国资源型城市可持续发展规划（2013—2020 年）》，指出将建立资源开发补偿和接续替代产业扶持基金，并强调这两个基金是要留给地方，保障地方未来可持续发展的。资源富集区因矿产资源开发造成生态环境严重损害的，为了对生态环境进行有效治理和恢复，需要付出大笔资金，但因资源价格缺失，地方政府筹措资金有困难的，中央政府应支出一部分资金对该项生态治理活动进行补偿。同时，因资源富集区为保障国家能源安全做出重大贡献，但地区发展模式单一，资源型产业一枝独秀，一旦资源枯竭，容易陷入产业支撑和经济转型的断层期，需要完善接续替代产业扶持制度，着力资源富集区未来发展。

第六章

生态视角下资源型区域生态补偿机制分析

国民经济的飞跃式增长伴随着高投入、高消耗的"竭泽而渔"模式，当前中国生态文明建设在压力叠加下继续进行转型。伴随着人类经济社会的进步和发展，人们也开始深刻意识到加强自然生态和环境保护的意义和重要性。可持续发展要求加强对生态文明的建设，已成为新时代生态文明与普惠民生福祉的重要内容。党的十八大以来，党中央、国务院将推进生态与物质文明体系建设置于更为重要的战略和全局性位置①。党的十九大报告中提到，将持续推进生态文明的建设上升至"发展千年大计"高度，并进一步提出中国需建立完善"多元与市场化的生态补偿机制"②。生态补偿机制的构建需要根据当前资源型区域生态经济系统的发展状况为基础，生态经济系统是自然生态系统和社会经济系统的集合体，二者之间不仅存在物质和信息的交换，还存在各种能量的流动，两个系统是相互作用、相互影响的③。

---

① 刘振清：《新中国成立以来中国共产党生态文明建设思想及其演进概观》，《理论导刊》2014 年第 12 期。
② 邓世平、谢雪金：《论习近平生态文明建设思想的生成逻辑》，《湖南工业大学学报》（社会科学版）2017 年第 6 期。
③ 马爱慧等：《耕地生态补偿实践与研究进展》，《生态学报》2011 年第 8 期。

第一节 资源型区域生态经济系统分析

一 资源型区域生态与经济矛盾分析

自20世纪以来,能源资源开采中所产生的一系列衍生问题已经开始出现,并逐步引起人们注意;到50年代和60年代,一些发达国家的重工业地区开始饱受矿产资源储量枯竭和经济倒退的困扰,在"问题区域"的阴影下寻求新兴的替代性资源;直至70年代和80年代,以重工业为经济主导的发展中国家在能源问题与环境问题的双重困扰下,出现了国家整体经济发展停滞的现象①。由此人们对于可持续发展问题的思考方向开始转移到了资源型区域,"资源诅咒"是否是资源型区域在发展中的必经之路?能否得到有效地避免或治理?如何破解资源型区域的发展难题,提升区域经济发展的竞争力,实现能源、经济和环境社会等各方面协同发展,就成为社会各界关注的热点问题②③。虽然近年来关于此类课题的研究较多,但由于各个资源型区域的经济、社会、资源、环境等因素发展状况不同,因此各类课题的研究范围、研究目标及解决方案等均不具备普适性,资源型区域的社会经济转型依然是一个普遍性难题。

传统资源型区域的产业经济发展以能源资源为依托,但在我国经济增速换挡、经济发展的下行压力加大的背景下,资源型产业经济同时也面临着产业倒退、资源消耗大、生态破坏以及产业结构失衡等新矛盾。

(1)资源型产业倒退,非资源型产业发展稳定。资源型区域依据资源禀赋,选择能源资源产业作为经济支柱是正常的经济现象。以资源开发及其初级加工为主导的资源型区域,存在经济增长方式粗放、资源损耗与生态环境破坏严重等现象,如何破解资源型区域发展难题,跳出资源优势陷阱,实现区域转型发展,是其面临的重大难题。资源型产业

---

① 俞虹旭等:《海洋生态补偿研究进展及实践》,《环境科学与技术》2013年第5期。
② 郭永园、张云飞:《参照与超越:生态法治建设的国外经验与中国构建》,《环境保护》2019年第1期。
③ 马国霞等:《生态系统生产总值核算概念界定和体系构建》,《资源科学》2015年第9期。

的经济模式发展到一定阶段时，区域产业结构普遍出现单一化特征，且资源型产品大多属于不可再生资源，资源保有储量不可逆性的下降必然会导致资源枯竭和产业收益下降的困境。

（2）资源消费量大，资源开发对生态和环境的破坏严重。资源型区域在传统的粗放型经济发展模式中，由于能源利用效率低下，导致资源浪费严重，能源消耗量巨大。由于资源型产业以资源开采加工业为主，属于高耗能、高排放、高污染型产业，其在生产过程中所产生的大量废水、废气和固体废弃物不仅会对生态环境造成巨大的压力，同时也会危害区域居民的身体健康[①]。例如，近年来我国的大气污染状况呈加重趋势，二氧化碳排放量逐年递增，能源排放导致的气候持续变暖使全球生态、社会和经济遭遇不可逆转的损失，当前高碳增长路径的锁定效应使变暖趋势在未来进一步延续，如何有效控制能源消耗与减少碳排放成为当前世界共迎的重大挑战。GCP（全球碳计划组织）发布《2019年全球碳预算》显示，2009—2018年中国碳排放量连续世界第一和年均2.2%的增长速度主导着全球趋势。温室气体增加可能使极端天气频发、旱涝灾害频繁、冰川加速消融、降水分布改变、海平面上升等自然生态发生变化，从而导致人类健康受损、经济发展阻滞、生物多样性减少、传染性疾病增加与其他次生灾害等风险。

（3）生态补偿不合理，生态可持续能力弱。长期的资源开采使生态上的消耗既没有得到恢复元气的空间，也没有获得应有的经济补偿，导致资源型区域的可持续能力较弱。资源型区域长期过度消耗生态生产资源型产品，无法使生态资本得到有效补偿，生态消耗与经济产出的不对等对地表植被、生物多样性以及地下水资源等造成了不可逆转的影响。资源型区域经济普遍因资源而兴衰，所以大规模开采造成的资源短缺与枯竭会直接威胁到区域资源的可持续能力，进而导致经济发展受阻[②]。另外，我国矿产资源的回采率和产出效率都远低于世界平均水平，资源浪费加重了能源资源可持续发展的脆弱性，甚至会导致资源枯

---

① 潘家华：《积极构建新时代生态文明建设新的理论体系和话语体系》，《生态文明新时代》2018年第1期。

② 张国兴、马玲飞：《基于能值分析的资源型区域生态经济系统研究》，《生态经济》2018年第12期。

竭。资源型产业在经济发展中具有基础作用和前向地位，存在很强的周期性，资源型经济的波动风险具有增大的趋势，对区域经济发展的冲击性较强。

（4）单一产业转型受生态瓶颈制约，产业结构与国内需求结构不匹配。资源型区域经济发展前景受资源储量制约，只有进行产业经济转型才能获得可持续性发展。资源型区域经济转型的价值导向和核心目标都是调整产业结构、促进产业转型，这种短期或中短期的"复兴模式"为资源型区域挽救经济衰退、刺激经济复兴起到了至关重要的作用①。但从长期来看，以产业结构调整为目标的单一产业转型思路必然会受到生态瓶颈的制约，这是由于多数资源型区域选择了从原始采矿输出延伸到有色金属加工、煤化工等资源加工产业，没有统筹考虑到资源加工对大气、水流和土壤的污染，使生态环境在之后的资源加工阶段再次遭到破坏，单一结构的产业转型仍然会使资源型区域走上一条高污染、高耗能的发展之路②。

二 度量方法和数据选择

能值分析方法可以将生态经济系统中不可比较、不同等级、不同类别的能流、物流和信息流联系到一起，进而转换为统一的太阳能值进行加总和比较，以消除各类能量流在价值比较分析中的主观性。因此，用以太阳能为基准的能值分析方法深入分析资源型区域生态经济系统各类能量流的动态发展状况，对平衡生态环境和社会经济发展之间的关系，具有重要的理论意义和现实意义。破解资源型区域的发展难题，提升区域经济发展的竞争力，实现能源、经济和环境社会等各方面协同发展。推动资源型区域可持续发展，选取了延安、榆林、庆阳、金昌和克拉玛依五个典型的西北资源型区域，基于能值分析理论对其2007年和2016年两年间生态经济系统的能值产出状况进行比较分析，依据如下：

（1）资源分布广泛。西北地区能源资源储量丰富，种类繁多。延安、榆林、庆阳、金昌和克拉玛依分别被划分为天然气、煤炭、铜矿和

---

① 姬翠梅：《社会主义生态文明观与习近平生态思想关系研究——基于生态意识层级理论视角》，《黄河科技学院学报》2019年第1期。
② 陈海嵩：《绿色发展法治化的基本构想》，《河南财经政法大学学报》2018年第6期。

石油资源供应和后备基地，以上区域的经济增长一般来说主要是依靠资源。

（2）地域和发展阶段分布均衡。延安、榆林、庆阳、金昌和克拉玛依分布于陕西、甘肃和新疆等西北地区省份，在地区上覆盖范围广泛，可代表西北资源型区域。另外，延安、榆林和庆阳分别为成长型资源型区域，克拉玛依和金昌为成熟型资源型区域，在发展阶段上分布均衡，资源开采带动区域的经济快速增长，但是高额的收益并未有效转化为本区域真实的财富和动力，形成高收入收益。

（3）西北资源型区域生态经济环境差。一方面，西北地区深处内陆，地势复杂，高原山脉较多，气候干旱，生态环境脆弱，资源型区域对矿产资源的大量开采也会对当地的生态系统造成破坏。另一方面，西北资源型区域对产品的深加工能力较差，经济系统发展滞后，出现生态环保等方面的问题，长期的资源开采，造成地面沉陷、生态破坏，造成难以恢复的环境问题，因此对西北资源型区域的生态经济系统进行整体分析很有必要。

本书采用能值分析理论来进行资源型区域的生态经济系统研究。能值分析理论可以将系统中不可比较、不同等级和不同种类之间的能量通过能值转换率（sej/J）转换为统一的太阳能来衡量，单位为太阳能焦耳（sej）。能值转换率就是每单位某种类别的能量或物质所含能值的量。能值转换的基本步骤包括如下：整理出各资源型区域生态经济系统的主要能量来源指标，收集各能量流或物质流的原始数据，查找所需的能值转换率，将某物质流的原始数据与能值转换率相乘得到所需的某类物质流的太阳能值。将其汇总为能值流量评价表（见附录8）。根据能值流量评价表进一步建立能值评价指标体系（见表6-1），对各个评价指标的含义和计算公式进行解释，再根据表6-2对各资源型区域的生态经济系统指标体系进行汇总分析（见表6-2）。

三 资源型区域生态经济系统测度结果

根据表6-2，2007—2016年延安、榆林、庆阳、金昌和克拉玛依的总能值使用量呈上升趋势，2016年分别增至2007年水平的2.96、6.80、2.27、3.55、2.25倍，各区域发展程度不断提高。其中不可更新资源的能值使用量大幅度上升，在研究期间分别增长了2.86、8.19、

表6-1　　　西北资源型区域生态经济系统能值评价指标体系

类别	指标	计算公式
生态经济系统	能值产出率（EYR）	(R+N+I)/I
	环境负荷率（ELR）	(I+N)/R
	能值投入率（EIR）	I/(R+N)
	能值货币比（EDR）	U/GDP
	废物能值比率（EWR）	W/U
	可更新能值比（RER）	R/U
可持续发展水平	系统稳定度指数（SSDI）	$\sum [(x_i/x) \times \ln(x_i/x)]$
	生产优势度指数（PSDI）	$\sum (x_i/x)$
	可持续发展指数（ESI）	EYR/ELR

注：其中 x_i 表示能值产出中农产品、畜产品和水产品的能值之一。

表6-2　　　　　区域生态经济系统综合评价指标

指标	克拉玛依	金昌	庆阳	榆林	延安	克拉玛依	金昌	庆阳	榆林	延安
	2007年	2007年	2007年	2007年	2007年	2016年	2016年	2016年	2016年	2016年
可持续发展指数	257	42	238	298	50.52	135.2	7.62	21.02	11.11	34
废物能值比率	0	0.02	0	0	0.28	0.35	0.36	0.32	0.32	
系统稳定度指数	0.89	0.5	0.98	0.91	1.42	0.64	0.59	0.51	0.49	0.61
生产优势度指数	0.65	0.95	0.98	0.86	0.83	0.72	0.86	0.78	0.61	0.77
能值产出率	298	72.79	263.21	313.21	62.07	224.54	21.16	69.45	38.39	111.31
能值投入率	0	0.01	0	0	0.02	0	0.05	0.02	0.03	0.01
能值货币比	1.9	11.25	5.78	2.83	2.06	3.66	3.03	2.87	3.34	3.21
环境负荷率	1.16	1.72	1.1	1.05	1.23	1.66	2.78	3.3	3.46	3.27
可更新能值比	0.22	0.33	0.39	0.31	0.23	0.36	0.11	0.11	0.16	0.17

2.13、2.54、2.71倍。高耗能的发展模式导致废弃物排放量快速增加，研究期间延安、榆林、庆阳、金昌和克拉玛依的废物流能值排放分别上升了10.1、11.6、8.5、5、9.4倍，对比可知榆林市的可更新资源能值流量下降最多，不可更新资源消耗最大，废弃物排放的能值也最多，增长速度最快。在货币流的进出口能值方面，金昌市以进口能值为主，而

其他各区域在对外经济交流中均以出口能值为主，且逐年上升，说明延安、榆林、庆阳和克拉玛依等区域的能值产出能够充分满足内部需求，由于资源开采是以生态环境为空间和物质载体，因此，开发必然产生水污染、大气污染、土壤污染等，在一定程度上，资源型区域的生态环境绝大部分都是因为资源开采、利用相关，区域发展对外界的依赖性增强。

根据附录8，能值综合评价分析分为两部分，即生态经济系统分析和可持续发展水平分析。其中生态经济系统分析包括对可更新能值比、不可更新资源能值比、废物能值比、环境负荷率、人均能值、能值货币比、能值密度、能值投入和产出率等指标的分析，可持续发展水平包括对生产优势度指数、系统稳定度指数和可持续发展指数的分析。

（一）生态经济系统

1. 可更新能值比

通过附录8分析可知，榆林市可更新能值比相对较高，随着时间的变化呈现出总体波动性的趋势，说明榆林市的发展对可更新资源的开发力度较高，资源开发会导致耕地毁坏、水土流失和土地荒漠化等。而延安、庆阳、金昌和克拉玛依的可更新能值比均呈下降趋势，说明对可更新资源的开发强度较小，由于资源和生态环境主要作为生态功能，其生态资本总量相对盈余，应进一步要立足资源型区域的资源优势和产业基础，延伸资源接续产业链。

2. 不可更新资源能值比

通过附录8分析可知，2016年延安、榆林、庆阳、金昌和克拉玛依的不可更新能值比重分别为0.3、0.6、0.55、0.52和0.36，说明榆林、庆阳和金昌主要依赖本地不可更新资源发展，延安和克拉玛依对外界经济的依赖性较强。资源型区域应促进产业多元化发展，这对资源型区域在资源枯竭后有效降低对资源的依赖度、实现经济可持续发展是非常有必要的。

3. 废物能值比

通过附录8分析可知，区域废物能值比逐年提高，由于对不可再生资源的依赖性上升，虽带来了总能值的快速增加，但各地区的废弃物排放量也在迅速上升，其中金昌市的废物排放能值由2007年的$8.64 \times$

10^{21} sej 增加到 2016 年的 4.33×10^{22} sej，该资源开采行业的技术提升动力不足，废物处理技术的限制导致能值废弃率较高，区域发展依旧继续增加开采规模，导致矿产资源开采和利用过程中，进一步加速了资源的耗竭和生态环境的恶化。

4. 环境负荷率

通过附录 8 分析可知，由 2007 年的 1.716 攀升至 3.146，环境负担最大，说明金昌市在节能减排和发展路径调整上具有较大空间。相比之下榆林市废物排放的能值流量虽在研究期间增长了 11.6 倍，但由于总能值产出量较大，近几年其废物能值比是最低的。与此同时榆林市的环境负荷率虽有波动，但总体上升幅度不大，环境负荷在各区域中也处于最低状态，说明榆林市废弃物排放的末端治理工作取得了一定成效，但由于资源开发等高收益性，导致区域发展重点聚焦在以资源开发为主的经济增长中，导致资源的开发规模加大，资源损耗加剧，区域的生态环境恶化，但废弃物排放量大、对不可更新资源的主导和依赖趋势并没有取得根本性改变。

5. 能值货币比

通过附录 8 分析可知，自 2007 年以来金昌市的能值货币比呈快速下降趋势，而庆阳市的下降趋势较为平缓，两个地区的能值货币比相对于其他地区较高，经过几年的发展逐步与其他地区同步，说明金昌市与庆阳市的经济总量发展速度较快，但近几年的经济发展水平下降，这种发展明显偏重的产业经济结构很容易使得区域经济的稳定性较差，极易受到国内或国外等外部经济环境变动的影响。

6. 能值投入率

通过附录 8 分析可知，该项整体呈增长趋势，按照排名分别为延安 > 金昌 > 克拉玛依 > 庆阳 > 榆林，说明各地区对本地资源的开发利用程度逐年上升。其中延安市的能值投入率最高，说明延安市几乎所有的能值投入都是有偿的，当价格上涨时，系统的竞争力下降，因此延安市的系统发展容易受到政治或外部经济影响，矿产开发技术停滞不前，而只能增加开采的数量和规模以达到增加经济收益，系统稳定性较差。而榆林市的能值投入率最低，说明其系统发展主要依靠本地资源，但过低的能值投入率导致榆林市不利于发展外部经济、吸引域外投资，进而也会影响系统的进一步发展。但应注意到，在研究期间内各地区的能值投入率远远低于全球平均水平 2.00，说明各地区需要引入的能值量较少，系统经济主要依赖本地资源，整体发展受自然条件的束缚相对较大，仍需大力发展外部经济。

7. 能值产出率

2007—2016 年各地区表现为榆林＞庆阳＞克拉玛依＞金昌＞延安，其中榆林市在发展过程中的资源利用效率较高，但其生产效率呈缓慢下降趋势，庆阳市和克拉玛依市的下降幅度最大。相比之下，延安市和金昌市的能值产出率下降不明显，各地区整体在系统发展中的生产效率下降，需要产业调整以弥补应矿产资源遭到掠夺式的开发对区域的生态环境所造成的生态破坏，因此优化能源利用结构、提高资源利用率和生产技术水平迫在眉睫。

（二）可持续发展水平

1. 生产优势度指数

生产优势度指数代表着系统总体的单元均衡性和可更新资源产品的分布状况，生产优势度指数越小意味着系统的物种数量分布越均匀，在可更新资源产品中没有突出的主导产业。榆林、庆阳和金昌的生产优势度指数在研究期间波动性下降，说明这三个地区可更新资源产品的生产逐渐向均衡性发展，主要表现为占据较大比重的农产品的能值产出减少，而占据较小比重的畜产品和水产品的能值产出水平上升，同时这也可以从侧面反映出当地居民生活水平的提高，资源型区域应该根据自身的经济发展特征和资源类型，建立符合区域发展状况的体制机制和转型路径。而延安和克拉玛依的生产优势度指数分别在 2012 年和 2009 年开始上升，主要表现在农产品在可更新资源产品的生产中逐渐占据主导地位，而畜产品和水产品的能值产出对系统贡献较小。

2. 系统稳定度指数

系统稳定度指数代表系统生产的稳定性，该值越大说明连接系统内部各物质流能量的网络越发达，系统的自我调节、稳定能力越强。2007—2016 年，金昌市的系统稳定度指数最小，基本保持在 0.49 左右的水平，变化不大，而延安市的系统稳定度指数自 2009 年开始迅速下降，资源诅咒及产业经济的路径依赖等问题，使一些资源型区域陷入了产业经济衰落的趋势，其他各地区的系统稳定度指数在 0.75 左右，整体呈下降趋势，可见各地区生态经济系统的物质流连接网络的影响较小，系统内部自我调节、自我稳定的能力不高，应改善农业产业生产结构，推动产品深加工的规模化生产，提高各类产品生产之间的协调性和系统稳定度。

3. 系统可持续发展指数

ESI 的值在 1—10，表明经济系统富有活力和发展潜力；ESI > 10 是经济不发达的象征；ESI < 1 为消费型经济系统。研究期间延安、榆林、庆阳、金昌和克拉玛依的 ESI 指数均呈下降趋势，将会导致对区域资源过度开采，进一步加速资源的开采、资源消耗、生态环境的恶化等，到 2016 年分别达到 7.62、135.2、34、11.11、21.02。

基于能值分析理论，对 2007—2016 年延安、榆林、庆阳、金昌和克拉玛依等西北资源型区域的生态经济系统发展状况进行了动态分析。结果显示：2007—2016 年各资源型区域总能值使用量大幅度上升，榆林、庆阳和金昌主要依赖本地不可更新资源发展；各资源型区域能值投入率远低于世界平均水平，整体系统开放性较差，金昌市的废物能值比和环境负荷率最高，环保压力较大；各资源型区域系统稳定度指数和可持续发展指数下降，生态经济系统面临不可持续的压力。因此应在改善生态环境的基础上优化产业结构，提高系统开放性和稳定性，使系统向可持续性方向发展。在以上结论的基础上，本书提出以下几点推动资源型区域生态经济系统可持续发展的对策建议：

（1）控制污染物排放，加强废物治理。资源型区域的可持续发展离不开生态环境的保护和对被破坏环境的治理，新时代的经济发展也对生态文明建设提出了新的要求，因此环保是资源型区域经济转型的重要内容，资源型区域改善生态环境、减少环境负担不仅要从源头上控制各类工业燃油、废水和固体废物等主要污染物输出，还要加强污染物末端治理工作，提高废弃物处理技术和生态修复技术，推广使用生物绿色能源，在一定程度上实现对不可再生能源的替换，为生态经济系统可持续发展打好根基。

（2）优化产业结构，提高系统协调度。必须要优化产业结构，将产业延伸与产业多元化相结合，推动现有产业结构转型升级，改变高消耗型的生态经济模式，实现区域经济发展的特色化，同时设立严格的淘汰机制和进入门槛，在改造传统产业的基础上延伸高精尖产业链条。除了调整不可更新资源的产业结构，可更新资源的产品结构也应协调发展。由于延安和克拉玛依的生产优势度指数近年来上升明显，农产品生产偏重，因此应对其农、畜、水产品的生产结构进行调整，逐步提高畜产品和水产品的生产比重，还应提高各地区产品生产之间的协调性和系统稳定性。

（3）提高系统开放性，吸引外部能值。各地区系统经济发展主要依赖本地资源，整体与其他地区的能值交换较为封闭，缺少与外界能值之间的相互流通。首先要改善投资环境，推出优势政策、优势项目和优势产品进行招商引资，坚定不移完善全面化互动开放发展体制机制，促进经济多元化；其次要发展旅游产业，西北资源型区域地质风貌突出，自然景点较多，当地的重工业基础为特色工业旅游项目提供了条件；最后要有效利用进口能值，促进各地区系统能值循环和协调发展，增强地区生态经济系统的竞争力。

（4）加大科技投入，提高创新实力。生态经济系统的可持续发展离不开科学技术的推动，西北资源型科技交流和基础设施建设落后于中东部地区，下一步应将经济发展方向从高能耗、高污染的模式转向精加工、高科技的产业经济方向上来。因此应逐步加大科技投入，设立创新驱动专项基金项目，联合区域高校和科研机构创建人才对接合作平台，培育并引进服务于资源型生态经济发展的对接人才，从各方面切实提高资源型区域的创新实力。

第二节　资源型区域生态环境难题的成因和机理分析

一　资源型区域生态环境难题的成因

1. 资源开采所产生的水体污染资源在开采过程中会对水资源产生严重污染

截至2010年，我国突发环境事件中水污染的比例最高，其中水污染比例在2001年达到59.5%，此后虽呈波动式下降趋势，但水污染突发事件的比例在大多数年份都远高于大气污染，因此水污染是我国生态安全保护中最重要的环境问题,是影响居民用水健康的现实威胁;以煤炭资源开采为例,由于煤炭开采过程中会产生矿井水、洗煤废水、煤矸石淋溶水等,这种开采所产生的水体污染的后果严重。另外《中国统计年鉴》显示,2016年我国煤炭开采洗选业中产生的危险废物和一般工业固体废弃物倾倒丢弃量分别达到了5600吨和5060吨,不仅浪费土地,而且对地表植被造成的破坏也难以估计,其中水土流失、草地退化、沙化、荒漠化的影响最大。其一,其原因在于污染物成分复杂,矿井中废水有大量煤粉等高浓度的悬浮物质、化学需氧量、生化耗氧量、石油类的污染物以及大量的重金属和放射性物质,还会产生高矿化水和强酸性、悬浮物、悬浮油、絮凝剂等,成分过于复杂,污染很难清理干净,此外矿产资源污染水体的排放量较大,数据显示,全国煤矿排放的矿井水为22亿吨/年,工业废水为3.2亿吨,洗煤废水为0.5亿吨,因此资源在开采过程中,排污量大,且难以处理。其二,废水中有大量的有机物、细菌等,通过这些废水能严重污染其所在区域的周边地表水、地下水,严重的水污染导致矿区内的水体和土壤被污染,将影响其功能,产生农作物产量锐减,动物以及植物被污染后,导致其种类锐减,甚至会影响整个区域的生态系统和生活系统的安全[①]。其三,普遍来说,煤炭资源型区域一般是缺水区域,且伴随着资源的开采,将会产生地面沉降和塌陷,直接导致区域水位降低,导致区域供水更难。综上所述,资源型区域因开采资源将导致水体污染、供水困难等难题。

2. 资源开采对土地资源损害

资源开采对土地资源的损害主要体现在如下方面:其一,土壤被污染。由于矿区资源的煤矸石风化自燃、淋溶、矿区大量废气粉尘等,有害物质通过空气或者水体运动等发生了转移,将导致区域内土壤质量下降,农作物被污染减产。其二,危害区域内人体健康,由于土壤被污染,被污染的土地将富含诸如Cd、pb、As等元素,这些元素毒性强,可能会沿着食物链进入人体,将危害人类健康。其三,煤炭开采可能会导致土地塌陷,将会引发采空地的塌陷、地表的裂缝、泥石流等灾害。

---

① 张富刚等:《立体思维视角下我国现代土地资源管理体制探索》,《国土资源情报》2015年第6期。

其四，土地沙漠化。由于煤矿的开采和生产过程中，由于开采，必然破坏土地，开采后堆砌成土渣，必然减少地面植被的覆盖率，不仅如此，煤炭开采降低了土壤抗腐蚀能力，加剧了水土流失和土地沙漠化，造成生态环境破坏，并带来了环境污染和安全威胁等①。以陕西省榆林市为例，2009 年当地采煤和产油两项的环境代价达 160 多亿元，而当年的地方财政收入却还不到 100 亿元。

3. 资源开采产生大气污染

在煤炭开采的过程中，将会产生大量的大气污染，主要源于如下几个方面：其一，开采中需要将煤和煤矸石等运输出去，煤和煤矸石在运输和破碎过程中将会产生粉尘和烟尘等，是矿区主要的大气污染源。其二，资源开采中会产生堆积，煤矸石会发生自燃，燃烧所产生的粉尘多数为固体小颗粒，排放在空气中，会对人体的呼吸道产生危害，同时废气中的成分主要是二氧化硫和二氧化碳，一旦与空气中的水结合，会产生酸雨，对环境有严重的破坏作用。其三，废气中含有大量的甲烷、一氧化碳、硫化氢等气体，这些气体排放到大气中，对环境大气也将产生严重污染②。再者，矿产资源型城市在开采过程中，还伴随着噪声污染、固体污染等，随着资源周期的变化、开采强度变化，会对资源区产生其他的后续影响，如因矿产资源开发，会导致耕地毁坏、水土流失、土地荒漠化等，这些都会对资源区生态环境产生破坏，对矿区居民的环境产生影响，必须要对当地居民所产生的生态损失进行生态恢复。因此，在资源区开采将会产生大量的大气污染③。例如，近年来我国的大气污染状况呈加重趋势，二氧化碳排放量逐年递增，截至 2017 年，我国的二氧化碳排放量已经达到了 10311 百万吨，是美国的 1.9 倍、欧洲的 2.5 倍，多地出现雾霾天气与沙尘暴天气。我国 PM2.5 的 24 小时平均浓度限值标准为 75 微克/立方米，不仅高于世界卫生组织、美国、欧洲的标准限值，而且我国雾霾天气中的实测数据值达到了 305.91 微克/

---

① 郭尚花：《以山西为视角论煤炭开采多元生态补偿机制的完善》，《太原师范学院学报》（社会科学版）2016 年第 5 期。
② 周剑ович：《关于环境脆弱型资源城市的生态补偿问题研究》，硕士学位论文，中国地质大学，2013 年。
③ 阮本清等：《流域生态补偿研究进展与实践》，《水利学报》2008 年第 10 期。

立方米，是我国标准值的 4 倍左右，远超规定的限值。另外根据前卫生部部长陈竺测算的数据，我国每年因为大气污染而过早死亡的人数为 35 万—50 万人，大气污染对我国居民健康造成了严重危害；长期的资源开采用水不仅会导致地下水位下降，其产生的废水还会对矿山附近的水资源造成污染，为区域居民供水埋下健康隐患。

综上，矿产资源区域的开发将对区域产生诸多的环境污染问题，需要对此进行生态恢复，以弥补因矿产资源遭到掠夺式的开发对区域的生态环境所造成的生态破坏，既满足了经济发展的需要，又满足了生态文明、可持续发展的需要，建立生态补偿尤为重要。

二 资源型区域生态环境难题的形成机理分析

1. 技术因素导致矿产生态环境的破坏

资源型区域经济的增长一般来说主要是依靠资源，以矿产资源为例，当区域经济的增长主要依靠矿产资源时，采掘业就成为支柱性产业，并成为该区域高收益行业，由于发展目前所处的阶段，以及市场供求量较大，该区域所有的活动将集中指向与资源相关的行业，如采掘业、矿产行业以及相关的上下游或者其附属行业，将会导致对区域资源过度开采，进一步加速资源的开采、资源消耗、生态环境的恶化等[1]。对于目前我国绝大部分的区域，在经济发展和技术研发中，偏重于重视经济发展，而相对忽视矿产资源开采相关技术，从而导致矿产开发成为技术进入门槛较低的行业，由于矿产开发技术停滞不前，而只能增加开采的数量和规模以达到增加经济收益，以此恶性循环，资源开采行业的技术提升动力不足，创新动力不足，未能加速企业对相关技术的吸纳能力，进一步限制了技术挤出和溢出效应，只能继续增加开采规模，导致矿产资源开采和利用过程中，进一步加速了资源的耗竭和生态环境的恶化。

2. 开采的高收益以及环境累积加速生态环境恶化

资源的开采带来了区域的经济快速增长，但是高额的收益并未有效转化为本区域真实的财富和动力，形成了高收入收益。在区域发展中，

---

[1] 张国兴、徐龙：《基于时空维度的水资源与经济匹配分析》，《水电能源科学》2020 年第 3 期。

资源所有人并未获得相应真实的报酬,而资源所有权权益价值,一部分转化为矿产品新增加的价值,另一部分转化为矿产资源开发企业的超额利润,在高收益驱动下,矿产资源为了获得更加丰厚的超额利润,将会加大开采的规模和力度,加速资源枯竭[①]。由于资源开采是以生态环境为空间和物质载体,因此,开发必然产生水污染、大气污染、土壤污染等,在一定程度上,资源型区域的生态环境问题绝大部分都是因为资源的超采、超用。再者,资源开发对生态环境的破坏影响会存在于生态环境,其破坏效果具有一定的滞后性和累积性,只有生态环境被破坏到一定程度才会显现出来,而此时的环境累积主体已经无法明确界定破坏责任主体,在破坏主体不明确的条件下,粗放型的资源开发行为必然会加剧区域的生态环境破坏。

3. 区域发展阶段强化了环境恶化

在资源型区域开发和生产构成中,矿产资源和生态环境均可以看成是不可或缺的要素,在资源型区域中,矿产资源作为生产要素,能为本区域提供原材料和能力,促进本区域的经济增长,具有一定的发展功能;资源作为生态产品,能为消费者提供生活环境和生产环境,为本区域的经济发展提供空间支持,具有一定的生态消费功能[②]。资源的生产功能和生态功能均在本区域的资源承载能力的前提下。在区域资源开发的初期,由于资源和生态环境主要作为生态功能,其生态资本总量相对盈余,资源开发和开采等经济行为在发展初期是尚未受到资源和生态环境承载力约束的,由于资源开发等高收益性,导致区域发展重点聚焦在以资源开发为主的经济增长中,导致资源的开发规模加大,资源损耗加剧,区域的生态环境恶化,资源耗竭[③]。

4. 产权界限模糊,环境补偿难以实施

在产权界定明晰的前提下,有效的产权具有三个特征:可转让性、

[①] 唐迎春等:《基于生态视角下"河长制"长效机制研究》,《价值工程》2018年第7期。

[②] 曹莉萍等:《基于城市群的流域生态补偿机制研究——以长江流域为例》,《生态学报》2019年第1期。

[③] 赵森峰、黄德林:《国家公园生态补偿主体的建构研究》,《安全与环境工程》2019年第1期。

排放性、强制性。但是生态补偿所涉及资源以及其生态服务价值并不具备上述的产权特征，即资源和生态服务价值并不具备良好的产权属性。如在煤炭资源开采中所破坏的生态系统——调节气候、提供氧气等，并不具备上述的产权三大特征，此时，环境保护者和建设者难以获得为提供生态服务价值的全部社会收益，加上外部性的存在，必然会导致生态服务系统的供给必然小于社会最优水平，加上生态系统服务所附着的资源——耕地、水域等有时产权不明晰，由于上述的原因，资源的公共属性以及产权界限不明晰，产生低效率的公地悲剧，这些都将影响生态系统服务相关利益者的经济利益，加上生态服务价值在不同的涉及方定价标准不一样，在相关利益方之间无法公平分配，所以生态补偿难以实施[1]。

第三节　资源型区域生态补偿机制的构建

随着人类社会文明的发展，生态环境受到严重破坏，环境污染等一系列问题打破了人类社会与自然生态环境之间的平衡。当下，人们越来越意识到生态环境保护的重要性，事关人类文明发展的可持续性，世界各国也都对生态环境保护的重要性逐渐达成共识，生态补偿即在此背景下应运而生。传统的生态保护模式多是政府采取强制性命令控制手段，效率低下，难以达到生态环境保护的目标。生态补偿的经济激励方式结合成本和效益统筹考虑，协调平衡生态保护和经济发展间内生矛盾，促进生态环境保护目标的有效进行。生态补偿是部分财政经费，用来补偿消除区域生产生活所带来的生态环境污染的直接抑或间接的负面影响，从而达到资源型区域生态经济系统长期可持续。生态补偿在国外研究领域中，并没有完全与之对应的概念的名词，大多在案例实践中将生态补偿看作在自然资源资产产权明确的基础上，生态服务产品的购买者和提供者在市场交易平台上进行公平自愿的交易活动。当下最为流行的观点认为，从经济学的研究视角将生态补偿看作一种经济手段。主要原则是

---

[1] 李晓燕、黄宇帆：《污染足迹视角下区域生态补偿标准研究》，《华北水利水电大学学报》（社会科学版）2020年第1期。

"破坏者惩处,保护者奖励",既是对破坏生态环境的行为进行资金上的处罚,控制其破坏环境的行为;对保护生态环境的行为进行资金上奖励,对其保护环境的行为进行激励,从而减少自然资源的外部性行为,减少"搭便车"和"公地悲剧"的出现,使生态资源能够合理使用,提升对生态环境保护和治理。生态补偿在当前国际上通常定位是生态产品受益与使用者向生态产品提供者与保护者付费。为有效激励政府支持使用者的付费和环境保护服务行为,把使用者生态环境的外部经济价值转化为使用者现实的内在经济价值及其诱因,即一种经济化的环境保护补偿的手段方式,为其因这些环境保护行为所要付出的经济成本以及其为提供这些生态产品而丧失经济发展的代价进行付费。Pagiolas 等认为使用者生态服务的补偿是一种通过使用者付费的生态服务形式进行保护环境的经济补偿方式[1]。Ted Gayer 和 Robere 认为相较于国际上传统的政府命令型环境保护政策,用付费的环境保护方式来鼓励使用者的环境保护行为是更有效率的经济补偿方式[2]。

生态补偿机制是为了达到保护环境、促进人与自然的和谐,促进各区域协调发展等目标采取的行为,依据生态补偿内涵概念,需要依据生态补偿的原则,界定相关补偿主客体;根据一定标准,并进行相应的生态补偿;并采取相关的补偿措施,以及相应的保障措施以促进生态补偿的有效实施。在生态补偿机制中主要包含以下几个方面:生态补偿的主客体、生态补偿标准、生态补偿方式、生态补偿的保障措施。

一 界定资源型区域生态补偿的主体与客体

生态补偿实践中生态保护和补偿效果实际情况往往不尽如人意。这是因为,纵向生态补偿中参与主体的生态损益关系不明确,这就导致有些区域享受了中央财政专项资金的补偿,却没有履行相应的责任,在生态环境的治理和保护中没有任何的绩效;而有些区域履行了保护流域生

---

[1] Pagiolas, Landell-Mills, and J. Bishop, "Making Market-based Mechanisms Work for Forests and People", in S. Pagiola, J. Bishop, and N. Landell-Mills (eds.), *Selling Forest Environmental Services: Market-based Mechanisms for Conservation and Development*, London: Earthscan, 2002, pp. 261–290.

[2] Ted Gayer, Robert, "United States Environmental Protection Agency", *An Ecological Assessment of the United States Mid-Atlantic Region*, No. 8, 1997, pp. 120–138.

态环境的责任，流域生态环境的治理和修复取得了较大的成效，却没有享受生态补偿专项资金的扶持。双方权责不协调使流域生态补偿难以长久有效地进行下去。生态补偿中对补偿主体和受偿主体的责任和权利有着明确的约定。在市场化的交易运作模式下，补偿主体需要对自身所享用的生态产品付费补偿，受偿主体有权利对保护和治理生态环境所付出的成本、让步与牺牲等接受相应的补偿，流域横向生态补偿参与双方之间的权利义务关系是公平对等的。

生态补偿作为一种环境管理制度，在促进经济社会、生态环境的全面协调可持续发展中起到了显著作用。"谁开发、谁保护；谁破坏、谁恢复；谁受益、谁补偿；谁污染、谁付费"是生态补偿的基本原则。生态补偿主体是确定由谁来进行补偿。补偿的主体涉及中央政府、地方政府、企业和个人，由于涉及多赔偿主体、客体，明确特定的补偿责任主体，多个主体则应量化责任。总体来说资源型区域的开发涉及资源开发者、资源输入区、当地居民、当地政府、中央政府等各方利益，在资源开发阶段，主要的补偿主客体是：

（1）资源的开发者（企业）。资源开发企业，由于矿产资源企业在资源开发的过程中，对当地的自然环境等会产生一定的破坏，如破坏当地的耕地、污染水土资源等，导致当地的生态环境破坏，生态服务价值减少，由于资源开发者开发资源对资源区生态环境造成了破坏，因此必须要给予一定的补偿，资源开发企业是生态补偿主体之一。

（2）资源输入区。资源开发后，资源开发者将资源运输到资源开发区，为资源输入区提供丰富的资源，促进其当地区域的经济社会飞速发展。但是资源区却承担因资源开发所导致的环境污染、生态恶化、地下水污染等，因此矿产资源输入区应该对资源输出区进行生态补偿，资源输入区是生态补偿的主体。

（3）政府。地方政府通过管理资源开发，获得一定的税收，在资源开发区的资源开发中获得了一定的收益，因此政府应当成为生态补偿的主体之一；另外资源环境和生态环境是公共物品，私人没有能力和物力、财力去保护公共物品，政府应该代表居民管理和养护生态资源，并提供一定资金去维护、保护生态环境。综上所述，地方政府应该成为生态补偿的补偿主体之一。资源开发区一般在主体功能区的定位中是优化开发区，中央政府通过制定主体功能区规划等，协调全国区域发展，在中央政府的规定下，为了保障区域的协调发展，中央政府规定资源开发区必须要承担资源开发的责任，以保障为国家发展提供必要的资源，由于中央政府的法律法规的制定，资源开发区承担了资源开发的责任，导致区域的环境恶化，中央政府从协调区域发展的角度也应该为此提供一定的资金、政策等补偿区域因资源开发而产生的一系列生态环境问题，因此中央政府也应该是生态补偿的主体之一。

生态补偿客体的确定主要是解决补给谁的问题。

（1）当地居民。资源的开发将会给当地的居民和政府带来一定的生态环境问题，对于当地居民而言，由于资源的开发，将会产生一系列的生态环境问题，如污染等，这些将影响当地居民的发展、生存、经济利益。

（2）当地政府。对于当地政府而言，由于需要保护资源区域的生态环境，将会投入大量的资金、人力、财力、物力，所以当地政府既是生态补偿的主体又是生态补偿的客体，在生态补偿机制中具有主、客体的双重性。

政府是生态补偿客体。根据行政托管理论，后代人将他们的生态环境权益委托当代人管理，这意味着当代人代表后代人来管理生态环境，但是由于全民管理生态环境资源的无效率性，并委托政府代表全民来行使权力，希望政府能代表当地公民的利益来管理生态环境，当生态环境受到污染时，政府代表后代人来行使权利。

二 资源型区域生态补偿的标准——以煤炭资源为例

（一）煤炭资源开采的生态补偿动态思想

煤炭资源开采的生态补偿是指在一定时间内、一定区域内，在煤炭开采过程中，如同上文分析，必然会对当地居民的生活环境产生一定的影响，如土壤被破坏、地表径流量被改变、水质被污染等，需要在此过程中对所产生的损失进行补偿，在本书中，主要是在煤炭资源开采的过程中，因为开采所造成的环境污染进行治理的投入，以及由于煤炭资源开采所产生的生态服务价值的减少等。通过生态补偿，修复因煤炭资源开采所产生的破坏，对损失的生态服务价值进行修复赔偿，促进区域可持续发展，资源的可持续开采等①。

煤炭资源的生态补偿具有时空的特征，只要开发煤炭资源，必然存在生态服务价值的损失，依据损失—补偿的原则，需要对其进行生态补偿，但是生态补偿的依据以及采取什么样的补偿方式，建立何种生态补偿标准，是值得研究的问题。基于煤炭资源开采对生态环境、生态服务价值的降低是煤炭开采的生命周期内，在开采的过程中，对水、土等资源都会产生破坏，水土破坏的显现需要一定的时间，水土的恢复也有一定的滞后性，即水土的污染等效果以及水土的恢复具有一定的滞后性，且破坏和修复都有一个较长的时间，因此时间是煤炭等资源型区域必然要考虑的因素。虽然生态系统有一定的自然恢复能力，但是仅仅依靠自然界的力量去恢复生态环境，恢复生态服务价值，需要很长的时间，为了减少煤炭资源开采中过程性的损失，可通过对煤炭资源型区域的开采过程的损失破坏等行为进行动态补偿。可使用仿真方法进行动态补偿，仿真是对真实事物的模仿，资源型区域生态补偿标准的仿真是借助系统仿真技术来研究资源型区域在资源开采的过程中生态补偿标准的动态变化，由于生态补偿标准随着时间和空间的变化而变化，通过对资源型区域的损失进行动态仿真，以此测算出资源型区域的生态补偿标准，分析其生态补偿标准的动态变化，并可以预测出未来的生态补偿标准、赔偿规律以及与其他影响变量之间的关系，相对于其他的方法，动态仿真还有其他一些优点。首先，资源型区域的生态补偿是个复杂的系统，受到诸多要素的影响，是一个复杂的有机整体，通过动态仿真，能够清楚地反映出变量之间的关系、如何相互作用，何种变量对结果敏感性较强，有利于政策调控。其次，动态仿真可以模拟出延迟效应，而在资源开采的过程中，对生态环境破坏和修复均具有一定的滞后性，通过动态仿真，能够及时、准确、动态地测算出生态服务价值减少量、建设费用、恢复费用等，在此基础上，依据生态补偿标准的定义，不仅可以测算出生态补偿标准，并可以预测未来年限的生态补偿标准。

（二）系统动力学模型

系统动力学是美国 MIT 的教授福瑞斯特于 1956 年创立的，系统动

---

① 王辉：《煤炭开采的生态补偿机制研究》，博士学位论文，中国矿业大学，2012 年。

力学的原理是模拟、反馈制造，通过分析模拟系统变化，分析其反馈机理，通过定性和定量结合的判定方法，系统将分为状态变量、流量，通过计算机模拟模型的行为，通过计算机软件来仿真系统内部各要素的行为、相互关系、相互影响机理等，进而可以揭示系统是如何运行、如何变化发展，发现系统变化运行规律。系统动力学作为分析研究工具，可以分析系统内部变量之间的相互关系、影响机理、运行规则等，并利用计算机相关软件进行模拟仿真，通过调节变量，可以对结果进行调节、优化；并通过对现行的数据分析，可以实现对未来的预测等[1][2]。其中，系统动力学使用的计算机软件为 VENSIM 软件。

1. 建模的目的

项目的研究主要目的是从煤炭资源型区域的开采出发，选取了如下指标：因为煤炭开采而导致资源型区域的生态服务价值降低，因煤炭资源开采而导致污染排放的治理费用、复垦土地等费用，进而测算出煤炭资源型区域的生态价值的损失值和生态环境的恢复成本。通过本书的动态仿真可以准确地测算出资源型区域资源开采生态服务价值损失以及生态环境恢复成本，进而准确地测算出生态补偿标准。对于以煤炭为主的资源型区域的生态服务价值，一般以其所在区域的耕地生态服务价值为中心参考量，重点考虑因开采资源所导致的水土污染、废渣等导致的生态服务价值减少量作为重要的参考量。在本书中，依据数据可获得性等原则，煤炭资源型区域生态服务价值损失量主要考虑的因素是水土污染而导致的区域生态服务价值量的减少、废渣污染而导致的区域生态服务价值量的减少。对于生态环境的治理费用，主要包含污染治理的投入以及污染治理的各种费用，以及资源开采而导致的土地需要复垦的费用等。通过系统动态仿真建模，准确测算出资源型区域的生态补偿标准[3]。

---

[1] 张梦：《基于系统动力学的铁路桥梁工程工期—成本优化研究》，硕士学位论文，兰州交通大学，2019 年。

[2] 王田雨、赵华：《基于 SD 模型的煤炭资源型城市城镇化发展与产业转型研究：以徐州市沛县为例》，《中国矿业》2017 年第 5 期。

[3] 李晓燕、黄宇帆：《污染足迹视角下区域生态补偿标准研究》，《华北水利水电大学学报》（社会科学版）2020 年第 1 期。

2. 建模的思路和过程

在本书中，界定生态补偿标准的定义是煤炭资源开发区生态服务价值的减少量以及生态环境治理投入费用（机器设备、治理费用）等。煤炭资源型区域的生态补偿标准涉及多方面因素，生态补偿标准涉及资源开采量、污染物排放量、区域生态服务价值减少量、耕地塌陷面积、复垦面积、复垦费用等，是一个复杂的有机整体，数据之间存在交叉、重叠、混合的现象，并且生态服务价值随开采周期（时间）变化而变化，其系统内部复杂的关系，很难用常规的方法来解决，因此，可以使用系统动力学对内部各子系统、变量之间进行动态模拟仿真，由于模拟现实，较为贴近现实分析，因此具有可行性、科学性等。

（1）界定系统。应用系统动力学时，系统分析资源型区域开采资源的生态补偿标准，明确使用系统动力学分析的目的，对系统进行界定，确定使用本方法所要解决的问题和目标，通过初步分析，预判系统界限，然后再综合分析系统的有关特征，分析系统之间关系、内部要素之间关系，系统和系统之间、要素和要素之间的影响机理，描述与研究目标有关的变量要素，明晰系统界限，并确定研究问题所涉及的主要变量。

如图6-1所示，煤炭资源区的生态补偿标准包含因为开采导致的生态服务价值的减少，以及煤炭开采的生态环境治理投资额，加上其他的一些经济成本如复垦费用等，通过测算，可以精确地测算出煤炭资源区的生态补偿标准以及未来的补偿趋势，并可以进行相关变量的调节，以便于政策建议。

（2）因果关系分析和子系统的流程图。在煤炭资源开采的过程中使用系统动力学分析，首先可以将系统分为若干子系统，并分别对各个子系统运行关系进行因果关系分析，依据其因果关系，确定影响机理，确定各个子系统内部运行机理；其次，应用反馈动力学原理，采用反馈环，进行子系统之间的反馈分析，建立新的待分析复杂系统；再次，借助其因果关系、因果反馈等，从系统动力学角度分析各个子系统、各个要素之间相互交错、相互影响、错综复杂的关系；最后，通过箭头以及反馈环将各个变量、要素之间、子系统的关系表达清楚。

流率、流线、流位等是构成系统流程图的基本要素，流位是系统内的状态变量，一般是可量化的指标，如生态补偿标准、废渣生态价值、废

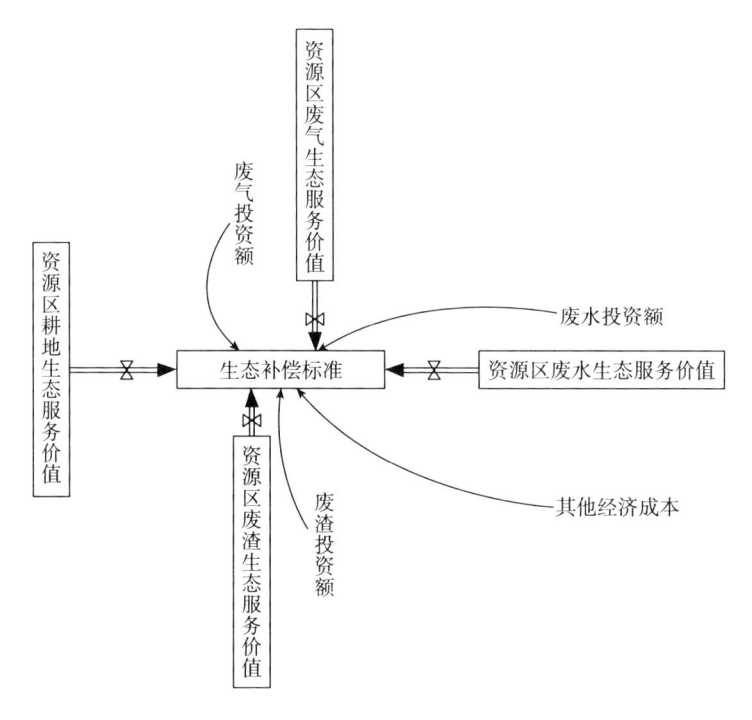

图 6-1 煤炭资源开采生态补偿标准的构成

水生态价值、污水排放总量等,流率一般是用于对单位时间内的系统实体流量变化率的描述,如年经济成本、废气排放增加量等,流线用于确定系统控制模式,一般来说,涉及物流的使用实线,涉及信息流使用虚线,通过决策函数和定量关系,确定相关变量之间关系函数,并使用软件进行仿真分析。

水资源系统:废水处理投资额↑矿井水利用率↑污水排放量↓
煤炭年开采量的增加↑废水排放量↑废水处理费用↑

耕地系统:煤炭年开采量↑土地塌陷面积↑土地复垦面积↑复垦投资额↑

煤炭年开采量↑土地塌陷面积↑土地复垦↑耕地面积↑
煤炭资源开采量↑废渣排放量↑废渣处理费↑生态补偿标准↑

大气系统:废气年开采量↑废气产生量↑废气处理费↑年经济成本↑
整体的流程如图 6-2 所示:

图 6-2 整体流程

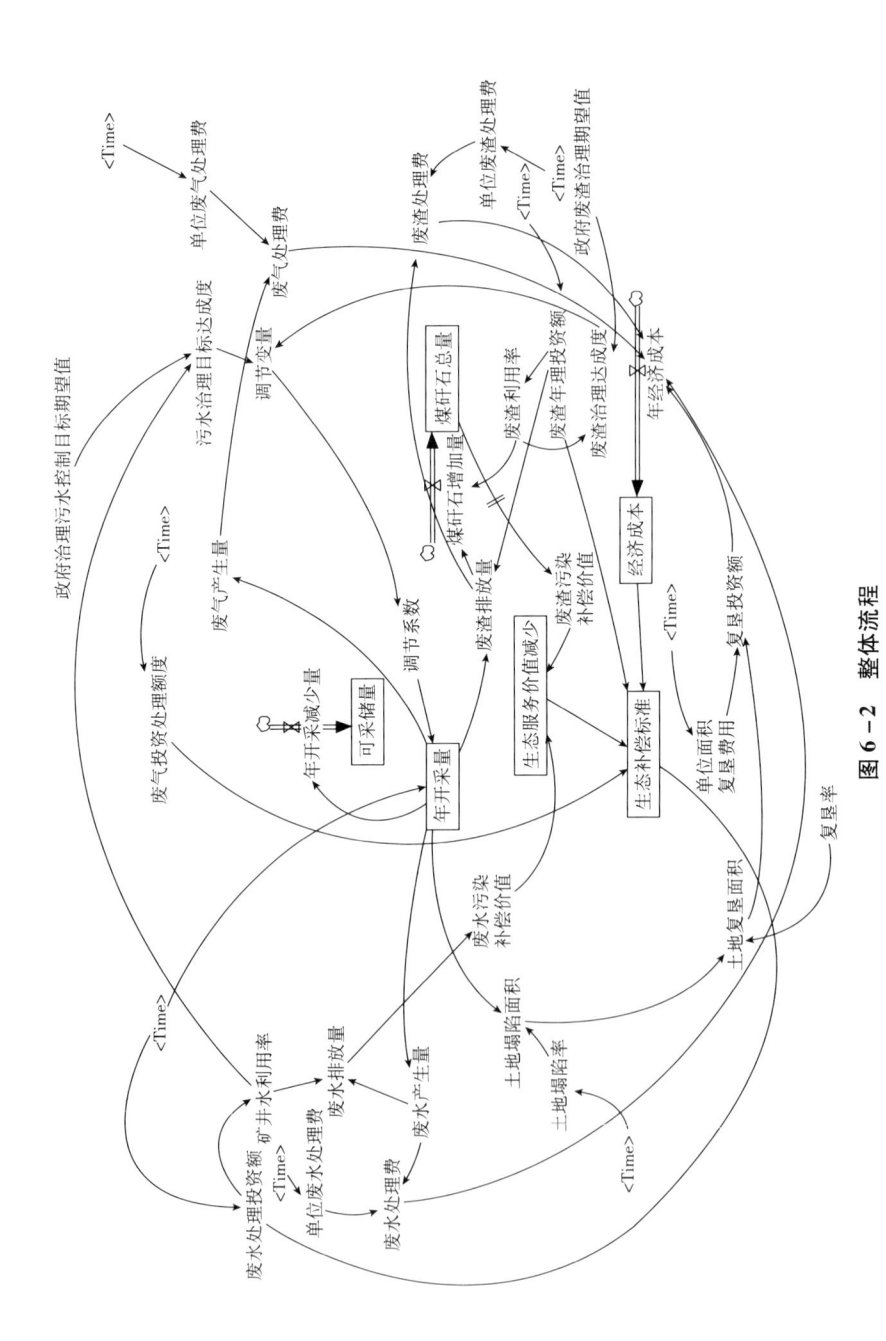

项目以平顶山为研究区域，以 2005 年为基准年，以一年为步长，数据从 2005—2015 年，通过对相关数据的模拟仿真，测算出未来的趋势（2017—2025 年），具体方程：

（1）FINAL TIME = 2025

　　　　Units：year

The final time for the simulation.

（2）INITIAL TIME = 2005

　　　　Units：year

The initial time for the simulation.

（3）SAVEPER = TIME STEP

　Units：year [0, ?]

The frequency with which output is stored.

（4）TIME STEP = 1

　Units：year [0, ?]

The time step for the simulation.

（5）单位废气处理费 = 0.00065454 × Time − 1.30664

Units：wanyuan/wanm^3

（6）单位废水处理费 = WITH LOOKUP（Time, {[(0, 0) − (4000, 20)], (2005, 17.6), (2006, 17.7), (2007, 17.35), (2008, 17.76), (2009, 17.56), (2010, 15.73), (2011, 15.73), (2012, 14.59), (2013, 14.62), (2014, 14.91), (2015, 14.93), (2025, 14.5)}）

Units：wanyuan/wandun

（7）单位废渣处理费 = WITH LOOKUP（Time, ({(2005, 0) − (2025, 20)], (2005, 18), (2006, 15), (2007, 12), (2008, 10), (2009, 8), (2010, 7), (2011, 6), (2025, 6)}）

Units：wanyuan/wandun

（8）单位面积复垦费用 = WITH LOOKUP（Time, {[(0, 0) − (4000, 40)], (2005, 35), (2006, 35), (2007, 35), (2011, 35), (2012, 24), (2013, 23), (2014, 21), (2025, 21)}）

Units：wanyuan/wanmu

(9) 可采储量 = INTEG［INTEGER（年开采减少量），1.2e+010］

Units：wandun

(10) 土地塌陷率 = 5.49096e-005 + 8.12284e-007 × Time

Units：wanmu/wandun

(11) 土地塌陷面积 = 土地塌陷率 × 年开采量

Units：wanmu

(12) 土地复垦面积 = 土地塌陷面积 × 复垦率

Units：wanmu

(13) 复垦投资额 = 单位面积复垦费用 × 土地复垦面积

Units：wanyuan

(14) 复垦率 = 1

Units：Dmnl

(15) 年开采减少量 = 年开采量

Units：wandun

(16) 年开采量 = WITH LOOKUP（Time × 调节系数，｛[（2000，2500）-（2025，3000）]，（2005，2745），（2006，2688），（2007，2775），（2008，2908），（2009，2989），（2010，2994），（2011，2920），（2012，2911），（2013，2853），（2014，2721），（2015，2804）｝）

Units：wandun

(17) 年经济成本 = 复垦投资额 + 废气处理费 + 废水处理费 + 废渣处理费

Units：wanyuan

(18) 废气产生量 = WITH LOOKUP（年开采量，｛[（0，0）-（200000，200000）]，（2688，144439），（2721，84240），（2745，144504），（2775，144216），（2804，41194），（2853，97793），（2908，136080），（2911，98640），（2920，124411），（2989，135796），（2994，124560）｝）

Units：wanm3

(19) 废气处理费 = 废气产生量 × 单位废气处理费

Units：wanyuan

（20）废气投资处理额度 = WITH LOOKUP（Time，｛[（0，0）-（4000，2000）]，（2005，488.8），（2006，1250.85），（2007，784.5），（2008，503.9），（2009，965.6），（2010，341.2），（2011，423.7），（2012，661.75），（2013，785），（2014，1193.85），（2015，929.95），（2025，488.8），（2025，1477.81），（2025，1251）｝）

Units：wanyuan

（21）废水产生量 = WITH LOOKUP（年开采量，｛[（2500，0）-（3000，2000）]，（2688，1742），（2721，1428），（2745，1537），（2775，1500），（2804，1415），（2853，1443），（2885.32，1438.6），（2905.2，1526.32），（2911，1432），（2920，1433），（2989，1544），（2994，1488）｝）

Units：wandun

（22）废水处理投资额 = WITH LOOKUP（Time，｛[（2000，600）-（2025，2000）]，（2005，790.5），（2006，1488），（2007，1185），（2008，927），（2009，1412），（2010，802），（2011，870.5），（2012，940），（2013，1140.5），（2014，1536），（2015，1328.5），（2016，1191.48），（2017，1196.76），（2025，1239.81）｝）

Units：wanyuan

（23）废水排放量 =（1-矿井水利用率）×废水产生量

Units：**undefined**

（24）废水处理费 = 单位废水处理费×废水产生量

Units：wanyuan

（25）废水污染补偿价值 = 45.91×废水排放量

Units：wanyuan

（26）废渣利用率 = 0.68 + 0.00059×废渣处理投资额

Units：Dmnl

（27）废渣处理投资额 = WITH LOOKUP（Time，｛[（0，0）-（4000，600）]，（2005，301.7），（2006，237.15），（2007，400.5），（2008，423.6），（2009，446.4），（2010，460.8），（2011，446.8），（2012，278.25），（2013，355.5），（2014，342.15），（2015，398.55），（2025，237.1）｝）

Units：wanyuan

（28）废渣处理费 = 单位废渣处理费 × 废渣排放量

Units：wanyuan

（29）废渣排放量 = 438.81 - 0.123 × 年开采量 - 0.146 × 废渣处理投资额

Units：wandun

（30）废渣污染补偿价值 = 煤矸石总量 × 21.386

Units：wanyuan

（31）废渣治理达成度 = 废渣利用率/政府废渣治理期望值

Units：Dmnl

（32）政府废渣治理期望值 = 1

Units：Dmnl

（33）政府治理污水控制目标期望值 = 1

Units：Dmnl

（34）污水治理目标达成度 = 矿井水利用率/政府治理污水控制目标期望值

Units：Dmnl

（35）煤矸石增加量 = 废渣排放量 × (1 - 废渣利用率)

Units：wandun

（36）煤矸石总量 = INTEG[（煤矸石增加量），702]

Units：wandun

（37）生态服务价值减少 = 废渣污染补偿价值 + 废水污染补偿价值

Units：wanyuan

（38）生态补偿标准 = 废气投资处理额度 + 废水处理投资额 + 废渣处理投资额 + 生态服务价值减少 + 经济成本

Units：wanyuan

（39）矿井水利用率 = 0.845 + 9.72187e - 0.05 × 废水处理投资额

Units：Dmnl

（40）经济成本 = 经济成本

Units：wanyuan

（41）调节变量 = min（废渣治理达成度，污水治理目标达成度）

Units：Dmnl

(42) 调节系数 = WITH LOOKUP（调节变量，{[(0, 0) - (10, 10)], (0, 1), (1, 1)}）

Units：Dmnl

(三) 煤炭资源开采的动态补偿标准仿真测算

1. 模型有效性分析检验

模型的分析检验依据是真实性和有效性，分析所依据原则为：

符合历史数据或者说和历史数据误差很小；

模型能够有效地预测未来，能够对未来的趋势进行有效的描述；

有效性检测，系统动力学模型一般通过与历史数据进行对比分析后，相对误差比在一定范围内来进行系统动力学仿真效果的检验。通过对主要的数据进行历史数据的对比分析来进行有效性和真实性检验，具体结果见表6-3、表6-4和表6-5。

表6-3　　　　　　　　　煤炭开采量

年份	仿真数值	历史值	误差率
2005	2745	2745	0
2006	2688	2688	0
2007	2775	2775	0
2008	2908	2908	0
2009	2989	2989	0
2010	2994	2994	0
2011	2920	2920	0
2012	2911	2911	0
2013	2853	2853	0
2014	2721	2721	0
2015	2804	2804	0
2016	2808	2728	0.029
2017	2804	2927	0.042

表6-4　　　　　　　　　废气产生量

年份	仿真数值	历史值	误差率
2005	144504	144504	0
2006	144439	144439	0
2007	144216	144216	0
2008	136080	136080	0
2009	135796	135796	0
2010	124560	124560	0
2011	124411	124411	0
2012	98640	98640	0
2013	97793	97793	0
2014	84240	84240	0
2015	41194	41194	0
2016	41194	41192	4.85531E-05
2017	41194	41189	0.000121392

表6-5　　　　　　　　　废水产生量

年份	仿真数值	历史值
2005	1537.00	1534.00
2006	1742.00	1742.00
2007	1500.00	1588.00
2008	1480.80	1544.00
2009	1544.00	1544.00
2010	1488.00	1488.00
2011	1433.00	1433.00
2012	1462.00	1432.00
2013	1443.00	1443.00
2014	1428.00	1428.00
2015	1415.00	1415.00
2016	1415.00	1430.00
2017	1415.00	1469.00

如表6-3、表6-4和表6-5所示，煤炭开采量、废气产生量、废水产生量等变量的数据均控制在5%之内，综合考虑环境因素、社会

因素、经济政策、政府要求等综合因素,模型模拟的效果理想,符合预期设想。

2. 主要变量的仿真测算

在本书中以平顶山为例,进行平顶山区域的资源开发模拟处理,其处理投资额、生态服务价值减少量以及经济成本见表6-6。

表6-6　　　　　　　污染导致的治理经济成本

年份	废水投资额	废气投资额	废渣投资额	废水污染补偿生态价值	废渣污染补偿价值	经济成本	生态补偿标准
2005	790.5	488.8	301.7	5514.45	15013	29068.2	51176.65
2006	1488	1250.85	237.15	826.827	15186.5	33016.4	52005.727
2007	1185	784.5	400.5	2740.54	15469.8	27670.9	48251.24
2008	927	503.9	423.6	4410.61	15539.6	27709.1	49513.81
2009	1412	965.6	446.4	1256.59	15568.5	28469.7	48118.79
2010	802	341.2	460.8	5262.27	15575.7	24726.5	47168.47
2011	870.5	423.7	446.8	4629.65	15579.1	24000.7	45950.45
2012	940	661.75	278.25	4182.21	15596.5	22268.1	43926.81
2013	1140.5	785	355.5	2923	15730.2	22495.7	43429.4
2014	1536	1193.85	342.15	371.856	15815.1	22691.5	41950.456
2015	1328.5	929.95	398.55	1678.96	15952	21945.3	42233.26
2016	1191.48	885.835	382.405	2544.32	16016.8	21925.6	42946.44
2017	1196.76	841.72	366.26	2510.97	16093.7	21905.9	42915.31
2018	1202.14	797.605	350.115	2476.99	16183.5	21886.2	42896.55
2019	1207.52	753.49	333.97	2443	16287.4	21866.5	42891.88
2020	1212.9	709.375	317.825	2409.01	16406.1	21846.8	42902.11
2021	1218.29	665.26	301.68	2375.03	16540.7	21827.2	42928.16
2022	1223.67	621.145	285.535	2341.04	16692.2	21807.5	42971.09
2023	1229.05	577.03	269.39	2307.06	16861.5	21787.8	43031.83
2024	1234.43	532.915	253.245	2273.07	17049.5	21768.1	43111.26
2025	1239.81	488.8	237.1	2239.08	17257.2	21748.4	43210.39

(1) 各种生态环境投入额的仿真值。生态环境的投入额在本书中主要是由于资源开采而产生的废气、废水、废渣而产生的各种技术或者人才的投入,由于生态环境的投入额和开采量、国家政策有密切关联,

如资源开采量和生态环境投入额成正比，资源开采量越大，生态环境投入额越大；另外，和国家规划政策有密切关系，如国家对环境规划要求很严，则生态环境投入额也随之较大。由于上述的仿真模型通过模型检验，可以通过系统仿真模拟出各种生态环境的投入额。

（2）污染导致的生态服务价值的减少。在资源开采过程中，将会产生大量的废水、废气、废渣，这些都会对区域的生态服务价值量产生影响，本书在计算开采所产生的污染，而导致的区域生态服务价值的减少，主要是计算废水、废渣对涵养水土等方面的影响，根据谢高地等的测算结果，本书以平顶山为例，测算出因为污染而导致生态服务价值损失量的计算结果如表6-6所示。

（3）污染导致的治理经济成本。在资源开采中，由于开采而产生的废水、废气、废渣，这些废气、废水、废渣均需要有效处理才能排放出去，因此需要各种处理废气、废渣、废水的处理费，且在资源开采中，造成土地塌陷，耕地面积的减少，需要对耕地进行复垦等，其具体数值见表6-6。

（四）结果分析

（1）经济成本的变化。项目中的经济成本主要是各种废气、废渣、废水的处理费以及耕地复垦费用，从整体上看，经济成本总体呈现出下降的趋势，但是在2005—2012年出现经济成本波动的趋势，2012年以后呈现出稳定的下降趋势，其原因可能是：①2005—2009年煤炭资源开采量呈现出不断上升的趋势，因此，废水、废气、废渣产生量较多；②环境投入成本中废水处理投入额、废渣处理投入额、废气处理投入额，由于财政有限，呈现出波动的趋势，导致处理废气、废渣、废水的利用率有一定影响，进而引起了排放变化波动，为了消除废水、废气、废渣排放的负面影响，花费大量成本进行处理，导致经济成本的上升，但是与此同时，由于投资额度的增大，引进了大量人才和设备，导致单位处理废气、废水、废渣的费用不断下降，总体来说，呈现出波动的趋势，而2009年以后，国家要求废气、废渣、废水的产生量相对稳定，加之废气、废水、废渣技术不断改进，经济成本又呈现出稳定下降趋势，如图6-3所示。

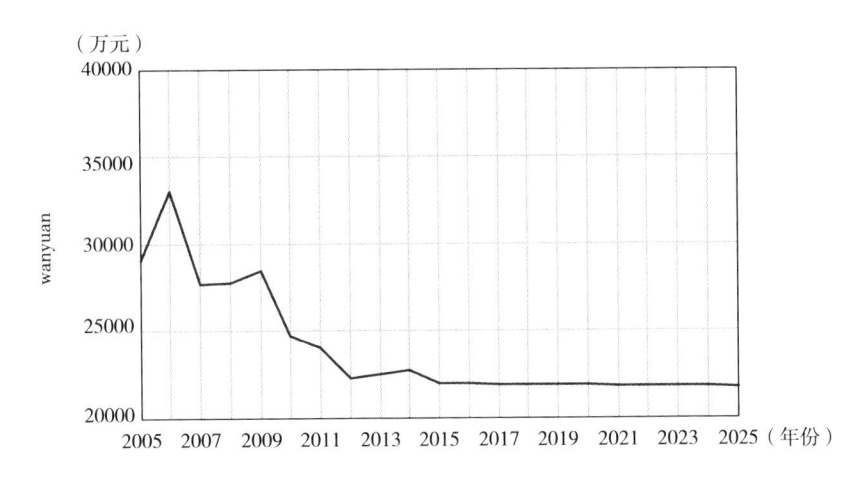

图 6-3 经济成本趋势

（2）生态服务价值的变化分析。平顶山资源区的生态服务价值因废水、废渣排放导致生态服务价值变化，主要呈现出 2005—2015 年上下波动的趋势，2016 年以后呈现出较为平稳的趋势。究其原因，由于 2005—2015 年期间，由于煤炭资源的开采量、环保投资额在这段时间呈现出波动起伏的态势，所以生态服务价值的减少也呈现出波动起伏的趋势，2015 年以后，由于污染排放相对稳定，因此生态服务价值的减少较为平稳，如图 6-4 所示。

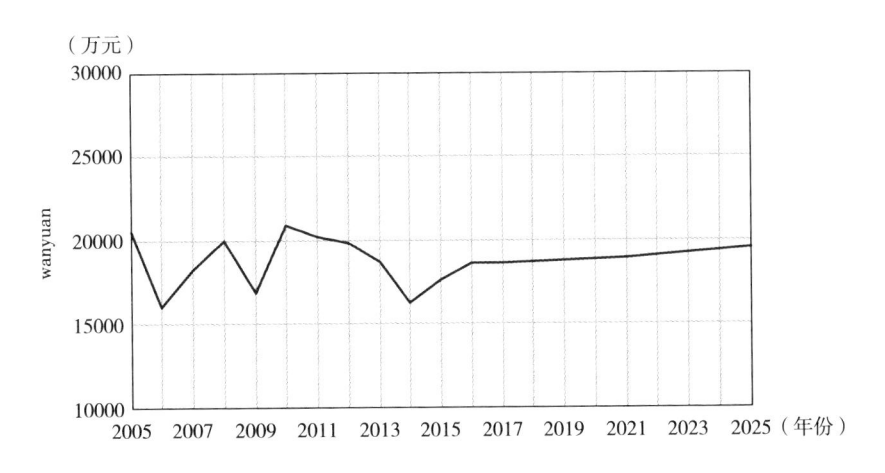

图 6-4 生态服务价值变化趋势

(3)环保投资额的变化分析。平顶山的环保投资额在2005—2015年主要呈现出波动起伏的态势。究其原因,主要是开采量波动起伏,加上财政约束,所以呈现出波动起伏的态势,而随着投资额的投入,废气、废水、废渣的处理技术日益成熟,以及由于引进专业人才等原因,导致排污技术越来越成熟,环保投资额经过十多年的调整后,基本上也呈现出日趋稳定的趋势,加上政府政策的调控,基本上排污控制也已经到达上限,因此环保投资额在以后将日趋稳定,如图6-5所示。

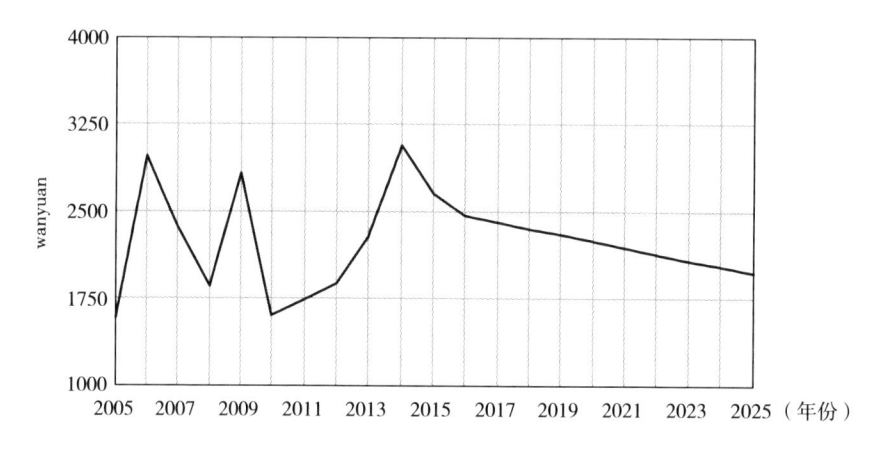

图6-5 环保投资额的变化

(4)生态补偿标准的变化趋势。由于生态补偿标准是由经济成本、环保投资额、生态服务价值损失量组成,从图6-6中可以看出生态补偿价值呈现出波动,但是在2015年后基本上呈平稳的趋势,从2005年的51000万元到2006年的52000万元,到2007年的48251万元,到2009年的48118万元,2009—2014年以后基本上呈现出不断下降的趋势,从2014年以后出现较为平稳的小幅上浮趋势,但是趋势不明显,究其原因是2005—2009年煤炭开采量以及环保投资额不断浮动,但是随着技术成熟,对于经济成本的补偿越来越小,所以生态补偿标准在后期逐渐趋于稳定,如图6-6所示。

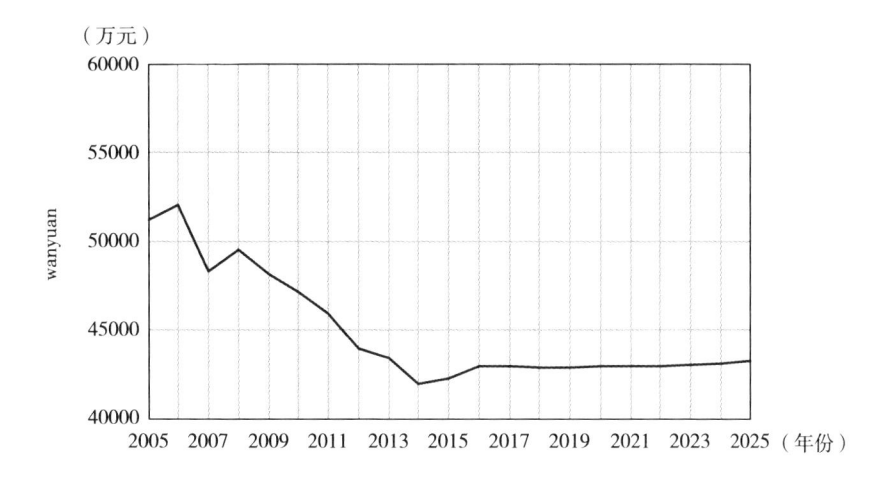

图 6-6　生态补偿标准的变化趋势

三　生态补偿方式

(一) 货币补偿

货币补偿是补偿主体（受益主体）直接补偿资金给补偿客体（受偿主体），如补偿金、奖励金等。其中生态补偿金和奖励金是最常见的。资金补偿是最常见、最易行的补偿方式，也是实践中最具实践效力的，具有直接、高效、实用的特点。

(1) 补偿金。通过一定的标准，如按照生态服务价值的损失、生态建设的投入成本、机会成本等标准，通过一定的标准对补偿区域、补偿客体进行资金的补偿。如在矿产资源开发中，可以根据矿产资源区因开发资源所丧失发展的机会成本及资源开采过程中的生态服务价值量减少量、因资源开采所产生的维护修复成本等，测算出生态补偿金，对受偿区域、受偿个体进行生态补偿金。

(2) 奖励金。主要是根据国家政府或者当地政府所制定的要求标准，对于考核达标区域贡献突出的个人、区域给予一定的奖励金额。如在矿产资源开发中，可对于有效保护水土资源，保护水环境、保护耕地资源的，制定一定考核标准，达到考核标准的区域，给予一定的奖励金，对于贡献突出的个人或者区域也可以给予一定的奖励金。

货币补偿中，其注意点是：①均衡两种情况，货币补偿太高，超过区域财政承受能力范围，或者是货币补偿太低，只考虑受偿者的投入建设成本的显性成本，忽视机会成本等；②货币补偿的标准要充分考虑补偿者和被补偿者的意见和能力范围，保证补偿的额度具有可操作性和公众参与性。

（二）实物补偿

实物补偿，是补偿主体给予生态补偿客体以实物的形式进行生态补偿，补偿目的一般是解决补偿客体生产问题或者生活问题而提供特殊的补偿方式，补偿主体或者政府给予补偿客体实物补偿，以此来改善补偿客体的生活或者生产状况，增强其生产、生活能力。一般来说实物补偿是结合补偿区域的实际情况，给予受偿者一定的物质、劳动、土地等作为补偿手段，以达到改善补偿对象的生活水平，增加其生产能力，通过实物补偿的方式有利于提高物质使用效率，在补偿资金缺乏的条件下，实物补偿具有非常重要的经济和现实意义①。在实物补偿的过程中，需要注意：①结合补偿区域的实际情况、结合补偿者的实际需要，给予区域合适的实物补偿形式，并要明确规定实物补偿的范围、年限、标准。②补偿时还需要考虑组合补偿方式，并确定合适的补偿年限等。

（三）政策补偿

政策补偿，是指中央和各地方政府通过制定特殊政策，如各项优先权政策、特殊优惠待遇政策等，以此促进生态补偿实施，一般而言，政策补偿的制定者是中央政府和各级政府，通过制定政策给予生态补偿客体或者受偿者以一定的政策优惠或者一定的优先权，制定适合当时当地实际情况的发展政策，以改进当地的生活水平、提高居民生活水平、提供生活便利、保护生态环境等②。一般来说政策补偿有补贴、税收减免、退税、养老保险、项目补偿政策等，如补贴、税收减免或退税：国家或者区域对于矿产资源区给予一定的财政补贴、税收减免或者退税，以减轻矿产资源区的财政税收负担，切实提高当地的收入水平。

（四）智力补偿

智力补偿主要为补偿客体提供智力服务，比如提供无偿技术咨询和

---

① 于良春、丁启军：《自然垄断产业进入管制的成本收益分析》，《唯实》2007年第1期。

② 林伯强、魏巍贤、李丕东：《中国长期煤炭需求：影响与政策选择》，《经济研究》2007年第2期。

技术指导，培养资源开采区专业人才、技术人才、管理人才；提高区域整体的生产技术水平、提升管理组织能力，授予补偿区域人群生产技能等。从长远视角看，智力补偿非常有必要，因为智力补偿既能保障被补偿者的生存之本，能有效适应环境的变化，又能节省政府的财政负担，是个行之有效的补偿方式。

第四节 资源型区域生态补偿的保障机制

"中国资源型城市生态补偿的保障机制"指在资源型城市，提供物质等各种条件以确保生态补偿工作顺利实施、达到理想效果。保障机制的成功建立需要改革现有机构存在的矛盾问题、成立相关机构且各个机构互相配合、制定具体法律法规、建立新的评价考核监督方法，对各项活动进行计划、组织、协调、控制[①]。

中国矿产资源开采产业链一直没能走出初级加工的困境，很大程度上是因为资源开采地的经济常常没有得到可持续的长足发展，一方面是产品中包含的产品自身价值和生态系统价值与其市场价格相差极大，整个矿产资源开发利用产业链逐渐萎缩；另一方面，矿产资源开发利用效率低下，导致能源供应紧张的局面，供求状况不稳定。由此可知，只有在矿产资源开发利用过程中，将行政手段和市场手段紧密结合，使国家制度、政府、相关社会机构、矿产资源开采企业（受益企业）、社会公众等都归位尽责，才是落实生态补偿的科学方法。

资源型城市的生态问题在不同地域有不同的表现形式，道路塌陷、水土流失、绿地荒漠化、河湖污染严重、耕地生态退化等问题表明我国生态补偿存在很多明显缺陷[②]。由此，借鉴国内外相关经验，针对不同地区不同状况，采取针对性措施解决生态补偿中存在的问题，才能建立起具有中国特色、创新有效率的生态补偿保障机制。

---

① 张湛博：《经济新常态下煤炭资源型城市转型路径研究》，硕士学位论文，郑州大学，2017 年。
② 孙早等：《市场化程度、地方保护主义与 R&D 的溢出效应——来自中国工业的经验证据》，《管理世界》2014 年第 8 期。

一　机构设置层面

（一）加强政府等部门建设和支持力度、提高基础能力

1. 建立专项小组，全面统筹规划生态补偿项目

目前我国没有设立专门负责生态补偿工作的政府部门，环保部工作多而杂，不能有效率地管理各地区、各种不同情况的生态补偿工作，使这一工作在一定程度上处于低速度低效率发展的阶段。基于这一情况，我国应建立专职负责生态补偿项目的管理机构，将其作为做好生态补偿工作的前提，主要对生态补偿项目进行整合，根据不同地区不同情况统筹规划生态补偿方式和标准，实现垂直管理，保证项目不打折扣地落地实施。明确某些部门作为生态补偿工作的决策、执行、管理、监督部门，做好生态补偿的准备工作和收尾工作[①]。可设立专项激励资金，确保生态保护的相关人员在工作时所需的物质资金充足，以满足更好的投入以实现生态环境的长期治理、修复和保护的初衷。对生态环境保护地区来说，为保护和治理生态环境投入了大量的资金并放弃现有的发展机会，做出了较大的让步和牺牲。对于生态环境保护地区的企业而言，为了更好地保护和综合治理生态环境，对企业生产设备和技术进行升级与改造，包括优化清洁生产方式、提高企业污染治理能力等。

2. 明确各部门责任权限，加强协调与合作

生态补偿的切实推进，需要明确各部门的权责，如加强监督使用资金用途、监督实施效果等，对于落实不力的部门则要及时问责。在本书中开发和利用各类矿产资源对于生态环境都有着不同程度的恶性影响，需要各部门明确责任，在矿产资源开发利用造成生态环境破坏的过程中，可以通过提升技术水平、使用国内外先进技术、提高政府的管理决策能力及水平，在一定程度上可以防止生态环境问题恶化，促进生态环境的变化。对生态环境保护区以奖金、技术和政策等方面的奖励方式，增加激励方式的多样性。通过生态补偿激励机制，较好地调动利益相关者参与的积极性，解决生态环境保护的可持续难题。

3. 建立生态补偿资金监管机构

对于已经遭到破坏的地区生态恢复来说，足够的资金支持是生态补

---

① 王曙光、王彬：《矿产资源依赖型区域的经济转型与营商环境优化：内生增长视角》，《改革》2020年第6期。

偿项目获得成功的基础和前提，而我国补偿资金来往主题不明确，造成生态补偿资金缺口的问题，严重影响了项目的顺利进行。生态环境保护需要长期不断地坚守，生态环境的治理、修护工作，也需要一个较长的时间周期来实现，生态补偿活动同样需要长期坚持并不断进行改善。在我国流域横向生态补偿的实际工作中，是以发挥政府的积极引导和推动作用为主导来加强对生态环境的保护和长期治理。已有的生态补偿原则确定了谁来补偿和谁应得到补偿，但因利益牵涉太多、资金监管不力等方面的因素，在将权利、责任、义务真正落实到具体微观主体时，仍然存在甄别的困难，资金来往的主体不明确，补偿项目不明确，资金落实、管理监管工作都存在很大困难。因此，政府部门可建立专门的生态补偿资金监管机构，由专家制定符合中国资源现状的资金使用绩效考评和审查机制，对资金的使用进行管理与监督，根据市场发展和需补偿地区生态环境现状作出规定，专款专用，划拨具体金额，明确补偿费用的使用领域，如植树造林，增加矿区植被覆盖面积，减少水土流失；土地复垦，矿区道路建设，提高生态价值；进行污染治理和修复，提升矿区生产生活条件；安置好部分居民的搬迁工作，弱化消除居民与其他三方的矛盾等。

4. 强调绿色 GDP 的概念，提高绿色 GDP 在政绩考核中的比重

目前，世界各国的一般 GDP 核算体系只能看到国家和地区经济发展的总收入和总产出，但它掩盖了 GDP 背后的生态破坏和环境污染，不能准确反映经济形势。绿色 GDP 可以真实有效地反映出区域经济发展的实况，剔除了以生态环境为代价的发展，绿色 GDP 核算机制的创建就是非常必要的工作。通过绿色 GDP 体系的创建，客观分析经济发展的实况以及甄别未来发展潜力。对于我国来说，这一指标的确立也为地区生态补偿工作的效果提供了指标参考。我国应加快这一经济指标核算体系的建立，将其纳入地方政府的政绩考核中并逐步提高其所占比重，强调"发展经济不能以牺牲环境为代价"的指导原则，使我国经济由一味快速增长转型为更加健康科学可持续的经济发展模式。

(二) 鼓励第三方机构有效参与

目前，我国生态补偿模式主要是以中央为主导，在地方层面仍处于探索阶段。鉴于此，可通过独立的第三方机构来为参与生态补偿的各个

单位提供咨询以及后期补偿结果的预测。要促进生态补偿系统的完整性和科学性，需要第三方组织共同构建。

1. 鼓励行业协会组织参与生态补偿工作

政府从本质上来讲是一个管理与服务机构，统筹协调社会发展方面的各个问题，在生态补偿领域可能没有专门的环境社会组织的专注度和专业能力，且政府作用无形间被夸张放大，不利于政府服务形象的维持，因此应鼓励各地区建立第三方行业协会组织、生态环境协会等社会组织。在行业协会组织建立的基础上，由不同地区、不同专业领域的社会组织共同参与一个生态补偿项目，加强其在生态补偿方面的作用，各组织既互相监督减少利益纷争，又减轻政府工作内容和财政压力。

2. 重视人民的诉求，鼓励产生人民利益代理人

人民在生态补偿中是不可忽视的主体之一，也是几方当事人中处于弱势地位的利益方，在一定程度上丧失了话语权，不能争取到应属于自身的更多的收益，因此，需要有人作为人民利益代理人与相关企业、政府等机构进行谈判，作为生态补偿重要当事人准确有效地表达自身的利益诉求，为生态补偿工作的顺利进行、各方当事人利益分配做出努力。

二 法律和市场层面

仅靠政府手段对生态补偿工作进行指导和主导难以长期持续发展，应将生态补偿具体内容法制化和市场化。

（一）立法硬约束

健全的法律法规体系是实现生态补偿、建立资源型生态城市及推动城市生态文明的强有力保障。要建立相对完善的评价监督考核机制，必须制定相关法律法规，做到令行禁止，在这一问题上可以依照"帕累托最优"的指导原则，以其为最终目标，使资源分配达到理想状态。

"环境公益诉讼"制度在欧美大多数国家现行的环境法中得到了较为广泛的应用。在这一领域，国际社会中欧盟的"生态标签"制度、法国毕雷矿泉水公司为保持水质与水源地农民签订协议提供补偿和技术支持、英国"北约克摩尔斯农业计划"、澳洲新北威尔士地区"下游灌溉者为流域上游造林付费"计划等案例都可为我国相关立法工作提供经验借鉴。江苏等地方丰富的立法和试点经验也为全国范围内的法律法规建设做了良好的铺垫。

(二) 市场化思维创新补偿方式

市场主导模式内涵和形式非常丰富，如排放许可证交易和国际碳汇交易，市场主导模式是遵循自愿性原则、受益者付费的原则，一般由中介参与中间协调管理，实施的效率较高，我国在这方面有所欠缺，因此要弥补这类问题就要创新补偿方式，进一步明确补偿标准。

1. 转变"贴补式"补偿方式，重视"再造式"补偿方式

目前，"贴补"仍是我国生态补偿的主要模式，缺乏"再造式"的补偿模式。贴补式主要以资本作为补偿媒介，补偿主体直接将因生态环境破坏所交换的利润，按照一定标准转移给补偿主体。"再造式"补偿方式主要以技术为媒介进行补偿，可以将补偿转化为区域发展能力，也可以对人才等无形资产进行补偿。对于受损的生态系统价值又难以准确用货币计量，没有明确的法律且法规标准过低，而由于一些原因和不可抗因素又存在少算漏算的误差，我国现在大力提倡的 PPP 模式在环保产业还没有广泛应用，吸收不到足够多的社会资金，市场力量没有完全发挥出来。针对此种情况，补偿者可通过各种途径估算生态系统损失价值评估，并利用资金、技术、人才等方式弥补。通过政策倾斜和对社会主体进行技术上、知识上、能力上的培训，由原先的外部输入、被动接受转换为现在的自觉吸收、主观能动接受。因此，建立生态补偿的长效机制，真正促进地区和国家社会经济的可持续增长。

2. 创新多元化补偿方式

矿产资源开发利用活动对自然环境的影响存在较强滞后效应，矿产资源开采企业重视产品利润，出于自身经济利益考虑，往往不愿意承担资源税费外的生态补偿成本，想尽办法不交或少交税费；政府没有准备足够的专项生态补偿财政资金用于生态补偿治理，同时，也为帮助企业承担其生态补偿的责任和义务。且政府所收税费远远不够弥补生态补偿所需的资金缺口，受负效应影响的居民成为企业随意破坏生态环境最终的承担者，付出沉重的代价，收益、成本分配严重失衡。因此，补偿资金严重匮乏，用于生态补偿的实际资金到位率不高，难以弥补生态治理和恢复原有生态环境所需的费用。而我国生态补偿项目一直都是由政府牵线主导的，因此资金压力绝大部分由政府承担，资金来源结构不合理；负外部效应由居民承担，没有足够资金补偿居民经济、精神损失。

在这种情况下，要发挥政府和市场的强大力量，相互作用，创新补偿方式，使生态补偿相关主体总体利益最大化。我国的"南水北调工程的生态移民"政策就是创新生态补偿的成功尝试，运用这一政策保护了水源地生态环境不受污染，又符合水源地居民获得补偿的利益诉求。还可通过利益各方协调确立补偿方式，通过这样的方式尽可能满足各方要求，促进生态补偿工作的顺利进行。工作进行后期，针对不同地区、不同补偿模式（货币、实物、技术等）进行实际效益的考评，为以后的生态补偿工作提供更多经验。建立多渠道的补偿体系、多方式的补偿模式，通过资金补偿、技术补偿、设立生态指标等发挥企业资本优势和市场灵活性。强调权责一致，将资源税费的生态补偿资金绝大部分由中央政府掌握转移到地方政府支配，增加地方政府针对生态补偿项目的财政力量，减小生态补偿资金缺口的压力，为生态补偿提供更多可供选择和参考的方案，促进生态环境的恢复治理。

三 生态补偿影响力

开展生态补偿工作的最终目的是治理和恢复环境，维护生态平衡，这一目标不能单靠国家机构或社会组织实现，需要全社会成员的共同努力，从而提高生态补偿工作的社会影响力和公信力。

（一）提高公众参与度

通过调动社会各方面积极参与生态补偿机制建设，筹集生态环保资金，提高公众生态环保意识，是保护生态环境的重要基础。公众有权利和义务在合理合法的范围内介入并监管环境保护问题，公众参与环境保护，不仅是履行公众环境权的具体表现之一，也是国家制定相关政策践行"听计于民"和"用计于民"的具体体现。生态补偿中需要更多利益相关者的加入，要始终坚持建立健全公众自愿参与的制度，为推进生态补偿实践体系工作中的完善，取得群众信任和支持。因此，建立环境保护公众参与制度，能够如实了解当地民众的实际需求和现实困难，并能有效调动并发挥当地民众的信息资源优势，从而提高决策效率、降低政策落实难度，同时为后期的社会问题减少隐患。因此，不能单独依靠政府职能部门或相关企业参与生态补偿的制度设计，需要社会公众集体参与监督。从生态补偿立法到补偿落实的各个环节，都需要公众参与其中，增强公众的生态补偿意识。此外，政府还应为社会监督提供畅通的信息反馈渠道，及时宣传生态补偿政策和制度，认真落实群众举报、听证、走访制度，形成良好的社会舆论和氛围，形成固定灵活的社会公众参与机制（意识、满意度和参与）。

（二）分领域重点任务

善于抓住各种主要问题，调动各方积极性，分领域逐步突破，明确补偿范围，扩大实施领域。如及时加大对森林、草原地区的补贴保障，逐步加大对退耕还林还草的支持力度，合理安排天然林停止超采矿产资源补贴和奖励资金；在水源保护区等重要地区，提高补助标准，加大水土保持度，切实保障水质。田园耕地地区严禁不合理开采矿产资源，严厉监督废水、废气和固体废弃物的排放情况，防止土地污染，建立以绿色生态为导向的农业生态治理补贴制度等。因地制宜，在各个地区根据不同情况建立生态补偿项目，实事求是干工作，树立起民众对生态补偿工作的信心，增强社会影响力，为生态补偿项目顺利进行提供群众基础和保障。鉴于生态环境保护工作的长期性、复杂性与艰巨性，切实需要建立并完善能够调动利益相关者对该项工作热情的激励机制，从而有效发挥相关工作人员的才智，并切实保障相关人员的切身利益。因此，需要加强国家关于横向生态补偿的制度保障，并不断完善生态补偿的法律法规和政策、制度，从国家层面予以支持，促进我国流域补偿工作更加有序、有效地进行[①]。可先设立专项激励资金，确保流域保护的相关人员在工作时所需的物质资金充足，以满足更好的投入以实现生态环境的长期治理、修复和保护的初衷。

我国生态补偿的保障机制包括多方面内容，这些要素共同构成完整的生态补偿系统。只有在每个项目落实阶段各因素相互协调、互相配合才能真正做好生态补偿工作，为中国当前的产业结构转型升级、国家经济健康可持续发展奠定基础。

---

① 张生玲等：《路径依赖、市场进入与资源型城市转型》，《经济理论与经济管理》2016年第2期。

第七章

多维视角下资源型区域经济转型的路径选择

资源是人类生存和发展的物质基础,其有效配置和利用对于区域经济特别是资源型区域经济转型发展起到重要的决定作用①。资源型区域的发展以对煤炭、石油等不可再生资源的开发为主,自成立之时起就是我国重要的能源保障基地,为国民经济实现跨越式发展做出了突出贡献,其历史地位和现实意义不言而喻②。然而随着我国工业化的深入,资源型区域在实现经济快速增长的同时,也带来了巨大的生态压力。在"高强度开发、低水平利用"的传统经济发展模式下,资源型区域的生态环境保护与经济社会发展产生了严重的不对等③。尤其是随着能源行业尤其是煤炭行业经济效益的下滑,我国资源型区域的经济转型迫在眉睫。

资源型区域经济转型问题的关键是资源型区域如何利用比较优势,选择一条既能实现经济长期增长,又能缩小与发达地区差距的发展路径。改革开放以来,随着中国市场经济体制改革的逐步深化,中国产业

---

① 文淑惠、陈灿:《考虑环境因素的财政支持资源型城市转型效率研究》,《地域研究与开发》2019 年第 6 期。
② 周宏浩、陈晓红:《中国资源型城市精明发展与环境质量的耦合关系及响应机制》,《自然资源学报》2019 年第 8 期。
③ 石海佳等:《资源型城市的"无废城市"建设模式探讨》,《中国环境管理》2020 年第 3 期。

结构的变化也顺应了世界其他国家产业结构演变的基本规律①。与此同时，由于新技术的应用，不断涌现出新的生产和生活方式，逐渐构成人们新的消费基础，特别是知识经济时代的到来，随着产业内部结构的分化变得日趋明显，使新兴产业不断涌现出来。

随着社会分工日益精细化，新技术的扩散和应用，使资源型区域更愿意将自己的主要精力集中在关系到生产过程的关键环节和关键技术，以使自己能够在市场竞争中立于不败之地②。同时政府所作出的相关政策干预，也会在一定程度上进一步影响到资源型区域的转型发展③。与一些发达国家相比，在改革开放后相当长的一段时间内，虽然航天等高科技发展较快，但资源型区域的发展没有受到相应的重视，与世界平均水平和发达国家的水平还有很大差距，资源型区域整体发展水平不高。资源型区域的发展在支撑体系和发展结构方面还需要进一步完善。就数量而言，资源型区域高技术企业数量总体偏少；就内部结构而言，其组成也不太合理，特别是在产品结构方面表现尤为突出。资源型区域转型发展既有利于充分发挥资源型区域的比较优势，依托信息技术激发其内在发展潜力，培育新的、可持续的经济增长点，也有利于促进资源型区域经济、社会的可持续、和谐发展。

为贯彻落实科学发展观，加快我国资源型区域产业结构升级，必须加大资源型区域转型发展的力度、强度和持续度，推进资源型区域产业结构演化，实现资源型区域经济发展方式由粗放向集约的转变④。

资源型区域经济转型发展的研究既涉及国家宏观层面，也涉及产业层面，在研究过程中既着眼于产业层面的分析，又考虑宏观层面的战略分析⑤。资源型区域经济转型不能停留在传统的视角，要使用创新型的

---

① 马玲飞：《基于3E系统耦合的资源型区域协调性发展研究》，硕士学位论文，华北水利水电大学，2019年。
② 张逸昕、张杰：《创新驱动、政府规制与资源型城市转型效率研究——基于Super-SBM模型的实证分析》，《河南师范大学学报》（哲学社会科学版）2020年第2期。
③ 赵洋：《中国资源型城市发展阶段研究——基于绿色转型的视角》，《经济问题探索》2020年第2期。
④ 赵洋：《中国资源型城市发展阶段研究——基于绿色转型的视角》，《经济问题探索》2020年第2期。
⑤ 李涵、戴文婷：《基于耗散结构理论的资源型城市转型发展分析：以徐州市为例》，《中国矿业》2017年第2期。

思考方式和手段,否则资源型区域经济的赢利能力无法得到显著提高,而是处于低下的情形,因而无法参与国际竞争。

本书依据资源型区域经济发展规律,根据资源型区域功能定位,通过制度创新、产业结构优化、资源型区域互动协调,多层次、有针对性地推动资源型区域转型升级。推进资源型区域转型发展,贯彻落实新发展理念,构建资源型区域产业交叉融合的现代产业体系,形成产业发展新格局,这是新形势下适应引领经济新常态,以结构性改革服务于经济发展的战略举措。

本章从国土空间、制度创新、产业演化、区域互动等多维视角来探讨资源型区域经济转型问题,根据区域主体功能定位不同,充分考虑资源禀赋、区位条件,结合资源型区域各种资源分布和管理状况,理论联系实际,从资源型区域区情出发,在吸取已有研究成果与先进经验的基础上,提出适合资源型区域资源禀赋与经济发展特点的思路和建议,加快相关制度创新、注重产业演化、生态恢复和区域互动,为资源型区域可持续发展提供理论和实践建议。

第一节 国土空间视角下经济转型的重构优化路径

我国对国土空间根据开发方式、开发内容进行了功能划分。本书以四类主体功能区为研究对象,根据各类主体功能区的特点以及功能设置,提出四类主体功能区转型发展的思路和政策建议。

一 优化开发区域,优化是关键

国家优化开发区域的特点是综合经济实力较强、城镇化水平高、区域一体化发展的基础较好、科技创新能力较强,是全国重要的经济发展龙头和科技创新区域,是国家竞争力的体现和保证。国家优化开发区域发展的关键词是优化,既要开发,也要优化开发的方向。

优化开发区域发展的核心在于优化经济发展空间格局、完善创新区域政策、加强区域合作互动、健全协调发展机制等。要树立区域协调发展理念,提升产业集聚和辐射能力,推进区域协同均衡发展。概括起来可以从区域和产业两个层面进行优化和提升。国家优化开发区路径见图7-1。

```
┌─────────────────┐
│ 国家优化开发区域 │
└────────┬────────┘
         ↓
    ┌────────┐
    │  优化  │
    └─┬────┬─┘
      ↓    ↓
┌──────────┐  ┌──────────┐
│ 区域层面 │  │ 产业层面 │
└──────────┘  └──────────┘
```

区域层面：优化经济发展空间格局、完善创新区域政策、加强区域合作互动、健全区域协调发展机制

产业层面：要树立优化开发区域协调发展理念，提升产业集聚和辐射能力，推进优化开发区域协同均衡发展

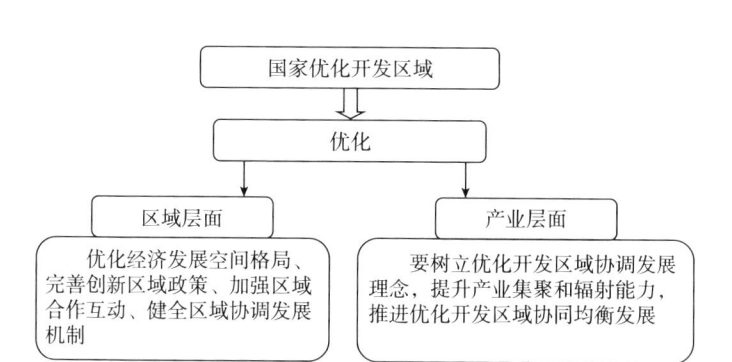

图 7-1　国家优化开发区域路径

（一）区域层面

从区域层面来看，优化开发区域经济转型的重点在于优化经济发展空间格局、完善创新区域政策、加强区域合作互动、健全区域协调发展机制等。要树立区域协调发展理念，发挥优化开发区域的引领作用，通过由点到轴的集聚式开发模式，提升产业集聚和辐射能力，推进区域协同均衡发展。

具体来说，优化开发区域作为全国发展的龙头，要不断扩大与其他区域的经济社会协同合作领域和范围，带动环渤海地区合作发展，辐射东北地区新一轮振兴，深化泛珠三角、泛长三角区域合作，提升区域合作层次和发展水平。例如，京津冀整体被列入了优化开发区域，承担起了调整京津冀以及周边地区的产业和空间布局，探索优化开发区域如何实施优化开发模式的使命[1]。

在产业布局方面则提出，要重点在京津冀等地区建设具有综合性和竞争力的重大装备产业基地，建设面向全国和世界的现代服务业中心。

对国土资源的分类保护方面强调，京津冀等区域要立足长远，着眼全局，从整体上对生态化建设做整体的考虑，同时要针对各个行业、不同地区的生态主体作为考虑的主要对象，采取因地制宜的生态模式。

区域层面的优化还体现在区域协同发展上。一方面从国家层面推进

---

[1] 赵莹：《新时代资源型城市经济转型路径探析——基于"递进—关联"支持机制的分析》，《长白学刊》2020 年第 1 期。

跨区域的协调与协同发展，如京津冀、黄河流域以及长江经济带的协调发展上升为国家战略；另一方面，除了国家层面的推动，跨区域协调机制的建立也有力地推动了区域协作发展。

（二）产业层面

从产业层面来看，优化开发区域经济转型重点在于要树立优化开发区域协调发展理念，提升产业集聚和辐射能力，推进优化开发区域协同均衡发展[1]。

优化开发区域产业发展中活跃的创新基础和创新的外部性，提供高附加值的产品和服务成为优化开发区域产业集群的一个典型特征，这使产业发展具有内在品质的差异性[2]。

主动适应经济发展新常态，大力推进产业创新，促进创新创业载体与区域经济的深度融合。优化开发区域产业融合的发展，使企业在寻找供应商和客户时，可以变得相对容易，这种基于平台的企业发展可以大大减少信息交换成本和搜寻成本，提高企业合作的成功率。

二 重点开发区域，产业承接是关键

国家重点开发区域一般经济基础雄厚，辐射带动能力也较强。作为全国经济、社会发展的重要增长极，国家重点开发区域开发的关键词是如何做好产业承接。

国家重点开发区域的资源环境承载能力较强，发展的核心是承接，主要承接优化开发区资源开发、劳动密集型和技术成熟型产业。加强重点开发区域的开发建设，促进区域转型和产业转型的良性互动，尽快形成新的经济增长极。重点开发区域经济转型要从以下两个方面着手。国家重点开发区域承接路径见图7-2。

（一）提升资源环境承载能力

资源环境承载能力对经济发展的重要性主要在于资源的支撑力是有限的，超过一定阈值，经济发展将是不可维持的。资源环境承载力是可持续发展的支撑力，在这种背景下，利用资源就需要遵循自然规律、价

---

[1] 游达明、宋姿庆：《政府规制对产学研生态技术合作创新及扩散的影响研究》，《软科学》2018年第1期。

[2] 崔伊霞：《中国资源枯竭型城市绿色转型发展研究》，博士学位论文，吉林大学，2020年。

```
            ┌─────────────────┐
            │  国家重点开发区域  │
            └────────┬────────┘
                     ▼
                ┌────────┐
                │  承接  │
                └────────┘
         ┌───────┴────────┐
         ▼                ▼
┌──────────────┐    ┌──────────────┐
│提升资源环境承载能力│   │做强优势产业承接能力│
└──────────────┘    └──────────────┘
```

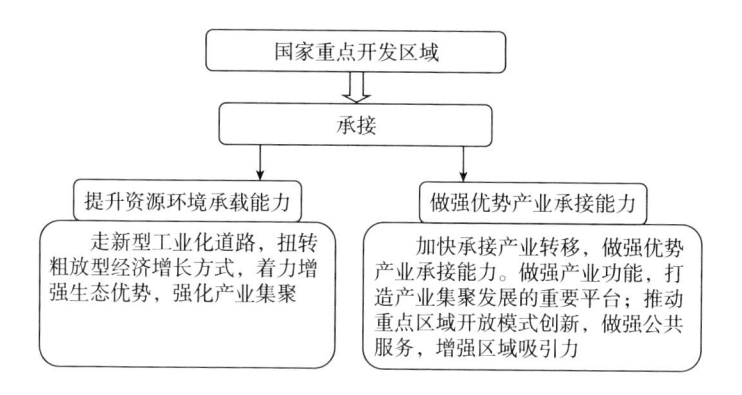

图 7-2　国家重点开发区域承接路径

值规律和社会规律，合理配置和调度资源，在加快国家重点开发区域经济社会发展的同时，也要注重生态环境的保护和可持续发展[①]。

资源供给和需求之间的矛盾是资源型区域经济发展过程中必须面对和解决的问题，是资源型区域经济发展的主要瓶颈，严重阻碍了资源型区域可持续、健康发展。比如对于中原经济区而言，农业是首要的关键，发展农业节水不仅是缓解中原经济区水资源供给需求之间矛盾的关键因素，同时也是保障粮食供应的重要基础。自主创新，加快推广适合中原经济区区情的农业节水技术，提高水土资源利用率、农业生产资料利用效率和劳动生产率，促进农业科学发展。

提高资源环境承载力，必须走新型工业化道路，扭转粗放型经济增长方式，着力增强生态优势，强化产业集聚，提升资源承载能力，进一步发挥资源型区域的增长极作用，实现资源型区域可持续发展[②]。

（二）做强优势产业承接能力

作为国家重点开发区域，要把握国际资本向我国转移、沿海资本向内陆转移的历史机遇，加快承接产业转移，做强优势产业承接能力。

（1）做强产业功能，发挥区域龙头引擎作用。对于原有的国家级、

---

① 周璇、陶长琪：《知识溢出下区域生态技术创新效率的测算及影响因素研究》，《江西师范大学学报》（自然科学版）2019 年第 3 期。

② 甄霖等：《生态技术评价方法及全球生态治理技术研究》，《生态学报》2016 年第 22 期。

省级开发区要继续做强做优,增强重点开发区域产业竞争能力;对原有的产业格局要进行精细化建设,以谋求增量。对于产业发展的多元化来说,主要体现在业态的多元化、服务方式的多元化、服务范围和服务领域的多元化。在产业边界处发展出新的业态在产业发展过程中也十分常见,很多现代产业就是这样产生的。比如,服务方式的多元化也是基于消费需求的多样化和个性化产生的,同行业竞争对手的多元化服务产品和服务方式在一定程度上加剧了现代服务方式的多元化进程。一方面,有一部分现代服务业是将传统服务业的一个或几个环节独立出来,当作一个流程或者系统来进行专门的研发和管理,体现出其精细化、专业化的一面;另一方面,在将服务流程做熟练之后,为了能够满足消费者的多样化和个性化需求,很多现代服务企业也开始走向多元化,涉足新的服务领域。

(2)做强公共服务,增强区域吸引力。做强公共服务和区域带动力,加快建设区域教育、文化、医疗等公共服务设施,进一步吸引人口聚集,增强地区龙头带动作用。通过深化改革、简政放权、完善城市配套,树立亲商、安商、富商理念,努力建设区域优质软环境,为企业孵化、人才引进培训、产业发展等提供各类支持。以政府主导的产业集群为例,产业集群内部的相关企业以及配套组织,在空间上相应集聚,形成产业集聚,构成了区域的核心竞争力,主要表现在以下三个方面:信息对称减少了银行的逆向选择;产业集群所形成的独特产业环境降低了银行的风险;形成信息集聚效应从而降低银行收集企业信息的交易成本。

三 限制开发区域,转型是关键

限制开发区域中的农产品主产区和重点生态功能区,一个是为了保障和扩大农产品生产和供应,其开发重点用于保障国家粮食安全;另一个是为了保护区域生态原貌、维护区域自然生态功能而进行的保护性开发区域,这两种区域都需要限制开发,目的是保护和保障这些区域的原有功能,因此必须要限制其开发内容、开发方式和开发强度。基于此,限制开发区域的关键词是转型。

以上两种区域,虽然功能设置不同,但其发展重点是一致的,这些区域经济转型的重点是要改变过去传统的粗放式、破坏性的发展模式,生态、可持续发展方式是限制开发区域转型的方向，不断调整经济结构。发展要更加注重质量，注意生态保护，培育"绿色产业"。国家限制开发区域转型路径见图 7-3。

```
              ┌──────────────────┐
              │  国家限制开发区域  │
              └────────┬─────────┘
                       ⇓
                  ┌─────────┐
                  │   转型   │
                  └────┬────┘
          ┌────────────┴────────────┐
   ┌──────────────┐          ┌──────────────┐
   │  产业结构演化  │          │   配套措施    │
   └──────┬───────┘          └──────┬───────┘
   ┌──────┴───────┐          ┌──────┴────────────┐
   │积极布局和发展生态效应、│  │建立和完善生态环境补偿机制；│
   │经济效应高的特色产业，实现│ │完善外部性补偿制度；促进资源均│
   │产业结构演化升级       │   │衡配置                  │
   └──────────────┘          └───────────────────┘
```

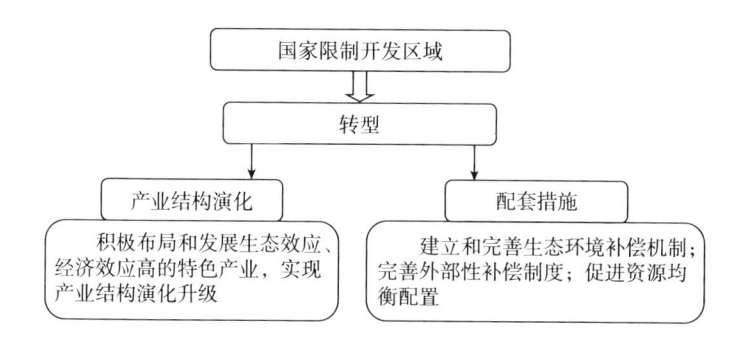

图 7-3 国家限制开发区域转型路径

（一）产业结构演化

积极布局和发展生态效应、经济效应高的特色产业，实现区域产业结构演化升级。限制开发区域在区域经济转型中注重生态发展，要对生态主体功能定位不符合当前发展产业政策进行严格限制、禁止进行相关的开发。引植科技含量大、附加值大的新兴产业资源，如信息技术、新能源技术到限制开发区域，激活限制开发区域资源发展，对于限制开发区域转型发展具有重要的意义。在具体部署上，制定限制开发区域产业集聚和融合的标准，加强科技创新和商业模式创新，重点开展资源精准服务技术等领域关键技术研发，培育和壮大限制开发区域的转型发展。

当前来看，限制开发区域产业集中在商贸、仓储、餐饮等传统服务业的企业数量较多，但是对于那些真正能代表现代化发展的金融、电信、文化创意、现代物流和信息服务等行业不仅数量少而且发育不太完整，从而使限制开发区域产业仍然处于较低的层次水平。要围绕限制开发区域产业发展的需求，大力发展限制开发区域产业相关主体，努力形成门类齐全、服务便捷、支撑有力、市场化运作的全链条产业体系。推进"互联网+"融合发展，催生限制开发区域产业新模式、新业态。

（二）配套措施

建立完善生态环境补偿机制和外部性补偿制度。如对限制开发区域的均衡性转移支付、资源的有偿使用制度、专门的生态效益补偿基金、生态补偿制度等，这些措施都有助于对限制开发区域人民的生活进行不断改善。比如实行集体林权的制度改革，保证广大林农对自己山林的拥有权，并不断保障他们的林下资源，进而帮助他们脱贫致富。

在限制开发区域众多相互关联的企业聚集在一起形成产业集聚，可以利用共同的厂房、交通、科研基地、研发中心等基础设施。根据我国限制开发区域发展的具体情况，在限制开发区域产业集聚中企业的数量进一步增多的同时，要努力为企业发展营造良好的营商环境。产业集聚的具体竞争优势的保持在于企业之间的竞合关系。企业由于受规模和资源的制约，在不断适应市场和技术的迅速变化过程中，必须充分利用各种外部资源弥补自身的不足与缺陷，因此，在产业集聚中经常隐含着企业的专业分工现象，而这种分工并非完全保持不变的，企业担任的角色往往随时变化。同时集群中的企业之间往往并非完全独立的个体，它们之间在知识、产品和服务方面存在大量的交互关系，有时甚至是互为投资或战略联盟的关系，企业之间的垂直整合、水平联盟尤为明显，竞争关系极为复杂。产业集聚内部的企业则通过这种复杂的竞争合作进而产生协同的规模经济和范围经济效应。

在限制开发区域产业集聚发展过程中，随着产业集聚的密度、宽度和深度的提高，重点要转向提高产业集聚的价值增值能力和创新能力之上。在这一方面，主要是向产业集聚注入有利于提高产业集聚创新能力的外部资源，比如政府利用自身的信息优势向产业集聚提供科技信息、市场信息、客户和竞争者信息，支持技术中介组织的发展，加强产、学、研的融合，还应进一步支持高等教育，为产业集聚提供大量创新型人才。

四　禁止开发区域，生态发展是关键

禁止开发区域可以在一定范围内有限度地发展与功能相容的产业，如生态旅游产业等。禁止开发区域推进区域差异化发展，立足自然资源禀赋，大力促进生态经济发展。

一是抓好特色生态产业。根据禁止开发区域得天独厚的独有资源和

产业基础优势，延伸主导产业的产业链从而形成禁止开发区域特色产业极化带动新格局。比如加快推进风电发电等项目建设。在具体实施时，政府以宣传引导为主，不进行规模化投入。二是要由过去的粗放式发展模式，转变为更加注意生态的经济发展方式，不断调整经济结构。发展要更加注重质量，注意生态保护，培育"绿色产业"。

第二节　制度创新视角下经济转型的效率提升路径

如何推进资源节约，协调资源消耗与经济增长的关系，在资源型区域经济转型过程中，要通过制度约束进行生态文明的建设。循环经济的发展，需要进一步开发、拓展和提升资源型区域产业的生态功能，经济生态化发展还表现在通过促进科技产业集聚和融合发展，增加创新创业机会，不仅可以解决人口和劳动力老龄化，产业发展副业化、空心化等问题，还可以促进资源型区域产业发展，促进资源型区域经济社会持续健康发展[1][2][3]。要实现资源型区域发展生态化，不仅涉及经济结构的转型，还包含政治体制的调整以及生态制度的构建、科学技术支撑等，为促进资源型区域转型、生态化发展提供法制保障。

一　生态产业制度

生态产业有助于促进人类与自然、经济与环境协调发展，对于优化经济产业结构，具有重要的战略意义，得到大多数国家的高度重视。生态产业制度是促进生态资源有效配置、提高生态资源利用效率的重要途径[4]。生态产业制度建设既是"自上而下、自下而上"的双向过程，也是"顶层设计"的过程。生态产业制度可以从自然资源物权制度、财政金融制度、生态购买制度等入手，为生态文明建设提供一系列可操作

---

[1]　甄霖等：《生态技术评价方法及全球生态治理技术研究》，《生态学报》2016年第22期。

[2]　孙育红、张志勇：《生态技术创新与传统技术创新的比较分析——基于可持续发展视角》，《税务与经济》2012年第4期。

[3]　蔡乌赶、李青青：《环境规制对企业生态技术创新的双重影响研究》，《科研管理》2019年第10期。

[4]　罗福周、张诺楠：《中国省际能源利用—经济发展—环境保护系统的时空耦合协调度分析》，《环境污染与防治》2020年第7期。

性强的行为准则。

（一）优先利用优势资源，加强资源整合

资源型区域的经济发展以对能源资源的开采加工为基础，因此煤炭、石油及天然气等能源资源就是资源型区域的要素禀赋[①]。为解决经济发展中的各项成本问题，资源型区域应从经济学人的角度出发，整合区域内的优势生产要素，优先发展资源型经济等优势产业。

（二）根据区域发展特色，因地制宜推动转型

资源型区域应该根据自身的经济发展特征和资源类型，建立符合区域发展状况的体制机制和转型路径。例如以煤炭为主导的资源型区域或以石油为主导的资源型区域可以选择发展深层次的化工产业，并进一步延伸资源型产业链条，提高资源型产品的科技附加值；以森工为主导的资源型区域可以选择进一步发扬生态城市的多功能性，在原产业的基础上带动发展生态经济和旅游经济；以水资源为主导的资源型区域可以选择利用现有资源，积极引进资本、技术和人才等生产要素，发展现代商业或金融业[②]。

（三）转变生产方式，进行产业创新

资源型区域在依靠丰富的矿产资源迅速取得经济腾飞之后，由于长期采用传统的高能耗、高污染的经济发展模式，不仅造成了能源资源的浪费现象严重，还破坏了资源型区域的生态环境系统，环境污染已经成为资源型区域转型的巨大阻碍。同时由于资源诅咒及产业经济的路径依赖等问题，使一些资源型区域陷入了产业经济衰落的趋势，人民的生活质量开始下降[③]。因此，应转变粗放型生产方式为集约型生产方式，合理高效地利用资源，保持地区经济的资源优势。

（四）调整经济发展方向，培养接续替代产业

资源型区域自成立以来便以能源资源的开采为支撑，因此其在传统

---

① 张华兵等：《生态恢复视角下海滨湿地景观模拟——以江苏盐城湿地珍禽国家级自然保护区为例》，《水生态学杂志》2020年第4期。
② 张国兴等：《利率市场化、银行多元化经营与流动性风险——基于动态面板的实证分析》，《江西财经大学学报》2020年第4期。
③ 孙晓华等：《资源型城市转型升级：压力测算与方向选择》，《中国人口·资源与环境》2020年第4期。

的经济发展模式下往往优先发展资源型产业，对于服务业等非资源型产业的发展产生了很多限制性，不利于资源型区域经济转型①。资源型区域在依赖能源资源实现经济的迅速发展之后，摒弃传统的高能耗、高污染性的粗放型经济增长方式，同时利用市场机制吸引外来优势企业投资以及优秀创新人才落户，以政策性优惠培养新兴的接续替代产业和现代服务业，鼓励发展战略性新兴产业，推动资源型区域经济发展模式向综合化、多元化、绿色化和高科技化转变②。

（五）提高人民生活水平，坚持绿色循环发展

资源型区域自成立以来便以能源资源的大规模开发为经济增长的物质支撑，但能源资源的有限性和不可再生性决定了这种高能耗的发展模式是不可持续的，对社会经济和生态系统都造成了严重破坏③。因此，从资源的开发利用方面来看，传统的依赖资源数量的发展模式破坏了生态环境，其结局只会加重这一矛盾。因此，资源型区域应紧紧把握新时代的社会主要矛盾，牢固树立生态文明理念，对资源开发加强规划和管理，严格制定和执行资源开发企业的行为准则及其产业经济进入门槛。同时还应提高科技创新水平，加强对污染物的循环利用和分类排放，坚持区域经济的绿色循环发展模式，最终实现资源型区域可持续发展。

二 环境保护制度

资源开发对资源型区域的经济效益和社会发展具有重要的推动作用，但长期依赖资源发展第二产业，会使区域水质环境、空气环境和土地环境恶化④，环境保护制度的推进势在必行。

（一）完善减排法规，建立排污权有偿使用制度

一是要从污染物排放总量上加以遏制，扩大排污许可证的应用范围，开展全国污染源普查工作。二是结合环保政策的综合治理手段，完善重点污染物和重点产业的减排法规，确定违规排放的法律责任，为其

---

① 杨桐彬等：《东北地区资源型城市产业结构升级的战略效应》，《商业研究》2020年第4期。
② 杨波：《虚拟企业知识转移的机制与效用研究》，博士学位论文，江西财经大学，2011年。
③ 胡冬雪、潘勤华：《基于"钻石模型"的上海创意产业竞争力评价研究》，《上海管理科学》2009年第1期。
④ 肖滢：《资源型城市产业绿色转型研究》，博士学位论文，中国地质大学，2019年。

他的行政减排、经济减排等提供有力的法律保障，使降低污染物排放有法可依。三是出台相关政策性文件促进污染物排放权的有偿使用，必须通过排污权有偿使用或交易获得，使"谁污染谁付费，谁污染谁治理"得到有效落实，倒逼污染型企业告别粗放型经营方式。四是加强对道路交通系统、路网系统、供水供电系统和燃气系统的改造升级，提高人流、物流的互通效率和社会公共服务设施的使用效率，在基础设施改造上打破区域经济发展的"瓶颈"。

（二）优化治理环境，实施差异化环保政策

各资源型区域环境污染问题的形成原因错综复杂，治理环境污染要对症下药，找准主要矛盾解决重点问题，根据各个资源型区域的地方特色采取不同的治理措施。加快完善同生态文明相关的环境和生态保护法规，用法律的形式明确各个社会组织在环境与生态保护方面的责任、权利和义务，做到有法必依，违法必究。不仅要因地制宜治理资源型区域的环境问题，从污染物排放总量控制、环境标准与环境技术政策、环境监管以及生态红线等方面实施差异化环保政策，同时还要不断颁布切合时代发展的新法规，或者根据社会发展的脚步不断修改原有法规，及时纠正在环境管理中存在的问题。

（三）强化环保督导手段，细化政策问责机制

建立并坚持对环境保护的宏观调控机制，通过宏观调控，统一规划并分配资源，合理有效地达成资源共享，以最少的消耗来达到最大的产出，切实推进节能减排工作，依照法律规定关停一些环保不合格的高耗能或高污染企业[①]。完善碳排放市场建设，促进交通能源结构逐步调整。限于资源型区域短期内以柴油、煤油、原煤等为主的高排放能源禀赋特征不易改变，只有将能源消费的环境外部性成本在其价格中予以反映，加快完善碳排放市场建设，才能倒逼能源结构的发展转型，使能源结构对碳排放的抑制作用得到充分发挥。要了解资源型区域的环境状况及环保政策的执行效果，必须强化环保督导手段，提高环保政策执行的有效性和环境问题的整改效率。

---

① 崔敏：《西部地区资源型经济绿色发展水平测评及转型路径研究》，硕士学位论文，西北大学，2019年。

（四）创新环境保护手段，加快对重度污染区和塌陷区的修复治理

当资源型区域经济发展到后期，普遍面临着资源耗竭和生态恶化的困境，其竞争力已经无法单纯依靠资源的后备储量来衡量，而是以生态环境等软实力来体现。不仅要提高城市居民和区域内企业的生态环保意识，还要从政策倾斜和行政惩罚机制方面入手加强环保力度，并引进相应的资金和智力支撑，同时要加强被污染区域和矿山塌陷区的生态治理力度，根据当地土地质量、生态基础和经济条件进行修复，为当地实现可持续发展打好根基。也可以借鉴国外生态治理的成功经验，对开采矿产资源的矿区企业进行相应的改造，对破坏掉的矿区土地进行复垦和改造、设立专项环保基金、建立矿区工业旅游基地等，逐步实现矿区经济资源开发和生态保护双赢的目标。

仅仅依靠政策的约束作用远远达不到理想的结果，通常还会配套制定相关的法律法规，使环保行为有法可依。相对于舆论和政策，法律是一项约束力比较强的措施。我国在发展的过程中，针对环境问题越来越严重的现实情况，最终制定出一些适合当时国情的环境保护政策措施。根据我国的经济发展状况，提出了"预防为主，防治结合"的措施，由于我国是人口大国，管理起来比较复杂，为了从源头上杜绝生态环境的破坏现象，还制定出"谁污染，谁治理"的措施，除此之外，关于环境污染的管理问题还出台了"强化环境管理"的政策，这项政策详细的有三项，同时还出台了"环境影响评价""排污收费""城市环境综合整治定量考核""限期治理"等八项制度。相信在不久的将来，环保意识深入人心，而环保活动也成为人们日常生活的举手之劳。

三 生态技术制度

通过经济发展史可以了解到，新技术的诞生总能催生出一批新型的产业，如发生在 18 世纪下半叶的工业革命，不仅带来了人们生产生活方式的巨大变化，同时也带来了铁路运输服务业的大发展，孕育着铁路物流行业的诞生[1]。

科技和先进工具的发展已经在一定程度上引起了产业性质的改变。

---

[1] 宋蕾：《基于多空间尺度的重庆市耕地利用变化与驱动因素研究》，硕士学位论文，中国地质大学，2019 年。

比如通过利用现代咨询技术，将企业资源与内部流程紧密结合，一方面，可以提升管理效率和增强企业竞争力，另一方面，现代服务企业也需要不断进行服务产品的研发创新，从而给消费者全新的服务体验，这些都需要信息技术提供科技支持。

"火炬计划"导致环保节能产业的总体规模不断扩大，许多新能源和高新技术都实现了产业化，并且"火炬计划"还对传统产业具有十分重要的影响，传统产业的功能在该计划的实施过程中不断增强。国家高新区是火炬创新资源的聚集地，近年来的发展基本实现了自然生态、企业以及社会三者之间的和谐发展，也成为在不断探索中国特色新型工业化道路上的先行者，成为自主创新道路的先驱，成为推动区域经济增长的主要力量。要建立废弃物的循环利用系统，并进一步形成系统性的废物循环利用产业化发展，以产业化的形式将此废物利用的环保观念加以推广，以引导资源型区域绿色转型[1][2]。也可将通用类型的机器人投入到矿山开采等一线工作中，提高矿企生产线的信息化、智能化水平。建立并创新废物、资源的循环利用系统，推动绿色化与智能化相结合，改善工业废物和生活垃圾随意堆放的无序现状。《国家中长期科学和技术发展规划纲要（2006—2020年）》前五大领域分别是能源、水和矿产资源、环境、农业和制造业，这五大领域都是与生态环境保护直接相关的。这从一个侧面体现出了我国非常注重科学技术的生态化发展。

综上所述，科学技术的生态化转向已经成为我国科技追踪前沿、服务民生、提高国力、振奋民族精神的必然选择。但是同我国科学技术总体水平相比，就目前来看，我国科学技术的生态化含量有待进一步提高。

第三节 产业演化视角下经济转型的战略推进路径

本书认为资源型区域产业演化应该在遵循资源型区域产业发展特点和规律的基础上，大力加强资源型区域产业演化升级，不仅有利于提高

---

[1] 郑紫颜等：《再生性资源型城市产业结构转型对经济增长贡献的异质性》，《世界地理研究》2019年第4期。

[2] 赵洋：《中国资源型城市发展阶段研究——基于绿色转型的视角》，《经济问题探索》2020年第2期。

资源型区域产业的整体经济效益,而且有助于增强资源型区域经济发展的协调性、竞争力和发展的可持续性[①]。

产业结构演化的一般规律告诉我们,技术创新和技术进步是产业结构演化的原动力,依靠科技创新不断开拓产业发展的新领域、新空间,依靠科技创新不断提升产业的水平和质量。信息技术、新能源技术等战略性新兴产业科技含量高、附加值大是新一轮产业革命的焦点,也是转方向、调结构的重要方向,加强核心技术研发在根本上支撑战略性新兴产业发展对于资源型区域产业转型发展具有重要的意义[②]。现代信息技术的发展,更是在很大程度上造就了信息产业迅猛的发展态势。随着各行各业管理者开始在企业内部大力地推行信息化管理,对于信息技术的需求也在不断加大,它使企业的内外部管理更加迅速而有效。事实上,信息科学技术究其本质而言,也是属于现代产业的范畴。当然,科技化并不排斥人性化,不能认为在现代产业中大量引进现代科学技术会对人性化服务理念产生影响。因为科学技术特别是互联网技术在现代企业的大量使用,可以缩短一些以往比较烦琐的耗费大量人力资源的时间,使现代企业的管理者和员工有更多时间和精力去关注企业产品和服务中较为细致的关键环节,从而能进一步提高消费者满意度[③]。

相对于一些发达国家,我国资源型区域的整体发展水平较低,在改革开放后相当长的一段时间内,资源型区域的发展速度低于经济增长的平均水平,从而导致经济结构中所占比重明显偏低,整体水平不高。当前,我国资源型区域发展水平不高具体体现在以下几个方面。

(1) 资源型区域产业内部结构比例出现失调的现象。劳动力密集型企业与知识、技术和智力密集型企业的比重差异较大,这是制约我国资源型区域走向国际化的一个重要障碍。

(2) 资源型区域在人才建设上,水平参差不齐的现象依然比较严

[①] 李虹、邹庆:《环境规制、资源禀赋与城市产业转型研究——基于资源型城市与非资源型城市的对比分析》,《经济研究》2018 年第 11 期。

[②] 唐楠:《基于 GE 衍生矩阵的资源型城市化工产业延链升级研究——以陕西省韩城市为例》,《地域研究与开发》2018 年第 1 期。

[③] 付兆刚等:《基于金融配置效率的资源型城市接替产业选择——以鸡西市制造业为例》,《哈尔滨商业大学学报》(社会科学版) 2016 年第 2 期。

峻，中高端人才的缺失使资源型区域人才的整体水平处于一种相对较低的局面。资源型区域加快区域产业结构演化。现今资源型区域产业之间是共存分立的，联系不大，或者存在外部的、表层的联系，处于产业结构演化的自发阶段，覆盖领域小、产业结构演化深度不足。

资源型区域产业结构演化定位不清主要表现在找不准产业结构演化的方向，找不到产业结构演化的切入点，带有比较严重的盲目性和跟风性。不断拓展产业的功能，大力发展新业态，促进经济发展步入新阶段。要将资源型区域产业结构演化与促进企业增收结合起来，与加快现代化建设同步进行，与推进供给侧结构性改革结合起来。产业结构演化应注重资源型区域各城市、各产业的关联效应，避免各自为政，要在持续发展主导产业的同时，重视产业之间的互动关系。资源型区域产业演化通过"寻优"的演化路径，重点培植资源接续替代产业，大力发展区域新型主导产业，加快区域产业协调与转型。资源型区域产业演化路径见图7-4。

```
                    ┌─ 重点培植资源接续替代产业
资源型区域产业       │        ↓
演化路径         ──┤   大力发展区域新型主导产业
                    │        ↓
                    └─ 加快区域产业协同与转型
```

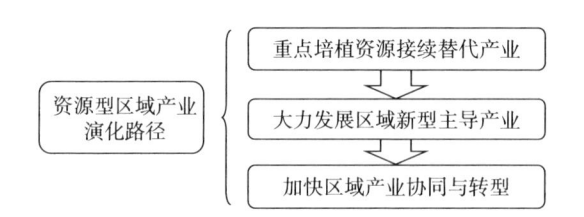

图 7-4　资源型区域产业演化路径

一　重点培植资源接续替代产业

资源型区域积极培育、大力发展接续替代产业，促进产业多元化发展，这对资源型区域在资源枯竭后有效降低对资源的依赖度、实现可持续发展是非常有必要的[①]。传统资源型区域的产业经济发展以能源资源为依托，但在我国经济增速换挡、经济发展的下行压力加大的背景下，资源型产业经济同时也面临着产业倒退、资源消耗大、生态破坏以及产

---

① 李虹：《中西部和东部地区资源型城市转型与发展新动能的培育》，《改革》2017年第8期。

业结构失衡等新的状况。作为资源型区域，除优化传统资源产业外，接续替代产业选择哪些产业作为主导产业，需要提前科学地规划，不宜选择过多、过急，也不可盲目上马。区域要转型，产业的转型是基础。

（一）资源接续产业的优化路径

资源接续产业的优化要立足资源型区域的资源优势和产业基础，延伸资源接续产业链。比如煤炭资源为主的资源型区域可以坚持以煤炭就地转化为核心，延伸产业链，提升产业关联度。一是延伸资源产业链。煤炭产业可以延伸煤—精煤—煤焦化、煤—火电、煤层气及煤矸石—热电、炉渣及矸石—建材等产业链，提高资源综合利用效益。二是提升资源产业发展质量。如铜川市陶瓷产业依托耀瓷文化品牌，以建筑卫生陶瓷为主，大力发展装饰陶瓷、功能陶瓷、特种陶瓷等高技术、高附加值的高档陶瓷产品。通过建立现代化陶瓷工业生产区和专业化的陶瓷生产基地，实现了建材业和物流业的融合发展，大大推进了建材物流业发展。资源接续产业与原有产业之间具有广泛的关联性，通过产业融合发展，实现产业链、价值链的提升。

（二）产业升级

互联网技术的日新月异为资源型区域的快速发展提供了技术支持，在发展过程中较短时间内就会出现一些新的服务业态。除此之外，经济全球化的发展和中国市场的不断开放，很多国外已经成熟的业态也被快速引入我国，这也在一定程度上加快了我国资源型区域产业的转型和升级发展。比如，中原经济区农业发展突破的关键是要实现传统农业向现代农业的转变，通过产业集聚和产业融合实现农业的现代化。制定现代农业业务标准，加强农业科技创新和商业模式创新，加快农业现代化进程。

二　大力发展区域新型主导产业

主导产业是资源型区域经济发展的基础和支撑。通过不断推动要素集聚，提高集约化发展水平，培育壮大主导产业。主导产业的发展，使主导产业的关联性产业进一步集聚、融合及深度调整，会带来新的产业形态。主导产业应以价值链或价值网络的形式根植于资源型区域，形成以主导产业为核心的产业集群发展模式。

（一）改造传统产业

目前我国正处于经济转型时期，许多主导产业都面临着改造和提升，这更是平添了发展资源型区域新的主导产业的无限商机。优化和提升传统产业素质，改善产业结构，提高产业整体素质和市场竞争力，从而实现产业转型与提升。大部分资源型区域的经济结构还处于重工业化阶段，经济增长依托各类不可再生资源的大量投入，与非资源型区域的交换物质多以资源型初级加工产品为主，可得利润大量流失，对环境也造成了严重的污染。因此要淘汰落后初级产业链条，在本地矿产资源优势的基础上，实现传统产业的初步转型。

（二）大力发展新兴产业

将资源型产业与非资源型产业融合发展，同时应注意培育特色优势产业，实施差异化发展，避免同质化竞争。资源型区域主导产业在衰退期到来之前实现不同产业间的融合，形成新的产业业态，将会获得更持久的竞争优势。要应用现代服务理念、现代科技和现代经营方式，实现资源型区域主导产业的产品创新和组织创新。

（三）加强信息技术创新力度

如何将区域经济增长路径由资源拉动转为创新驱动，是资源型区域实现顺利转型的必然选择。信息技术在为资源型区域产业演化发展提供技术平台的同时，也有助于解决资源型区域主导产业发展的制度障碍。随着信息技术的迅速发展以及在制造业中的广泛应用，大幅度提高了资源型区域主导产业发展水平。

三 加快区域产业协同与转型

打造资源型区域独有的竞争优势，实施区域差别化发展战略，同时加强资源型区域产业的转型和协同发展，最终获得超越竞争对手的差异化优势。

（一）产业协同

对于产业发展基础较好的重点开发区域，其与优化开发区域的资源禀赋互补性强，可以承接优化开发区域发展的一些职能，产业协同就是重点开发区域与优化开发区域产业融合的最好选择。重点开发区域发展重点在于要树立产业协调发展理念，抓住新兴城镇化发展契机，依托资源优势优化产业布局，促进产业协同发展。

（二）产业转型

限制开发区域的产业基础虽然较为薄弱，但通过产业升级可以实现产业的转型发展。产业转型是限制开发区域转型的必由之路。限制开发区域发展突破的关键是要实现传统产业向现代产业的转变，通过产业集聚和产业融合实现产业的现代化。寻求主导产业与其他产业的融合点，特别是与新兴产业的融合，提升传统产业，加快产业转型进程，提高产业的组织化程度。资源型区域的传统产业升级路径仍然以能源资源为基础，产业基础薄弱，且容易受到经济周期的影响。很多资源型区域对从外部引入技术的方式比较依赖，加上对本区域核心技术和高水平人力资本的积累不够重视，导致区域经济转型并未以创新驱动为根本动力。以传统服务业为例，要培育传统服务业新的增长点。例如重点扶持物流服务业。秉承"智慧物流"的发展理念，深入挖掘智慧物流的核心价值，提高发展站位，切实加强与资本的战略合作，实现企业化运作园区的模式创新。

第四节 区域互动视角下经济转型的协调发展路径

占有比较优势并不等于具有竞争优势。资源型区域地域广阔，不同地区资源禀赋不同，发展的方向和重点也不同。对于我国资源型区域发展而言，其所存在的差异主要体现在以下几点：

（1）东西部地区资源型区域发展水平差距明显，以资源型区域较发达的北京、上海2018年的数据为例，人均产业增加值最高的上海是西部直辖市重庆的7倍。

（2）中西部地区资源型区域的发展水平与经济发展速度并不完全一致，中部地区经济发展水平较高的山西省，服务业的增加值尚不及宁夏和青海等西部城市。

区域协调发展需要充分利用各种社会资源，实现产业之间和区域之间的相互支撑和协调发展。资源型区域互动发展，要特别关注不同区域之间的差异，探索新的区域利益联结机制，充分利用各种社会资源，实现不同区域资源的均衡配置。为了能够积极推动资源型区域互动发展，需要在一定程度上为资源型区域互动发展提供各种各样的政策倾斜，从而为资源型区域互动发展提供一个良好的环境。比如鼓励资源型区域开展省际区域合作,建立区域间有效的协调机制,发挥整体优势,突出地方特色,深入实施区域协调联动发展战略,共同探索符合实际的跨省域合作新模式,促进资源型区域经济社会协调发展。

大力推动资源型区域互动发展,一方面,从政府层面推进资源型区域协调与协同发展,另一方面,除了政府层面的推动,资源型区域互动发展市场协调机制的建立也有力地推动了资源型区域互动发展。资源型区域互动发展路径见图7-5。

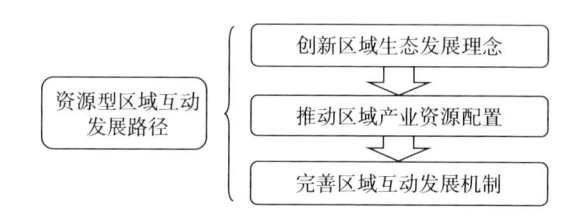

图7-5 资源型区域互动发展路径

一 创新区域生态发展理念

(一)推动资源型区域生态化发展

资源型区域在经济转型的发展规划的制订和工作安排上,根据其承载能力,加快产业、产品、所有制、劳动力和区域经济结构调整步伐,建立经济社会发展的资源环境支撑体系;以资源环境作为发展的最大刚性约束和可持续发展长远追求,做到生产发展与生态良好相统一[①]。资源型区域要根据主体功能区的定位,结合自身的自然资源禀赋,大力推进区域差异化发展,促进生态经济发展。在满足自身的生存发展之需时,要充分发挥主观能动性,对生态系统进行呵护与保护,要不断约束其生产经营活动,使其保持在可持续发展可以接受承载的范围之内,要给自然环境留下恢复元气的时间,不能一味地强取豪夺,使大自然没有

---

① 李红梅、王翼杰:《资源型城市转型背景下的大气污染治理——以铜川市为例》,《人民论坛》2015年第17期。

再生的能力①。资源型区域涵盖区域众多，要推动各区域经济协调发展，实现协同发展效益。资源型区域各省市在发展过程中要实现协同利益最大化以及可持续发展，必须要推动资源型区域生态化发展，实现绿色发展效益，在发展过程中要实现资源型区域的可持续发展。

（二）加强区域生态化发展的立法和宣传工作

资源型区域生态化发展，经济结构的转型、政治体制的调整是生态发展的基础，同时要尽快构建资源型区域生态化发展的体制机制，破除资源型区域生态化发展的制度约束等。加强资源型区域生态文明领域的政府立法。资源型区域要针对区域生态文明领域出现的新问题、新形势进行改革及时立法，实现立法和资源型区域生态文明建设决策相统一、相衔接，做到重大决策于法有据；加强资源型区域生态文明发展规范性文件的监督管理，对于违反资源型区域生态文明发展的规范性文件要依法撤销和纠正；建立资源型区域生态文明发展法律清理长效机制，对那些不适应资源型区域生态文明发展要求的法律、法规和规章，及时地进行修改和废止。实施资源型区域生态发展，要充分利用互联网、电视广播、报纸书籍、宣传栏等大众媒介进行宣传教育，形成覆盖面广、成效显著的宣传网络，为公众了解学习相关资源型区域生态文明知识和法规政策提供有利条件，要设定主题鲜明的宣传主题，发起创意新颖的教育宣传活动，并且使群众积极参与进来，提高资源型区域生态文明建设的实践效果。

（三）完善绿色循环经济发展的法律体系

发展循环经济的思想要贯穿于整个"十三五"规划的生态理念中，除了宣传和推广绿色循环经济理念，还要将此理念加以有效实施。因此不仅要制定合理的实施章程，还需要以法律法规的形式将废物循环的行为加以规范和约束。只有完善绿色循环经济的法律法规体系，才能将循环经济的理念由"末端治理"放到"未雨绸缪"上，将口号化的形式主义变为行动派的实用主义，使绿色经济转型得以真正实现。同时还要加强执法的监管，加大环境污染的惩治力度，力求相关法律法规的执行

---

① 买洪涛：《资源型城市生态转型中政府作用的发挥——以唐山市为例》，《人民论坛》2015 年第 11 期。

过程脱离行政部门的干涉。

二 推动区域产业资源配置

（一）整合资源型区域产业资源

完善资源型区域在市场经济条件下的产业资源配置，结合资源型区域产业资源配置的实际情况，按照科学发展观的要求，根据资源型区域不同的经济发展环境和产业特点，运用战略思维，从资源型区域互动融合发展的角度更新资源配置工作思路，不断创新资源配置手段，优化资源型区域资源配置机制[1][2]。要进一步整合资源型区域产业资源，加强资源型区域之间的产业对接，通过政策鼓励和引导生产要素流动，错位发展，避免重复投资和建设，充分利用各自的优势资源，打造具有较强竞争力、较高关联度的产业链，并通过链条的交叉和融合，培育产业集群和优势品牌[3]。产业融合并不否认产业集聚，如何在现有产业集群的基础上推进产业融合，是资源型区域产业发展过程中必须面对的问题，产业融合发展推动产业集聚的高层次发展，两者相互促进，共同发展。针对资源型区域部分地区产业配套条件不足的问题，探索推动各地加强产业转移服务平台建设。要从资源型区域的产业现状出发，着力提升资源型区域传统优势产业，有针对性地弥补资源型区域的弱势产业，促使承接产业转移和传统产业发展形成良性互动。要充分认识产业集群在资源型区域经济发展中的重要作用和对资源型区域发展产生深远的影响。继制造业国际转移之后，服务产业转移成为新一轮全球产业结构调整的战略方向。资源型区域积极承接服务业国际转移，对于资源型区域的经济发展起着重要的作用[4]。建立在资源型区域间相互合作、共谋发展的协调机制，从制度上保障资源型区域不同区域间经济发展的协作共赢。

---

[1] 邹建新：《生态文明战略下资源型城市转型过程中的困境与策略》，《四川理工学院学报》（社会科学版）2017年第4期。

[2] 张国兴、马玲飞：《生态恢复视角下资源型区域产业转型路径研究》，《区域经济评论》2018年第6期。

[3] 刘晓萌：《资源型城市转型效果评价与预测研究》，博士学位论文，安徽理工大学，2018年。

[4] 王保忠：《中国能源富集区低碳转型发展研究》，博士学位论文，陕西师范大学，2014年。

（二）整合资源型区域政策资源

资源型区域产业资源配置机制需要调动资源型区域各方面的力量，要通过一整套政策体系，逐步打通资源型区域资源互动流动的通道。要深化人口管理制度、土地管理制度、金融管理制度以及管理体制改革，形成合理的政策体系，发挥出政策组合效应[①]。当前实践中关键要解决的是资源型区域发展中的"人、地、钱"问题。资源型区域发展应把握好政府与市场之间的关系，系统地制定各级财政的支持政策，与资源型区域发展的财政政策形成合力。

三 完善区域互动发展机制

（一）全面化互动开放机制

坚定不移完善全面化互动开放发展体制机制，促进经济多元化，丰富资源型区域发展的内涵。资源型区域发展，理念创新是先导，这里的全面化互动开放机制，指资源型区域经济发展要以开放、互动的理念和心态，积极接受新思路、引进新技术、抓住新机遇，协同推进资源型区域产业对外开放，巩固产业传统优势，推动资源型区域产业结构优化升级[②]。

就资源型区域发展现状来看，资源型区域的互动、开放性有待提升，从而使资源型区域的发展在一定程度上受到了较大约束，进一步影响到参与国际竞争。资源型区域的发展不仅支撑体系不健全，而且产业结构也不太合理，当前来看，资源型区域产业集中在商贸、仓储、餐饮等传统企业数量较多，但是对于那些真正能代表高层次产业的金融、电信、文化创意、现代物流和信息服务等行业不仅数量少而且发育不太完整，从而使资源型区域产业发展仍然处于较低的层次水平。

资源型区域经济发展要坚持互动、开放的原则，同时在市场准入上实现平等对待[③]。在产业层面，可以从初期加工贸易等劳动密集型制造

---

① 张荣光等：《资源型城市转型效率及影响因素——以四川为例》，《财经科学》2017年第6期。
② 胡春生、莫秀蓉：《资源型城市产业转型的新结构经济学分析框架》，《经济问题探索》2015年第7期。
③ 刘希朝等：《基于最小阻力模型的资源型城市景观安全格局诊断研究——以徐州市为例》，《生态经济》2020年第6期。

业逐步过渡到重化工业、装备制造业等资本密集型产业，最后拓展到物流、金融、教育等服务业。

由于受资源型区域发展水平和资源的制约，在不断适应市场和技术的迅速变化过程中，资源型区域发展必须充分利用各种外部资源弥补自身的不足与缺陷，积极参与社会分工，调整角色的变化，不断拓展与外界的交互关系，比如投资或战略联盟的关系，通过复杂的竞争合作进而产生协同的规模经济和范围经济效应[①]。资源型区域发展过程中，推进工商、税收等区域产业政策和制度的变革，不断优化资源型区域营商环境。

（二）精准化发展定位机制

资源型区域发展是一个复杂系统，要瞄准资源型区域经济发展的难点和焦点，因地制宜，找准资源型区域经济发展的兴奋点，打造资源型区域经济新增长点。按照"提质增效、创新驱动的总要求"，按照"消费导向"的要求推进资源型区域创新发展[②]。

（1）聚焦优势产业，加强高端引领。聚焦资源型区域产业的重点领域，推动资源型区域产业向形态更高级、结构更优化的方向发展。结合资源型区域发展定位和产业特点，为资源型区域发展营造良好的营商环境。通过金融政策支持有条件的传统企业发展成为高新技术企业，涌现一批服务模式新的企业。

（2）加强引导和配套服务，把握发展方向。建立联合互动机制，打造资源型区域产业链新模式。互联网技术的日新月异为资源型区域发展提供了技术支持，在资源型区域发展过程中就会出现一些新的服务业态。除此之外，经济全球化的发展和市场的不断开放，很多国外已经成熟的产业业态也被快速引入，这也在一定程度上加快了资源型区域发展。

---

① 徐嘉南：《资源型城市转型创新模式综述——基于内在功能与周边区域耦合的视角》，《黑龙江社会科学》2016年第3期。

② 赵文善：《技术创新推动资源型城市产业转型的路径及政策研究》，《改革与战略》2015年第10期。

第八章

资源型区域经济转型创新路径体系的实证分析
——以河南省为例

对资源型区域的经济转型路径研究不仅涉及生态、资源、产业经济和制度等多个系统之间的结构性分析,而且包括对传统经济发展模式的研究和现有的成功转型模式的借鉴分析。因此本章以河南省资源型区域为例,对河南省资源型区域的发展现状、转型压力和转型条件等方面进行系统分析,同时对焦作市和平顶山市转型路径进行系统分析,以深入剖析资源型区域的资源生态现状、存在的相关问题及采取的策略措施,为资源型区域顺利实现经济转型打下坚实的基础。

第一节 河南省资源型区域发展概况

一 经济社会发展状况

河南省地处中国腹地,地理位置优越且面积广阔,各类矿产资源非常丰富。据相关统计数据可知,2018年年底河南省共有144种矿产资源被发现,110种矿产资源储量明确,93种矿产资源被有效开发利用,其中仅2018年就发现了15处大型或中型的煤炭矿产资源储地。在中国经济腾飞的背景下,河南省作为国家规划的大型煤炭基地之一,凭借其丰裕的煤炭资源,河南省经济在不断壮大,兴起了众多的煤炭资源型城市,河南省的城镇化建设也随之进入大提速发展阶段。

据《全国资源型城市可持续发展规划(2013—2010年)》(以下简

称《规划》）可知，河南省共拥有洛阳、焦作和平顶山等 15 个地级市、县级市或县域规模的资源型区域，这些资源型区域以其优越的交通优势、地理优势和能源资源优势，在经济社会发展中为河南省做出了突出贡献。然而在经过多年的持续性开采挖掘之后，河南省很多资源型区域面临着矿产衰竭和环境恶化的发展瓶颈，并且产业结构偏重，代表先进生产力的第三产业占比相对较小。在路径依赖的产业发展态势下，河南省资源型区域的经济增速逐步下降，严重影响到整个省域经济的进一步高质量发展。

二　自然资源与环境发展现状

河南省煤炭资源丰富，作为中国的产煤大省，由于政策倾斜等各种因素的影响，河南省是我国唯一一个省域性质的煤炭基地。在河南省的十五个资源型区域中，有禹州和永城两个成长型资源型区域，并分别将三门峡和登封等七个城市划分为成熟型资源型区域，将焦作和灵宝等三个城市划分为衰退型资源型区域，将洛阳、安阳县和南阳三个城市划分为再生型资源型区域。同时还需注意到，河南省虽然拥有丰富的煤炭资源，但其已探明的煤炭资源储量并不能满足其经济高速发展的需要，且其他类型的能源资源如石油、天然气等资源的储量就相对较少，因此河南省不属于综合性的资源大省。另外，河南省虽然煤炭资源丰富，但人口众多，其人均资源占有量还不足全国人均资源占有量水平的 1/3，近年来随着经济发展结构的调整和经济增速的发展需要，河南省需要从省外调入煤炭资源来弥补本省资源储量的不足，其资源储备已出现危机。除此之外，河南省资源型区域还面临着地表塌陷及废弃物排放等生态问题，如《规划》中将中原油田濮阳油区划为地下水破坏的重点治理工程加以监督，将平顶山市舞钢铁矿区划为尾矿库污染综合治理试点工程，以政策推动河南省的污染物防治重点治理工程顺利进行。

第二节　河南省资源型区域经济转型压力与条件

一　河南省资源型区域经济转型压力

（一）产业结构单一，主导产业多为超重型

产业结构单一是我国资源型区域在经济发展过程中的主要特征和主

要问题，河南省资源型区域同样也面临着产业结构偏重的问题，即以第二产业为主的重工业比重偏大，同时以服务业为代表的第三产业比重较小。在产业链生产中以资源型初级产品为主，科学技术附加值不高。相对于第二产业结构比重过高而言，反之是经济结构中高科技产业链条发展不足，产业链条发展滞后，且以服务业为代表的第三产业不发达，在经济产业结构中比重偏低。资源型区域城市的产业结构一般由资源开采业、电力、建材、冶金、化工等高耗能产业组成，不符合当今的发展策略，因此大部分的资源型区域都在寻求产业结构的变革，发展非资源型的相关产业链条，然而河南省多数资源型区域城市仍旧保持着单一的产业结构，以重工产业为主。根据图 8-1 可知，2009—2018 年河南省资源型区域的第二产业在国民经济收入中所占的比重趋势有所下降，但大部分资源型区域的产业结构仍然偏重，各资源型区域的第二产业比重在 2009—2012 年超过 60%，登封市的第二产业比重在 2010 年甚至逼近 80%，偏重的产业结构不仅占用了大量的生产要素，还严重限制了非资源型产业的发展，对其他产业造成了严重的挤出效应。

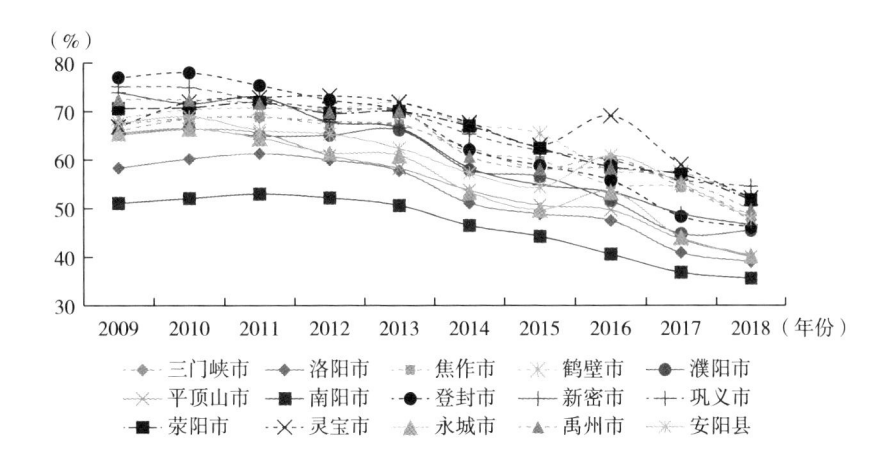

图 8-1　2009—2018 年河南省资源型区域第二产业占 GDP 比重

（二）经济发展极易受到外部环境影响

资源型区域在实现经济转型之前大多以国有性工业为支柱型产业，且国有企业在区域经济发展中的作用较为明显，与之形成对比的是轻工业制造业和小微企业的比重较小，且制造产业的现代化程度较低。这种发展明显偏重的产业经济结构很容易使区域经济的稳定性较差，极易受到国内或国外等外部经济环境变动的影响。例如，由于受到国内经济发展政策和国际金融环境的影响，传统资源出口国大量倾销煤炭以保持资源方面的经济收入，导致国际煤炭资源价格进一步降低，在国内煤价较高的背景下，国内煤炭企业的经营业绩遭受严重打击，且煤炭产量也随之受到较大影响。根据前瞻产业研究院出具的《中国煤炭行业发展前景与投资战略规划分析报告》显示，2016年在高压政策的影响下，我国的煤炭行业遭到了巨大打击，当年的煤炭产量与国内的煤炭需求量出现了4亿吨的空缺，因此2016年国内煤炭行业的产品价格出现了大幅度上升的现象，同时，煤炭行业还面临着天然气等替代能源的竞争压力，因此煤炭行业的发展前景不容乐观。就河南省资源型区域生产总值角度来讲，河南省资源型区域大多以煤炭资源型区域为主，其国民经济发展总值同样容易受到外部经济金融环境影响，当煤炭行业走势不佳或煤炭价格大幅度下降时，河南省资源型区域的经济发展就会产生大幅度波动，由此可见河南省资源型区域拓展非资源型经济产业链条、推动区域经济转型十分迫切。

（三）产业之间关联性差，城市功能分散

河南省资源型区域城市在崛起过程中受计划经济体制影响，导致区域内的国有大型资源型企业与其他产业的经济体缺乏联系，难以形成有效合作，长期内使城市发展受限，这种国企和私企之间的"断链"关系在资源型区域城市中更加突出。一般情况下，在资源型区域城市的建设初期，在地方和中央政府的支持下，各种帮扶政策纷纷下达，吸引资金流入和外来企业扎根，建立大型资源型企业。同时，这些新建的大型资源型企业，源源不断地输出各种原料和能源，加快国家工业体系建设。在政策倾斜和国家经济建设的背景下，国有企业的技术相对先进，相对地，中小型企业和乡镇企业的技术则明显落后。资源产业部门由于其自身的特质，规模大且建设周期长，在区域资金不充足的情况下，会挤占其他产业部门的资金，致使其他产业部门发展缓慢。资源型产业很难在短时期内发生改变，而资源价格又很容易受到外界环境影响，因此在当前不断变化的经济形势下，规模庞大的资源型产业显得颇为臃肿，应变能力差，难以在短期内实现产业转型。

资源型国有企业类似于一个封闭运行的小社会，内部功能齐全，这种企业特征和企业功能在某种程度上会和城市功能产生冲突，在一定程度上限制城市的发展。在以往的发展进程中，资源型区域是围绕资源型企业而建立的，在传统的计划经济体制下，企业本身有完整的自我服务功能。因此，城市丧失了其本身的功能，而只是作为资源型企业的附庸存在。

（四）人口构成和就业结构失衡

对于资源型区域来讲，矿产资源开发不仅是支撑地区社会经济发展的主导力量，同时也是当地财政收入的主要来源，在社会经济发展需求和地方政府的政策推动下，城市人口的就业方向和岗位提供大多偏向于资源开发和资源加工，在长期发展下便会将能源资源开发作为城市经济发展的支柱性产业。另外，还需注意到，由于资源型区域的常住人口主要以矿产资源的开采加工为主导就业方向，其职业发展的性质决定了资源型产业从业人员文化学历水平偏低，在资源型产品的生产链条上缺乏相应的智力支撑。然而，高技术人才多倾向于追逐资源型企业，由此造成其他需要高技术水平的产业缺乏相应的人才，对其他产业造成了人才挤出效应。这种情况在经济高速发展的追逐下，一直延续到了资源型区域经济发展的中后期，在经济转型中对多元化的综合型人才的需求供给缺口较大。除此之外，资源型区域的就业市场稳定性较差，当资源市场发生动荡时，资源型区域的就业市场常常会伴随着大量的失业现象。同时还需注意到，河南省很多资源型区域的常住人口逐步偏向于老龄化，无法满足当地能源资源开采加工的青壮年劳动力需求，再加上人口外流等各项因素的影响，因此河南省的资源型区域在发展后期时相较于非资源型区域的劳动力储备不足，甚至会低于同时期的非资源型区域劳动力比重，这表明人口老龄化在资源型区域城市较为严重；通过对比人口年龄结构，资源型区域城市常住人口的年龄结构变化程度在整个经济发展过程中要大于其他城市，这表明人口老龄化在资源型区域城市较为快速。再加上河南省近一千万的青壮年人口外流，导致区域经济转型的人口劣势较为突出。

（五）高校资源欠缺，城市吸引力差

河南省的高校资源位置分布不平衡，大多数高校或发展水平较高的高校分布在郑州。虽然高校的数量较多，且 2018 年的全省高校在校生达到了 214.08 万人，但资源型区域的高校数量和在校生人数相较于非资源型区域来说较少（见表 8-1）。另外，在河南省的众多高校中，只有郑州大学一个"双一流"的"211"大学，因此河南省资源型区域的高校在数量和质量上均有一定差距。另外在高校的学生来源结构中，非本地学生在整体学生结构中占据很大比例，这些学生的消费力对当地经济发展具有明显的带动作用。由于高校学生的吃、穿、住、行都要在其高校所在的城市解决，这些 20 岁左右的年轻人已经悄然成为城市主要消费群体之一，这无疑会有力带动当地第三产业的发展。在资源型区域本地的高校学生毕业后，很多高校毕业生会选择留在当地进行就业或者落户，这为资源型区域本地的经济发展提供了高质量的劳动力和良好的智力支撑，这不仅可以解决一部分高校毕业生的就业问题，还可以为其他资源型区域吸引人才提供正向的示范作用。而且资源型区域的本地高校所研究出的科研项目成果相对来讲更具有针对性、更贴合资源型区域的经济发展需求，因此高校科研成果在一定程度上可以直接转化到资源型区域的现实经济发展中和城市的规划管理中去。然而，由于河南省的高校数量少，导致在校的学生人数少，再加上拥有高校的资源型区域主要集中在地级市，难以汇集到优质的教师教学资源，因此办学质量很难提升上去，难以像其他城市那样借力于高校智力资源实现转型。

表 8-1　　　　　　　　河南省资源型区域高校分布情况

三门峡市	河南科技大学应用工程学院、三门峡职业技术学院
洛阳市	河南科技大学、洛阳师范学院、洛阳理工学院、中国人民解放军外国语学院、河南推拿职业学院、河南林业职业学院、洛阳职业技术学院、洛阳科技职业学院
焦作市	河南理工大学、河南理工大学万方科技学院、黄河交通学院、河南工业和信息化职业学院、焦作大学、焦作师范高等专科学校
鹤壁市	黄河科技学院汽车学院、鹤壁职业技术学院
濮阳市	河南大学濮阳工学院、濮阳职业技术学院

续表

平顶山市	平顶山学院、河南城建学院、河南质量工程职业学院、平顶山工业职业技术学院、平顶山职业技术学院
南阳市	南阳师范学院、南阳理工学院、河南佛教学院、河南工业职业技术学院、南阳农业职业学院、南阳职业学院、南阳医学高等专科学校

（六）生态环境失衡

资源型区域开发矿产资源对河南省的早期经济发展起到了重要的推动作用，但同时也对当地的生态环境系统造成了极大的破坏，在经济步入新常态的当下，经济放缓，人、资源、环境之间的矛盾越发显著，对建设美丽中国的目标造成了严重的阻碍。例如，平顶山市是河南省较为重要的煤炭资源储备基地，但由于地区自然环境的特殊性，致使在开采的过程中对自然环境造成了极大的破坏，严重损坏了当地含煤地质体的原始生态平衡模式。平顶山市在长期的开采过程中，由于尾后的矿坑回填措施不到位，对矿区周围的生态环境造成了非常严重的破坏。至 2010 年平顶山市所产生的塌陷区总面积约为 119.7 平方千米，其中破坏的耕地面积约为 6520 公顷，荒山地面积约为 9000 公顷，且破坏面积更是随着年份的增加在不断扩大，趋势为每年 3.3 万—4.7 万公顷的速度。除此之外，也对附近居民的正常生活和生产行为造成了极大的影响，造成道路、通信等基础设施均有不同程度的损害，破坏企业、学校、单位公共设施等共计 118 个，受影响的村庄共达 121 个。坍塌区导致的废气、废水等使附近的空气和地表水受到不同程度的污染，严重危害群众的身体健康。除了煤炭开采对土地表层和矿区附近基础设施的大量损毁之外，平顶山市的市区扩张建设等活动也对当地土地造成了不可逆转的破坏。土地作为稀缺资源，一旦遭到破坏，在短期内无法复原，农村居民赖以生存的生产资料就会越来越少，增加的农村剩余劳动力增大社会就业压力，同时如果无法处理好这些剩余劳动力的就业收入问题，对社会和谐关系进步也会产生影响。

二 河南省资源型区域经济转型条件

（一）区位交通优势

河南省位于中国中东部、黄河中下游，是全国最重要的交通枢纽之一,拥有着铁路、公路和航空运输等多元化的综合营运交通体系。其中在铁路运输方面有京广线和京九线等九条主要的铁路干线从河南贯穿而过;在交通运输方面,有京港澳高速和大广高速等17条国家级高速公路、50多条区域高速公路及23条国道公路纵贯河南。并且郑州和商丘等五个城市均拥有环城高速公路,而郑州、商丘和新乡等九个城市均为国家公路运输的中心枢纽,这不仅可以推动资源型区域自身的经济发展、降低资源型产品的对外运输成本和非资源型产品的对内运输成本,还可以对省域内的其他资源型区域的产业经济转型提供交通便利和道路辐射。

(二)经济基础优越

河南省作为农业大省,人口众多,劳动力充足,在人力资本的加持下,河南省的工业发展十分迅速,其服务业的市场发展潜力较大。在经济发展总量上,河南省经济增长趋势较好,2018年河南省以48055亿元的国民经济生产总值在全国经济总量中排名第五位。由于历史原因和政策倾斜原因,河南省资源型区域大多以重化工业作为其经济发展的支柱性产业,因此工业基础相对深厚,在资源型经济的发展过程中积累了很多工业技术,且国家级经济技术开发区项目和国家级高新技术产业开发区项目大多坐落于资源型区域城市(见表8-2),对于河南省资源型区域转型提供了良好的工业支撑和技术支持。另外,河南省资源型区域的第三产业发展迅速,其中商品零售、金融业和投资证券业较为突出,但需注意到,河南省资源型区域由于第二产业发展时间较早,第三产业起步晚、占比低,因此资源型区域仍然以第二产业作为其经济发展的主导产业。但第三产业在全国新时期的经济发展背景下,其发展潜力非常大,这为河南省资源型区域的顺利转型提供了良好的机遇。

表8-2　　　　　　　河南省经济技术开发区分布情况

国家经济技术开发区	
郑州经济技术开发区	洛阳经济技术开发区
许昌经济技术开发区	新乡经济技术开发区
漯河经济技术开发区	开封经济技术开发区
鹤壁经济技术开发区	红旗渠经济技术开发区
濮阳经济技术开发区	—

续表

国家级高新技术产业开发区	
郑州高新技术产业开发区	洛阳高新技术产业开发区
安阳高新技术产业开发区	南阳高新技术产业开发区
新乡高新技术产业开发区	平顶山高新技术产业开发区
焦作高新技术产业开发区	—

(三) 旅游资源丰富

河南省有着丰富的历史文化遗产和优美的自然风景区，共有 6 项 25 处世界文化遗产，13 处国家 5A 级旅游景区，12 处国家重点风景名胜区。而河南省资源型区域的旅游资源不仅数量多，开发潜力也很大（见表 8-3），如洛阳等资源型区域被划分为国家级历史文化名城，且《规划》中还将焦作云台山和平顶山市的尧山—中原大佛景区划分为重点旅游区，优质旅游资源为河南省的资源型区域建立综合性产业结构增加优势，同时改善当地生态环境、发展生态经济，如果河南省对本省的资源型区域旅游资源加以合理的规划，同时借助现代化网络媒体资源进行旅游景区的规模化宣传，使旅游产业成为河南省资源型区域服务业的绿色支柱型产业，有助于资源型区域提高招商引资能力和对外开放程度，从而对资源型区域城市实现顺利转型起到推动作用。

表 8-3　　　　　　河南省资源型区域景区分布情况

国家历史文化名城	
洛阳、安阳、南阳、濮阳	
国家 5A 级旅游景区	
洛阳	龙门石窟、白云山、老君山—鸡冠洞、龙潭大峡谷
焦作	云台山—神农山—青天河
安阳	殷墟
平顶山	尧山—中原大佛
南阳	中国西峡恐龙遗迹园—伏牛山—老界岭
安阳	红旗渠—太行大峡谷

续表

国家4A级旅游景区	
南阳	武侯祠、鹳河漂流风景区、赊店古镇、内乡宝天曼、内乡县衙、宝天曼峡谷漂流、国际玉城、香严寺、南召宝天曼、老君洞、龙潭沟、五朵山、云露山、方城七十二潭、花洲书院
洛阳	白马寺、关林、养子沟、重渡沟、黛眉山、隋唐城遗址植物园
安阳	安阳洹水湾温泉旅游区
三门峡	虢国博物馆、函谷关、豫西大峡谷、天鹅湖
焦作	嘉应观、圆融寺、黄河文化影视城
鹤壁	云梦山、古灵山、大伾山
濮阳	戚城、濮阳绿色庄园
平顶山	画眉谷

第三节 河南省资源型区域经济转型焦作模式

一 研究区域概况

焦作市在地理位置分布上位于河南省西北部，总面积407平方千米。东临新乡市，西临济源，南临滔滔黄河。在行政区域划分上，焦作市有沁阳、孟州两个县级市，温县、博爱等四县区，有山阳区和高新区等五个城区。

在自然地理环境上。焦作市地形差异较大且地貌多变，位处太行山脉与豫北平原的交接地带。境内河流众多，有黄河、沁河、青天河、丹河等，境内年均温度14.3℃，年均降水量572—648毫米。

矿产资源状况。焦作市拥有煤炭和硫铁矿等40余种矿产资源，其中探明储量的资源有20多种，因此焦作市的矿产资源不仅数量较大，而且种类也很丰富。其中，煤炭资源在焦作市的矿产资源中占据重要地位，因此焦作是典型的煤炭资源型城市。焦作市的煤炭产业在历史上早已留下浓墨重彩的一笔，在公元前221年焦煤便以其储量丰富而闻名，近代以来焦煤的品质与储量更是享誉海内外，为国家经济做出了突出贡献。新中国成立后，焦作作为典型的煤炭型资源型区域，以优质而丰富的煤炭资源而闻名全国，其中单一的优质无烟煤最为出名，是化工和钢铁工业的理想原料。除此之外，焦作的生物资源、植物资源、土地资源及水资源等较为丰富。

二 焦作市经济转型模式

（一）焦作市经济转型前存在的主要问题

焦作模式的资源型区域城镇是在新中国成立后，按照典型的工业化模式建立起来的，在这一时代浪潮下，焦作于1956年建市。依托当地的煤炭资源禀赋，以煤炭工业体系为基础，形成了与之相配套的工业基础设施体系。焦作市位于我国最重要的煤炭资源型城市前列，在焦作市煤炭矿产资源开采的鼎盛时期，其远超1000万的煤炭年产量令其无愧这一资格，焦作也由此兴起了一批以煤炭产业为基础产业的重化工业企业。截至1995年，焦作市到达矿产历史发展的鼎盛时期，资源型企业增加值占全市工业增加值的90%以上，此时的焦作市拥有煤炭资源型企业共计1233个，相关从业人数高达8.8万人，在全市总就业人数中占比高达21.56%。但是煤炭毕竟属于不可再生资源，经年累月的挖掘使焦作市的煤炭资源储量越来越少，因此在煤炭资源逐步枯竭以及市场经济体制逐步确立的背景下，特别是国家产业结构升级的市场需求要求更多的高新技术产业，以煤炭产业为主导经济产业的焦作市陷入了发展困境，其突破传统发展路径力求转型的愿景与现实中庞大冗杂的重工业经济体系之间的矛盾日益突出，出现了一系列社会经济问题。主要表现在以下几方面：

（1）产业结构偏重，能源储量下降。在长期的经济发展当中，焦作一直将煤炭工业作为主打品牌，是焦作市地方政府财政收入的主要来源，同时解决了很大一部分当地居民的就业问题，不仅对国家经济发展做出了巨大的贡献，对社会的和谐稳定作用也功不可没。然而从20世纪末开始，随着焦作市矿区挖掘工作的深入，当地煤炭资源储量大量减少，甚至濒临枯竭，更严重的是长期以来煤炭工业的发展打压了其他产业的发展，在煤炭产业衰落的同时尚无新的产业接替，经济形势一落千丈，且经济衰退所衍生出的就业问题和生态问题也很严重。

（2）经济增速趋于停滞。在发展初期，为了实现经济的快速增长，焦作市大力开展煤炭资源型企业，所带来的经济成果十分可观，不仅经济增速十分可观，而且其国民经济生产总值一度达到了200亿元。然而煤炭作为不可再生资源，随着不断的开采活动，煤炭资源的枯竭成为不可逆转的态势，由此连带着煤炭资源型产业的衰退，表现为焦作市GDP增长率的连年降低，于1999年达到了GDP增幅的最低点，为-15.60%。经济的负增长，对焦作市的经济发展造成了严重的打击并陷入恶性循环中，同时居民的生活水平和生活质量也随着经济的低迷而不断下降，前景一片迷茫，其经济发展转型刻不容缓。

（3）产业结构不合理，产业比例失调。1996年，焦作市的三次产业结构比例是16∶61∶23，第二产业明显偏重。尽管在后来的经济发展中经过调整，第一产业和第三产业的比例有所上升，但相对于第二产业来说，仍存在极大的差距，呈现出"两头小，中间大"的畸形模式，三次产业结构调整的任务仍需奋勇前进。其内部的工业结构同样不平衡，存在"重工业过重，轻工业过轻"的严重缺陷，而且其重工业的开展主要依托于煤炭资源，以煤炭开采和煤炭资源产品初级加工为主，显现出典型的资源经济产业结构，此阶段焦作市城市经济发展的支柱主要依赖于煤炭产业。

（二）焦作市经济转型路径分析

焦作市经过多年的资源型产业经济发展，导致能源资源储量下降、生态问题和社会问题层出不穷，因此对当地的产业经济进行了改革，并根据本地特色培育了新型的接续替代产业。其经济转型过程中根据本地经济发展条件和基本特色，采取了适合自身现实情况的转型路径，主要措施有以下几点：

（1）把产业结构调整作为转型的主要任务。自中华人民共和国成立以来，为了实现经济的快速发展，煤炭资源在初期发挥了十分重要的作用，然而，煤炭资源终究是有限的，伴随着煤炭资源的枯竭，资源型城市的发展也落入困境中。焦作市作为典型的煤炭资源型城市，长期的煤炭产业发展压制了其他产业的发展，而当全球煤炭资源价格下降、资源型经济遭遇寒冬时，焦作市由于支柱产业的颓废和非资源型产业的不成熟，导致区域经济严重缩水。因此焦作市在转型中既要保障接续替代产业的茁壮成长，又要保障传统煤企的顺利过渡，稳定社会环境，转型的压力和困难程度可谓巨大。然而从当下焦作市的发展情况来看，其经济转型取得了一定的成效。根据2005年的焦作市统计数据，焦作市的农副产品深加工工业增加值已超过能源工业产业的增加值。表明焦作市支持培育其他支柱产业的策略是十分成功的，实践证明，只有不断推进其他支柱产业的发展，才能更快速地推动焦作市经济转型。

（2）把科技进步和创新作为转型的支撑条件。科技进步和创新才是未来经济发展的主体，在转型过程中，必须树立"科技是第一生产力"这一理念，只有科学技术创新才能为经济转型打下正确的坚实基础。基于"科教兴国"这一国家基本战略，焦作市实施重点科技发展计划。先后组织实施了汽车转向节和气动制动系统等一批重点科技攻关项目和高新技术产业化项目。另外高校和科研机构作为高级人才的主要培养地，同样是关注的重点。焦作市积极向全国各大高校和科研机构发送邀请，开展专门的产学研活动，吸收先进的科学知识对产业人员进行培养教学。

（3）把环境建设作为转型的发展平台。要加快经济转型，需要构建行之有效的制度环境。在转型初期，资源的枯竭带来低迷的经济环境使焦作人的信念也随之衰退，因而需要重整人们的转型信念，重新塑造一个积极向上有活力的焦作市。为此，焦作市政府下达了一系列的政策来恢复人们的信念，激励焦作人积极创业，对创新行为进行大力奖励，在转型的过程中不断培育新的转型文化，激发社会活力和转型活力；实施积极的开放战略，对外引进先进的技术和经验。同时转变政府职能，将服务为主的职能代替行政管理为主的职能，并在乡镇中建立行政服务中心或便民服务中心，将各个基层行政组织及其社区进行相互连通，另外还需推动区域生态环境系统的治理和保护。习近平总书记提出"绿水青山就是金山银山"，焦作市政府在经济转型的进程中，紧紧围绕着"绿水青山就是金山银山"理念，通过政府行政职能的转变和广泛的社会宣传，将生态环保的理念深入人心，并以实际行动号召居民加入到城市绿色规划当中。自有统计数据公布以来，焦作市的工业固体废弃物利用率由2012年的59.57%上升到2016年的68.68%，污水处理厂集中处理率由2011年的85.6%上升到2016年的90.75%，生活垃圾无害化处理率由2002年的40%上升到2016年的97.5%，同时2017年焦作市4个省控地表水责任目标断面水质平均达标率达到了83.3%，因此焦作市在环境治理方面的成果较为显著。同时焦作市根据相关领域的专家意见,对城市交通及基础设施进行改善,以提升城市居民的生活便利性和生活幸福感,并以此为基础营造良好的投资环境,提高了焦作市吸引外资的能力和对周边地区的经济带动能力。

(4) 把构建和谐社会作为转型的重要目标。经济发展的目的是给人民提供更好的生活方式,构建和谐社会。因此,经济转型也当以构建和谐社会为重要目标,焦作市在转型的过程中,充分认识改革、发展、稳定的关系,积极构建和谐焦作。和谐社会以人为本,一是要解决社会中的失业问题,焦作市通过组织相关领域的专业人士,对区域内的下岗失业人员进行再就业培训,提高失业人员的就业技能并鼓励外出打工人员回乡创业。经过多年的不懈努力,成功减少了16.7万失业人数,使城镇登记失业率控制在4.3%以内。二是健全社会保障体系,建立了综合性就业服务平台。实现了市、县、乡三级低保管理网络化,五年累计发放失业金1.8亿元,其中2017年全年共发放城镇居民最低生活保障金7831.5万元,救助城镇最低生活保障对象2.4万人,全年共临时救助困难群众7248户次,发放临时救助金1275.08万元。同时鼓励群众积极参与养老保险、失业保险和医疗保险,其中2017年末全市共有70.24万人参加城镇基本养老保险、34.83万人参加了失业保险、293万人参与了城乡居民基本医疗保险,在最大限度上健全居民生活保障机制。

(三) 焦作市经济转型的基本情况

焦作市GDP增长情况。综观焦作市近20年的经济发展趋势,可以看出焦作市的人均国民经济增长总值增加了11倍,焦作市的经济增长总量虽然逐年增加,但1999—2009年期间焦作市经济增长率呈现出先增加再减少的波动状态(见图8-2、图8-3),说明传统的煤炭经济极易受到外部经济环境波动的影响,且单一的资源型产业经济已不再适用新的时期,又尚未发掘出新的经济增长方式,经济总量基本保持在1000亿元以下。2009年后焦作市的GDP增长率开始缓慢提高,年均GDP规模超过了1333亿元。但同时也可以看到,焦作市的经济发展速度却相对波动,呈现出下降的趋势。

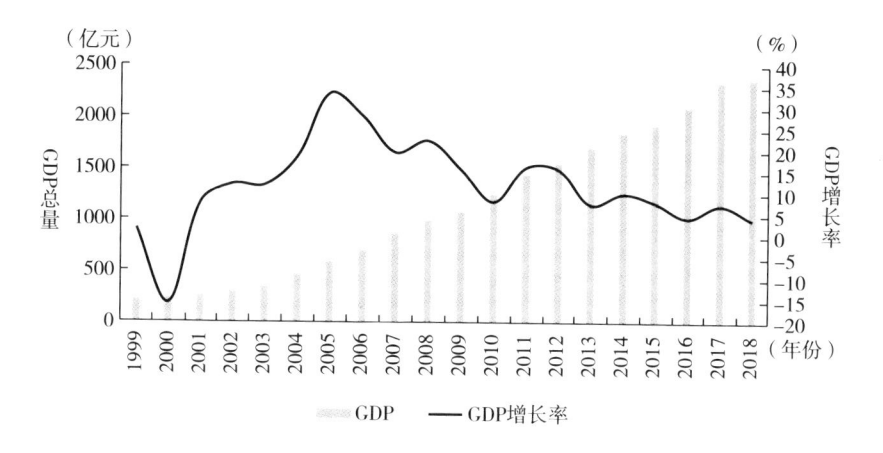

第八章 资源型区域经济转型创新路径体系的实证分析

图 8-2　焦作市近 20 年的 GDP 总量及 GDP 增长率情况

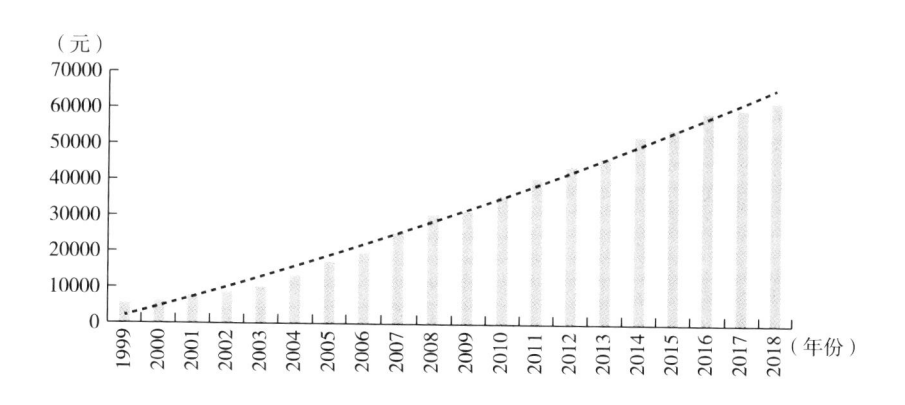

图 8-3　焦作市近 20 年的人均 GDP 增长情况

焦作市三大产业走势。由图 8-4 的数据可以发现，焦作市在 2009—2018 年近十年期间主要以第二产业为主导，第三产业自 2013 年后有所上升，但增长速度不大，同时第一产业占比最低，也最为稳定。另外由于资源型产业转型升级，使焦作市的第二产业呈现出先升后降的趋势。

在三次产业的变化趋势方面，第三产业由于受到资源型区域的旅游业发展和生态环境保护加强等因素的影响，呈现出逐步上升的态势。同时在三次产业的增长总量上，三次产业的发展都出现了不同程度的增长（见图 8-5）。其中第二产业的增长幅度要远大于其他两大产业，平均值更是达到了 1109.14 亿元,远超第一产业平均值 124.08 亿元和第三产业平均值 533.22 亿元;第一产业增长缓慢,而第三产业则是稳中上升。同时还应该注意到,焦作市作为典型的资源型区域,虽然其经济转型发展已经取得了较大成绩,但第二产业比重仍然较大,其产业结构中仍需提高第三产业的比重。

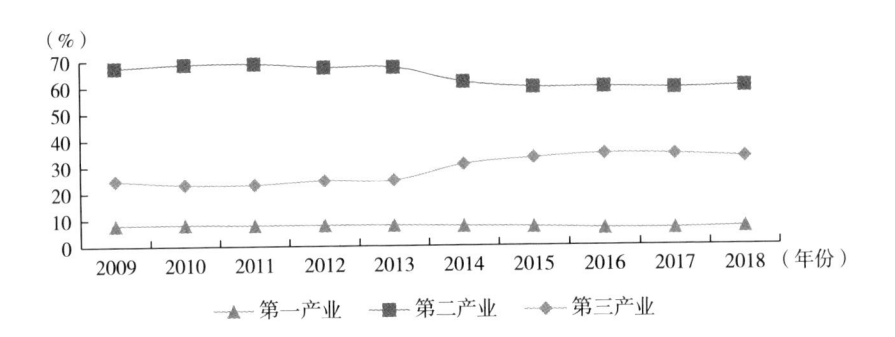

图 8-4 2009—2018 年焦作市三大产业结构变化情况

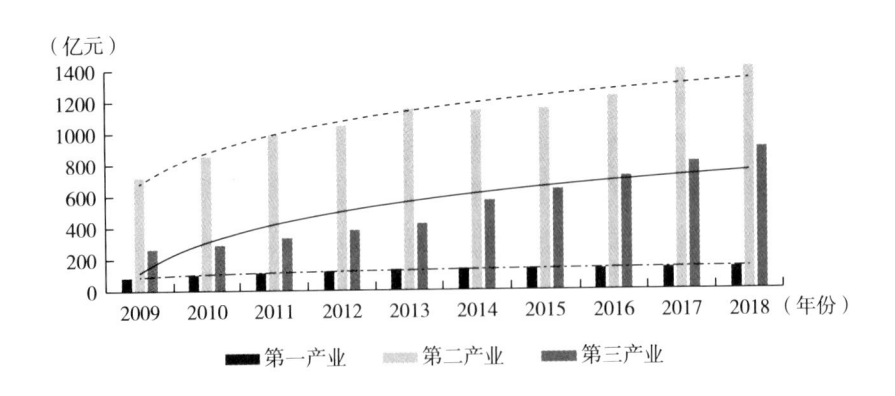

图 8-5 2009—2018 年焦作市三大产业变化趋势

1. 焦作市居民收入水平

由图 8-6 可知,焦作市自有统计数据以来,在近 18 年的城镇家庭可支配收入和农村居民纯收入都实现了较大增长;其中农村居民人均纯收入年平均为 8318 元,共增加了 513 个百分点。消费水平也随之提高,其中城镇居民人均消费支出平均为 11518 元,共上升了 494 个百分点。

可以看出城镇居民的收入增速较快，而农村居民的消费增速较快，城乡居民的收入差距和消费差距仍然较大。另外，还需注意到，城镇居民的人均消费支出始终高于农村居民的人均收入水平，且这一差距随着时间的推移仍然在不断地扩大，因此必须采取措施缩小焦作市的城乡收入差距。

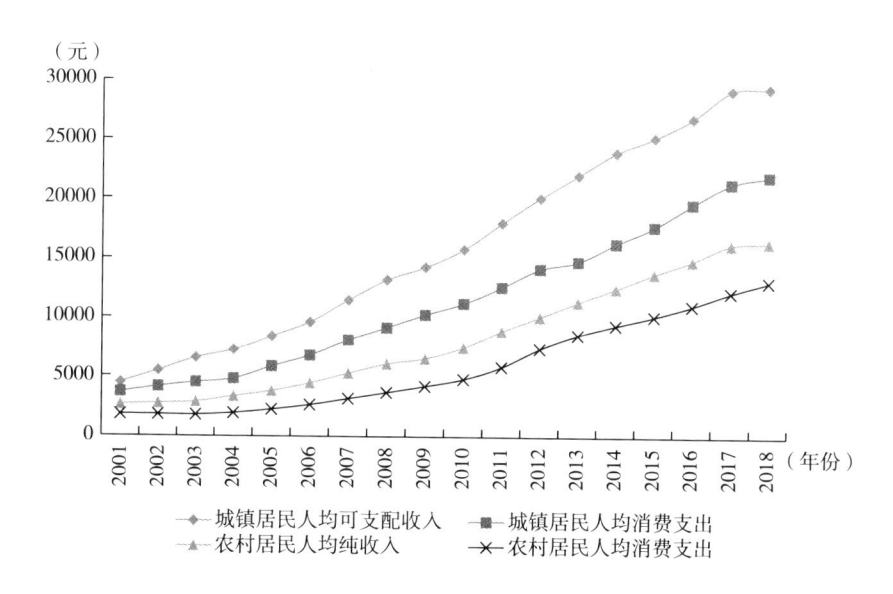

图 8-6　焦作市居民收入水平和消费水平变化趋势

2. 焦作市固定资产投资情况

通过查阅大量的数据资料可知，焦作市自 1996 年开始统计当地的固定资产投资情况，因此本书以 1996—2018 年的数据为基础，分析了焦作市近年来的固定资产投资的变化情况（见图 8-7）。由图可知，焦作市在 2002 年之前，其固定资产投资总额较小，且由于经济发展的路径依赖等原因，其经济发展情况较差，固定资产投资总量的增长速度也随之变化不大。但自 2003 年起，受到区域经济转型内部影响和国家经济快速发展的外部影响，焦作市的固定资产投资总额和发展速度开始快速上升。据统计可知，焦作市在研究期间的固定资产投资总额共增长了 67.75 倍，这也是焦作市区域经济转型成果的重要表现。

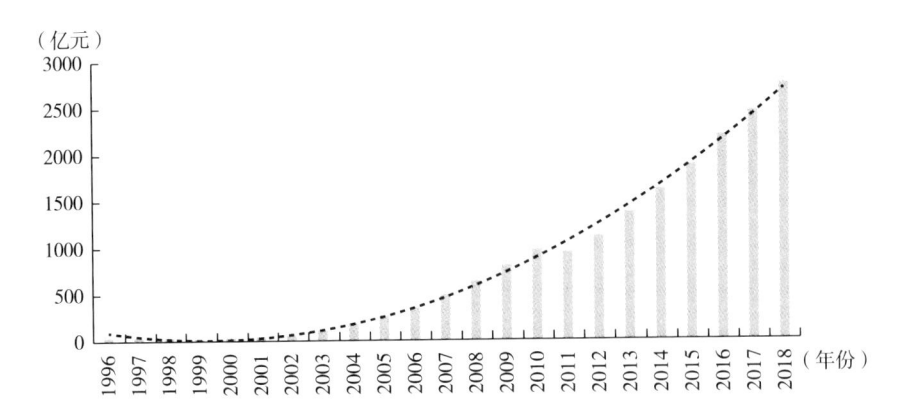

图 8-7　焦作市固定资产投资情况

3. 接替主导产业框架初步形成

焦作市在经济转型中结合自身的资源禀赋优势和深厚的工业经济基础，形成了以非金属业、汽车、医药、化学、农副产品深加工等为支柱的新型工业体系。这五大支柱性产业在新的时期对焦作市的经济发展做出了巨大贡献，占工业经济总量的比重保持在 67.8% 左右，2017 年焦作市的高技术产业完成增加值 77.11 亿元，增长了 19.8%，化学原料及化学制品制造业实现的利润达到了 50.99 亿元，增长了 98.1%，通用设备制造业实现利润 21.23 亿元，增长了 7.7%，这些都在一定程度上消除了以往煤炭产业一家独大的现状。

三　焦作经济转型模式对策

（一）放宽转型视野

首先，必须以经济全球化的视野探讨转型策略。必须将资源型区域中的市场机制进行最大限度的发挥，以自由的市场机制对其区域内各项要素进行世界范围内的分配和流通。在经济全球化的背景下，资源型区域中的石油或煤炭、天然气等区域资源禀赋优势将在一定程度上有所弱化，同时也会为资源型区域的经济发展带来新的要素禀赋，这为河南省资源型区域的经济转型提供了更多发展机遇和竞争空间。其次，必须结合我国工业化经济的发展背景进行转型。当前我国的工业化和城市化发展进入到新的时期，而加速发展的工业化经济必然会带动城市化的进一步扩大，城市化进程弱化了城乡之间的二元结构和发展差距，城乡一体化进程得到了迅速推进。而资源型区域作为现阶段改革转型的重点对象，更应该结合城乡一体化的发展趋势进行城市功能改革和城市转型，以城市经济的吸引力推动周边城镇的要素和人力资源向城市集中，借此加强资源型区域的聚集功能、信息中心、商品集散中心和人居功能，进而带动城市中的就业活力和产业升级活力。最后，必须以协调发展的视角进行区域转型。从协调发展的观念上看，资源型区域转型不仅仅是一个城市的经济转型，还包括能源资源、生态环境、交通运输、城市规划和社会体制等各方面的转型升级，应该从综合性的视角出发，避免资源型区域的转型变成相互割裂的单纯的经济转型，同时还要实现城市与周边经济的良好互动，避免资源型区域一家独大的发展。

（二）加快体制创新

首先，必须树立"经营城市"的理念。抛弃过去以能源资源开发为主导经济的发展手段，以土地、人口和技术为发展契机打造资源型区域进一步发展的新优势。对于资源型区域来说，不仅拥有丰富的矿产资源，还拥有大量的土地资源，因此资源型区域在经济转型过程中可以通过土地整理，利用其完备的基础设施将矿业用地转换为宜居用地或绿化用地。同时，还可以利用资源型区域本地拥有的人力资源和工业技术发展关联性产业，对原有的产业链条进行延伸，增加其产品附加值。其次，要创新资源型区域的管理体制机制。资源型区域的城市管理是一个复杂的系统性工程，必须对资源型区域的城市管理体制机制进行创新，将制度创新的地位放在技术创新之上。河南省资源型区域的城市管理体制大多带有计划经济的烙印，将企业管理的方法硬套在城市管理的方法中，使城市的发展活力丧失，城市管理机制已经不适合现代经济发展的新要求，因此城市管理体制的机制改革势在必行。最后，要根据资源型区域的要素禀赋打造区域竞争的新优势。资源型区域之间的城市经济竞争，主要是指城市"硬实力"和"软实力"之间的竞争。其中"硬实力"是指资源型区域原本拥有的矿产资源及在开采资源中所延伸出的资源加工产业链条、工业基础等；而软实力是指除了资源储量优势以外的其他比较优势，如制度优势、技术创新优势、土地资源优势等，在资源型区域的能源资源储量枯竭之后，除了延伸原来的产业链条，还可以利用区域拥有的软实力优势，打造具备当地特色的、有竞争力的支柱性产业，并以优惠政策吸引外来的技术、人才和投资，实现区域产业结构的转型升级。

（三）加强政府支持

首先，要加强制度创新的力度。随着河南省的部分资源型区域发展到中后期，资源枯竭的区域越来越多，必须以完善的制度体系对资源型区域的转型升级加以支持，这是实现资源型区域经济转型的基础手段。但目前我国所发布的支撑资源型区域转型的相关制度较为松散，难以形成科学严谨的制度化体系，因此必须进行制度上的改革创新，并针对资源型区域转型建立符合客观现实进步的制度体系。主要包括资源产权制度、资源环境补偿制度、资源财富管理制度和资源收益的分配制度，将产品、补偿、财富管理和分配相结合，实现区域经济转型制度上的协调性联动。其次，要争取政府的政策性支持。资源型区域的经济转型不仅包括体制机制改革，还需要相应的配套政策相呼应。以政策的引导和规范限制推动资源型区域的产业结构提升，主要包括财税政策、资源开采规范政策、生态环境补偿政策和废弃物排放标准政策等，除此之外还有社会保障、人口就业、基础设施建设和城市布局规划等方面的配套政策，因此资源型区域的配套政策不单单是某项政策条例，而是一整套的政策体系，通过各项政策之间相互协调运作，使资源型区域的转型动力和内生能力加以提高。最后，要争取国家的法律支持。资源型区域转型离不开法律层面的支撑，这是加快区域经济转型升级的最重要保障，而目前我国在资源型区域经济转型方面的立法还是处于空白的状态，因此国外一些资源型区域转型的法律规定为我国制定资源型区域转型的法律法规提供了一定的借鉴经验。如对城市的空间布局和土地划分、土地再利用及基础设施建设进行法律规定，对城市产业经济振兴过程中的产业布局和产业选择等做出一定的法律政策扶持，对矿产资源的开发、使用和补偿等方面做出相应的详细规定，并确定矿产资源的开发机制和责任主体。

第四节　河南省资源型区域经济转型平顶山模式

河南省平顶山市依托其丰富的煤炭资源，为国家早期的工业化及现代化建设提供了大量的能源支撑，是非常典型的煤炭资源型城市，同时也是我国最重要的煤炭能源基地之一。但随着对煤炭能源的大量开采，以及国内外能源市场的逐步衰退，平顶山市面临着一系列经济问题、环境问题、能源耗竭问题和社会问题，如何实现煤炭资源型城市转型及可持续发展就变成了平顶山市未来发展的首要问题。因此本书以河南省平顶山市为例，深入分析了平顶山市经济发展的现状、在转型中面临的相关问题及推动平顶山市转型的对策建议，以推动平顶山市进一步可持续发展。

一 研究区域概况

（一）地理位置与行政区划

平顶山市位于河南省的中南部，是河南省的一个地级行政区，于1968年正式设市。在地理位置分布上，平顶山市全境东西长150千米，市区建成面积80平方千米，并下辖五个城区和四个县，代管县级市舞钢市。平顶山市自建市以来，一直依托本地储量丰富、质地上乘的煤炭资源及良好的区位优势发展工业化经济，其社会经济发展速度及各方面的发展潜力在河南省各地市中始终处于前列，并于2003年被确定为中原经济区重点建设城市。截至目前，已经形成了以能源资源型产业为主导，钢铁、煤炭、化工及纺织等多个产业综合发展的工业化城市，并以其巨量的煤炭资源储量为上海、广东及湖南等省市的社会发展提供能源支持。

（二）矿产资源状况

平顶山市已发现的矿产资源种类丰富，目前已经发现了58个矿种资源，共拥有119个明确的矿产储地，且拥有24种储量明确的矿产资源，主要包括煤炭、铁矿、盐矿、石灰岩与铝土矿等。

第一，煤炭资源是平顶山市建市的基础和发展的主要能源支撑，主要分布在平顶山煤田和汝州煤田等矿区，且已经探明的煤炭储量非常丰富，被称为中原的煤仓。2018年平顶山市探明的煤炭储量达到了103亿吨，在河南省的煤炭总储量中达到了51%。但需注意到，平顶山市的煤炭资源储量中国有重点煤矿就占据了80%，在剩余的煤炭资源中可供建井的储量很少，因此平顶山市可用的煤炭资源在未来难以支撑其经济快速发展的需要。第二，平顶山市还拥有大量的铁矿资源，目前平顶山市已经拥有了21处铁矿石矿山产地，且已经探明了6.64亿吨的铁矿储量，占河南省铁矿储量的76.3%。第三，平顶山市拥有四处大型盐田，400平方千米的盐井面积在全国排名第二位，其盐矿资源储量、保有储量及基础储量分别占河南省的89.7%、79.8%和79.5%。第四，平顶山市分别拥有12处水泥灰岩储地和3处焰剂灰岩，水泥灰岩的累计探明资源储量和保有资源储量分别达到了56831.69万吨和54746.9万吨，而焰剂灰岩则分别达到了9417.3万吨和9412.2万吨。第五，平顶山市还拥有铝土矿等矿产资源，2018年年底发现的绍土矿和耐火黏土矿的资源储量分别达到了2651.6万吨和1390.6万吨，分别占河南省相应资源总储量的4.3%和56%。

因此，平顶山市整体上的资源种类较为齐全，大部分种类的资源储量还较为充盈，但煤炭资源储量由于大规模开发的时间较长，因此煤炭资源的可持续性较差。

二　平顶山市经济发展的基本现状

（一）经济发展分析

由分析可知，平顶山市的经济总量在2001—2008年上升较快，说明在全球能源市场的上升趋势下，资源型初级产品的价格也随之高涨，进而推动了资源型区域的经济增长。在经济增长速度方面，平顶山市在2008年之前的GDP增速均保持在15%以上（见图8-8），其产业结构也由"二一三"调整为"二三一"。但需注意的是，平顶山的经济发展分别在1998年至2001年和2008年国际金融危机两个时间段发生了两次较大的波动：在第一次波动中，平顶山市经济总量的省内排名下降了四位，而后随着外部经济形势的好转，平顶山市的经济总量省内排名又攀升至第四名；在第二次经济波动中，平顶山市经济总量的省内排名下降了八位，且平顶山市在2016年、2017年和2018年的GDP增速分别为7.22%、7.7%和7.5%，在省内的经济排名也不断下降。并且平顶山市的两次经济波动及省内排序均呈腰斩式滑落，其经济增速在"十二五"和"十三五"时期的排名均为全省倒数。由此可以发现，平顶山市在其经济发展速度最快的时间段，同时也是其经济波动最为剧烈的时期。

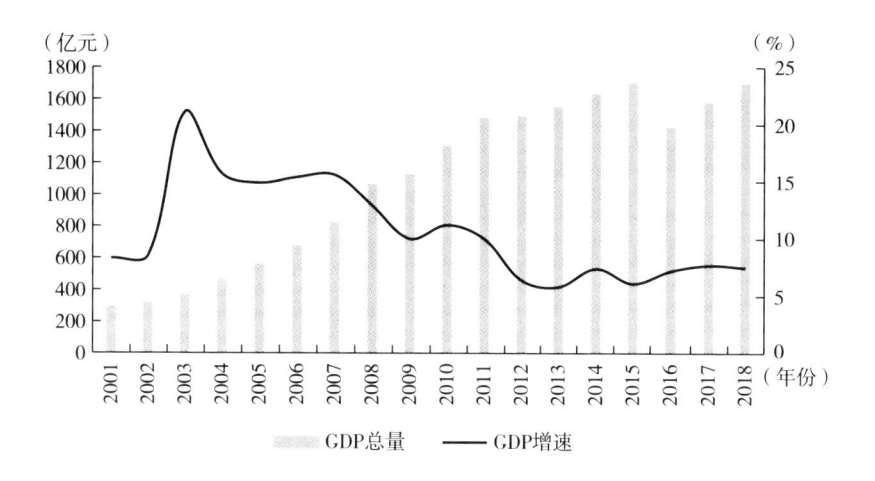

图 8-8 平顶山市历年 GDP 总量及增速变化情况

从经济发展之间的关联性来看，平顶山市的技术经济主要集中在原煤产业和化工产业的延伸方面，而资源型企业的结构特征主要表现为头重脚轻，大型的资源型国有企业虽然占比较大，但活力性较差，各方面因素逐步形成了平顶山市可持续发展的瓶颈。主要原因有：一是外部因素，平顶山市的两次经济波动分别受到了亚洲金融危机和全球性金融危机的冲击，因此资源型区域的经济发展极容易受到外部经济环境的影响。二是内部因素，平顶山市的产业结构较为单一，多为传统的资源开采加工产业，且新兴产业的总量较小，仍然处于高端产业链条的末端环节，另外平顶山市的生产性服务业由于受到资源型产业的生产要素挤出效应，其产业结构升级较为困难。以上种种原因形成了平顶山市的产业结构布局不完善的困境，阻碍了区域经济的进一步发展。由图 8-8 可知，平顶山市在 2001—2008 年的经济发展速度较快，但其产业结构却呈现为第二产业畸高、第三产业偏低的状态（见图 8-9），从而导致其经济发展质量较差。三是平顶山市的经济增长和发展出现了相互背离的现象。平顶山市的两次经济大型波动都与其煤炭资源型产业有关，在第一次经济波动中，非资源型企业由于受到亚洲金融危机的冲击而相继倒闭，但以煤炭产业为支柱的大型国企和集体企业却得到了进一步强化。同时，在经济危机中倒闭的非资源型企业所留出的大量市场空缺却没有被新兴的、有活力的市场经济填充，导致平顶山市的第二产业和第三产业结构比重更加失调。四是平顶山市的两次经济波动的性质不同，分别属于经济的周期性波动和结构性波动。周期性波动是指在经济增速暂缓的背景下，但随着外部能源市场环境的好转，平顶山市的经济复苏潜力仍然较大。但结构性经济波动与周期性的经济波动不同，结构性经济波动一般表现为能源市场的整体衰落，即便渡过经济危机，外部世界经济环境有所复苏，现有的资源型经济也很难回弹。这也可以印证平顶山市的经济发展轨迹，在其第一次经济波动后其社会经济迅速得以恢复，但平顶山市在经历第二次经济波动后逐步与其他地级市的经济总量拉开差距，至今难有起色。

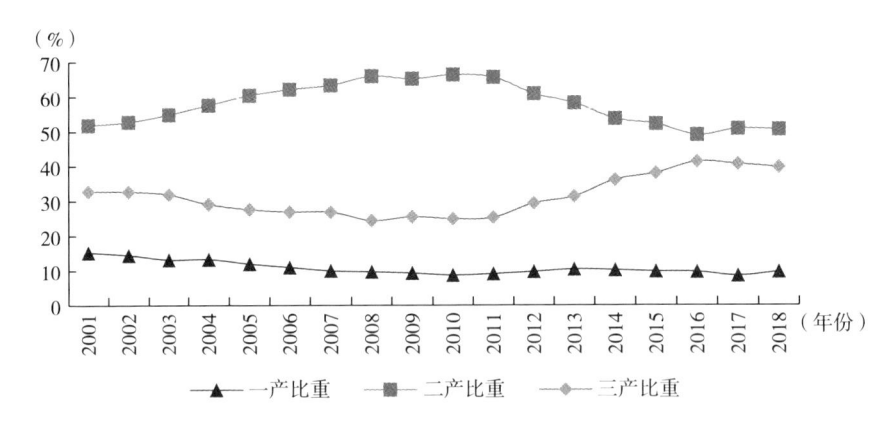

图8-9 平顶山市历年三产占比情况

（二）市域经济转型必要性

平顶山市长期依靠开采当地丰富的煤炭资源来为经济发展提供支撑，日积月累造成当地三次产业结构严重失衡，不利于平顶山市的经济可持续化发展。尤其是受到国际金融危机的影响后，国内的能源资源市场状况持续恶化，平顶山市的煤炭产业也随之遭到重大打击，在支柱性产业无力支撑区域社会经济的进一步发展之后，平顶山市的经济发展出现了增速倒退的困境，因此推动其区域经济转型迫在眉睫。平顶山市区域经济转型的必要性可以从国际层面和国内层面两个方面来看：国际方面，自经济危机后全球经济复苏曲折，主要发达国家的经济增长步伐缓慢，且东亚等新兴的国家经济发展质量参差不齐，使全球经济增加了很多不确定性。在我国经济进入新常态的发展阶段后,各方面对经济发展速度和发展质量提出了新的要求,因此平顶山市必须从根本上摆脱原有的粗放型经济发展方式,根据时代发展需求对经济产业结构做出调整,以技术创新和管理进步突破目前的发展瓶颈;国内方面,平顶山市在整体经济下行的大环境下所遇到的经济增速问题是前所未有的,是经济制度性、结构性的危机,同时也是透支资源型产业的红利之后所留下的后遗症。平顶山市在目前的经济形势下出现了资源型产品的供需错配及去库存的问题,主要的大型资源型企业经营困难,这样的困境在长期内难以有所改变。

因此,由以上分析可知,平顶山市要提高现有的经济发展质量、增加大中小企业的经营效益,推动区域经济可持续发展,必须要多方向培养经济发展的驱动产业,对基础性产业进行政策倾斜,并以技术创新和制度创新对市场份额进行重新精准化分配,进一步扩大资源型产品的市场需求,以严格的制度性条件倒逼资源型企业进行转型升级。再进一步实现市域经济层面上的转型升级,进而推动平顶山市整体的产业结构调整,将传统的高耗能产业发展模式转换为新型的朝阳型产业,减缓资源型市场低迷及供需不配套带来的经济下行压力,最终推动市域经济在整体上的可持续发展。

三 平顶山市转型发展方式实施探讨

(一)主流经济转型升级方式

经过研究发现,区域经济的转型升级方式主要包括产业延伸方式、产业更新方式和多元化复合方式。

1. 产业延伸方式

产业延伸方式是指在已有的产业经济基础上进行产业链条的延伸,并依据区域要素禀赋对原有的资源型产品进行深层次加工。产业延伸的区域经济转型方式通过不断强化企业内部的组织结构关系和生产方式,使资源型企业在产品加工技术和组织管理等链条的上下游之间具有共通性,长期内其组织生产的协调性得到加强,进而提高企业的技术创新能力、降低生产加工的各项成本,最终充分发挥其资源禀赋优势。但这种见效快的转型方式比较适合成熟型资源型区域。以产业延伸的方式进行成功转型的资源型区域有很多,最典型的是美国的休斯敦和江苏省的徐州市。其中美国的休斯敦在 1960 年之前一直以航天行业及医疗业作为其支柱性产业，但经过长期的石油开采之后，当地面临着石油资源耗竭的危机，为摆脱危机，休斯敦利用其优势特征开始谋求经济转型和社会转型。经过 50 多年的经济转型发展之后，休斯敦利用其天然的海岸优势及先进的基础设施，成功转型成为美国的商品零售中心和各项资源型产品货物的中转站。可见以休斯敦为代表的原本具备一定经济实力的资源型区域，一般凭借其具有的区域优势、资源优势及交通优势进行经济转型及产业经济的综合化发展；而江苏省的徐州市则利用其区域环境优势及煤炭资源禀赋优势，在产业改革及制度改革方面全面推动区域经济协调发展，并形成与周边区域经济相互适应、相互配套的多元化产业，同时保留了徐州市自身的产业经济特色，避免了各区域产业特色雷同的现象。徐州市以其产业延伸的经济转型方式实现了区域经济的弯道超车。

2. 产业更新方式

产业更新的转型方式由于改革彻底、速度较快，因此适合资源储备趋于耗竭，但具有一定经济基础的资源型区域。在产业更新的转型过程中，资源型区域可以最大程度上摆脱原有的单一产业的桎梏，最大程度上利用已有资源进行非资源型产业的市场扩张、提供选择性更多的就业岗位，提高财政收入。利用产业更新方式进行经济转型的典型资源型区域主要有辽宁省的阜新市和河南省的焦作市，其中阜新市作为全国最先进行经济转型的资源型区域之一，有效地利用了中央的财政资金及政策支持，以其雄厚的工业基础开展机械化农业和现代化服务业，积极调整三次产业结构，其经济转型在短期内取得了较好的效果；而焦作市则是基于生态视角进行产业经济转型，将基础设施建设和生态环境治理同时进行，并利用当地独特的地理优势打造旅游产业，其中以云台山为代表的太行山系旅游产业最为著名。在旅游业等第三产业的迅速发展之下，焦作市国民经济发展的可持续性越来越强。

3. 多元化复合方式

多元化复合方式是指将产业延伸方式（传统产业的拓延）和产业更新方式（培育新型产业）进行结合，将资源型区域经济转型过程中产生的负面影响降到最低。多元化复合方式结合了产业延伸方式和产更新方式的优点，因此其特征不仅包括区域的资源禀赋优势，同时还拥有现代产业的比较优势特色。多元化复合方式主要偏向于未被广泛关注的行业，如金融服务业和水产养殖业等，一般以多样化经营、多产业并行的方式进行，致力于培育新的经济增长点。多元化经营方式目前已被国内多个资源型区域采用进行经济转型，这其中以宁夏石嘴山市为代表。石嘴山市地处西北内陆，气候干燥，但无烟煤资源丰富，且质量上乘。石嘴山市在经过资源枯竭的威胁之后，致力于改善当地的生态环境，以生态改善作为区域经济转型的切入点。石嘴山市以建造具有当地特色的山水园林城市为目标，大力整改古沙湖沼泽湿地，建成了国家水利风景区星海湖国家湿地公园风景区，占地面积23平方千米，将现代化农业生产和旅游业、光伏产业及现代工业相结合，这成为宁夏石嘴山市转型的特色方式，进而成为全国首批文化旅游特色城市。石嘴山市的一系列改革措施不仅改善了当地居民的生活条件和工作条件，还推动了其区域经济的可持续发展。

（二）经济转型路径选择战略需求

资源型区域要实现经济转型必须要有长期性的科学合理的规划，依据自身的发展特色因地制宜进行转型路径的探索，在资源型区域进行经济转型路径的战略选择需求中，主要包括克服路径依赖、做好长期攻坚、培养独特的竞争优势及政府主导等多个方面。首先在克服路径依赖方面，资源型区域必须在发展理念上进行更新，扭转依赖矿产资源开发进行经济发展的惯性思维，并在延伸资源型产业链条的基础上挖掘新的经济增长点、培育新兴产业；在做好长期攻坚战方面，应注意到资源型区域经济转型是一个长期性、综合性的大型工程，不可能在短期内全面实现区域经济的可持续发展，至少需要一代人的努力。因此，应放眼未来，培育具有发展潜力的新兴产业和新的支柱性产业，并引进对应的产业转型对接人才，对本地高校的科研基金进行政策性倾斜，同时与国内外著名高校进行项目合作，为资源型区域经济转型提供源源不断的智力支撑；在培养独特的竞争优势方面，资源型区域需综合其区位特征及资源要素优势等方面进行经济发展规划，立足于区域经济发展现状因时制宜、因地制宜地培育新兴特色产业及替代产业，并将市场上的竞争机制进行充分发挥，避免产业发展的趋同化、鼓励产业经济差异化，以合理定位和准确地分析培育具备竞争力的优势产业；在政府主导方面，应充分认识到资源型区域的经济转型是一个复杂的大型工程，在经济新常态下必须依靠政府的宏观规划和统一指导，以强有力的行政力量推动老工业基地实现产业经济振兴和可持续发展，并以宏观视角规划具有当地特色的新兴替代产业，同时充分调动社会资源，最大限度地提高经济转型的效率，使资源型区域的转型效果事半功倍。

（三）平顶山市经济转型内生因素科学评估

一个城市中三次产业的结构分布情况与当地经济的发展质量息息相关，在第三产业的发展比重不断提高的状态下，高水平的工业化体系是推动区域社会经济不断进步的核心动能。在新时代的发展要求下，高水平的现代化工业在经济发展结构中的比重不断提高，并且不再局限于第二产业等重化工业，而是广泛运用到食品、农业及纺织等轻工业生产当中，使基础工业领域的生产效率大幅度提高。在工业化体系改革的背景下，工业发展结构产生了显著的变化。根据霍夫曼系数，由于平顶山市2018年的人均GDP为20416元人民币，因此按2008年的购买力评价折算约为4220美元，在此期间，第一、第二、第三产业的结构比重为9.7∶50.6∶39.7。

从发展阶段的主导产业和经济动能维度分析，平顶山市的主导产业中重化工业比重有所降低，2017年规模以上工业的39个大类行业中，贡献率居前的行业为：专用设备制造业完成增加值24.5亿元，增长22.1%；金属制品业完成增加值24.8亿元，增长38.6%；电气机械和器材制造业完成增加值42.7亿元，下降6.1%；化学原料和化学制品制造业完成增加值26.3亿元，增长21.1%。同时全年规模以上工业完成高技术产业增加值22.4亿元，增长2.2%，低于工业增加值平均增速5.9个百分点。另外，经济增速提升主要靠资本投入和规模经济产生，技术革新和从业者素质提升在经济增长中的贡献度较小。

从各项工业化指标数据及区域社会发展现状来看，平顶山市与全国或河南省内等依靠创新技术为经济增长动力的其他区域相比还有一定的发展差距。同时还需注意到，资源型区域经济发展最快的阶段是工业化发展的中期阶段，在这个阶段资源型区域的各项基础设施及各项城市功能也会在短期内相继完善。但平顶山市的国内发展背景决定了其工业化布局相对超前，其工业化目前正处于工业化发展中期的初级水平。由此可见，应在遵守经济社会发展规律的前提下，以制度创新和技术创新共同推动平顶山市的经济发展向中高级水平发展，同时还要将技术革新与生产进步相结合，不可一蹴而就。

（四）产业结构发展现状

平顶山市目前的产业结构发展现状主要包括产业结构第一、第二产业占比较大及企业组织结构不合理三大问题：首先，平顶山市的经济发展主要依靠煤炭能源，煤炭资源型产业经济是平顶山市实现社会发展的支柱性产业，导致区域产业结构偏重，同时一产占比一直较为稳定，而第三产业占比增加较快，但与第二产业相比仍然无法引领平顶山市的经济发展。因此，与综合发展的区域经济不同，平顶山市的产业结构将在长期内保持"二三一"的发展特征；其次，平顶山市经济发展以第二产业为主，而第二产业中又以重化工业为主，因此平顶山市的制造业占比不足，而采掘业等资源型产业占比较高。据2018年的统计数据可知，平顶山市轻重工业的比例达到了14.5∶85.5，严重制约了资源的有效利用和生产力的合理配置；最后，平顶山市的企业组织结构普遍不合理。在长期发展重化工业的过程中，由于体制因素及各项生产要素的分配限制，使区域内的资源型企业组织结构呈现出一家独大的发展局面。在平顶山市的资源型企业当中，只有神马集团和天瑞集团的规模及营业收入较大，其他企业均规模较小，无法形成企业进一步发展的规模效应，缺乏竞争力。另外还需注意到，由于区域发展的历史因素，平顶山市的政府决策机构与企业的管理体制整体协调性较差，进而导致城市各项功能无法得到有效发挥，进一步加大了城市的管理负担。

（五）平顶山市经济转型外界因素科学评估

对于平顶山市的经济转型外界因素评估可从区域经济发展模式、工业化发展、产业布局调整以及政府宏观调控等方面进行分析。在区域经济发展模式方面，由于我国已经成为世界生产要素的产品市场中心，经济发展方式已经转变为以消费拉动和创新驱动为主。因此平顶山市可借此机遇摆脱原有的粗放型经济增长道路，发挥区域经济发展的比较优势，推动区域协调发展；在发展新型工业化方面，我国经过多年的发展后建立起了完整的工业化体系，且在经济危机后，国际市场逐步开始向数字化和高端产业服务化方向发展，这进一步提高了工业化的发展要求,对于资源型产业工业体系来说具有一定的倒逼效应。因此平顶山市应在此改革趋势下,顺应时代潮流科学布局,把握好新型工业化的发展方向,推动区域经济向更高的层次进阶;在调整产业布局方面,我国的沿海地区经过产业升级改造后逐步以高端服务业和技术创新为经济发展的主要驱动力,并将高能耗的低端产业链逐步向内陆或东南亚地区迁移。在此背景下,平顶山市以其较低的人力成本优势承接了很多沿海地区的低端产业,同时其区域内的制造工业大多处于"微笑曲线"(见图8-10)的附加值低端部分,即工业生产的盈利空间小、整体竞争力较差。因此平顶山市要把握产业布局的调整机遇,因地制宜地利用自身发展优势承接先进产业链条,并与本土原有产业链条进行融合协调;在政府宏观调控方面,我国经济的平稳性发展离不开国家层面的宏观调控,近年来除了以行政手段进行直接干预外,还包括金融手段和环保限产手段等,并以灵活精准的环评标准对资源型企业的生产方式进行限制,同时通过设置宏观性的指标为平顶山市的能源利用和生产效率指明方向。

  由以上分析可知,平顶山市从社会经济的发展历程、发展规律、国家发展战略及产业布局等方面,都表现出对迅速培育具有竞争力的支柱产业的客观需求。因此平顶山市必须坚持产业改革,以改革振兴城市经济和生产效率,并统筹生产性产业和生活性服务业的协调发展,最终推动区域经济的可持续性发展。

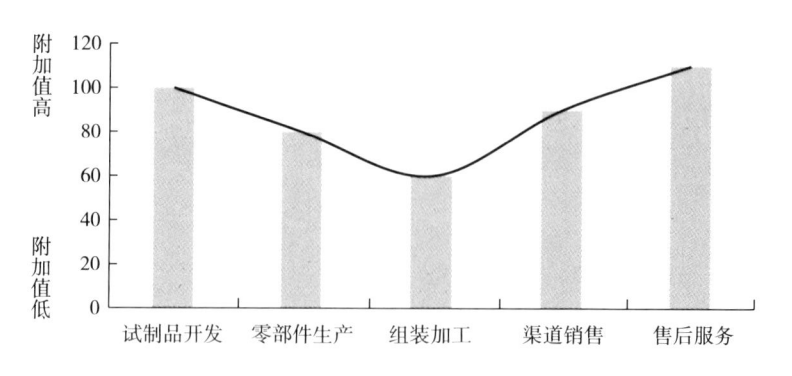

图 8-10 "工业微笑"曲线

四 平顶山市科学转型面临的问题及困境

平顶山市在区域经济转型过程中必然会面临很多发展困境,主要包括支柱产业发展受制、产业结构单一、生态环境恶化等。

（一）不利因素叠加，煤炭产业发展受制约

由于近年来国际市场能源价格持续下跌，能源产业在消费不足的情况下发展受挫，种种不利因素均为能源产业转型升级提供了客观需要。然而经过多年的资源开采之后，多处矿山出现了资源枯竭和地表下陷的问题，再加上资源的埋藏深度和地表温度等因素，导致能源开采的成本逐年上升，煤炭资源的经营利润空间也越来越小。另外，随着区域之间铁路运输能源资源的便利性的不断提高，内蒙古和陕西榆林等地区质量上乘、价格低廉的煤炭资源均可通过铁路运输销往全国各地，这在无形中增加了平顶山煤炭资源的竞争难度，同时也会加重产能过剩，提高了去库存的难度。这些内外因素不但无法扭转平顶山市的煤炭产能过剩的局面，还进一步压缩了区域经济的发展空间（见图8-11）。另外，平顶山市在支柱产业的培育方面有所迟缓，进而导致支柱性产业难以具有较大的竞争力，使平顶山市的经济发展自2008年金融危机以来一直处于低迷状态。

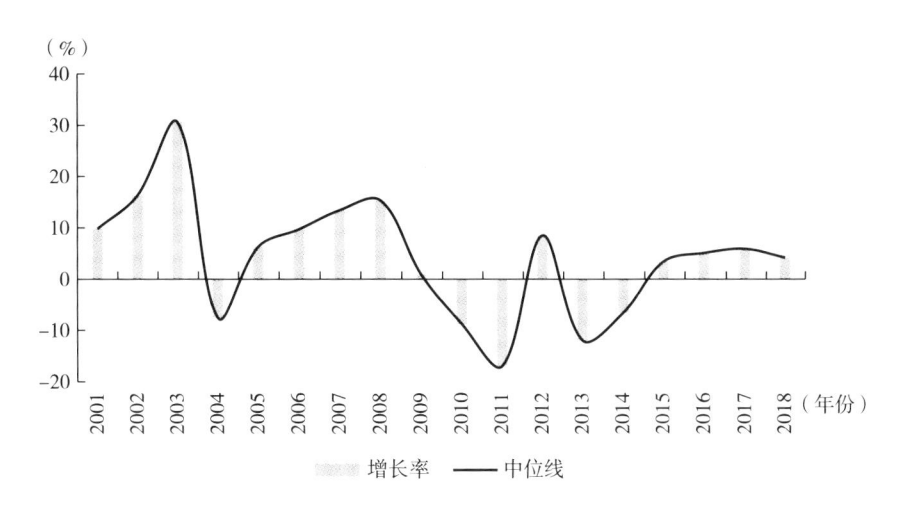

图 8-11　2001—2018 年平顶山煤炭产量增速趋势

（二）产业结构单一，资源产业是唯一支柱

平顶山市的支柱性产业主要以资源型产业为主，因此其产业结构较为单一，主要体现在两个方面：首先是产业结构以第二产业为主，且明显偏重。平顶山市的资源型经济结构很明显，作为煤炭能源的生产加工基地，平顶山市长期以其初级的煤炭资源型产品和初级资源型原材料作为经济发展的主要驱动力，进而使平顶山市形成了资源型区域所特有的偏重型产业结构。这种偏重型的产业分工方式使区域各项产业经济的发展极不平衡，为平顶山市的产业经济综合性发展带来了极大的负担。同时，重化工业产业以初级资源型产品为主，缺乏相应的科技附加值，出现了大而不精的现象，从而经济收益较少。其次是由于金融业等现代化的第三产业起步较晚，且主要以低端消费和中间产品为主，高端制造业、餐饮娱乐、旅游业及深度服务业等消费性产业缺乏相应的多样性，与其他综合型区域经济相比竞争力较差，因此智能化的第三产业无法成为平顶山市的接续替代性支柱产业，因此以服务业为代表的第三产业层次偏低。与此同时平顶山市的第一产业主要以粗放型的传统农业为主，农产品生产效率低下，科技与经济附加值偏低。最终导致平顶山市的商贸市场活跃度较低，接续替代产业的可塑性较差，城市经济未来发展的潜力较差。

另外，平顶山市核心商业区及市区常住人口一般以餐饮服饰等低端产业为主要就业岗位，而网购、网约车和设计等就业岗位相对较少，说明消费型产业仍然与居民的基础生活需求密切相关，即主要以生活性服务业为主，而以金融、科研等为代表的先进性生产力占第三产业比重仍然较低，商品经济的市场化程度不足，这与我国现阶段的社会经济发展要求不符，与全面实现资源型区域可持续发展要求甚远。

一般来讲，三次产业结构代表了一个区域的经济发展水平和经济发展质量，当三次产业的布局中第三产业的比重较高时，经济发展水平和发展质量就越高，各方面相互配套的协调性就越好。经过分析可知，平顶山市的产业结构呈现出农业薄弱、工业基础较好、服务业水准低的现状（见表8-4）。与全国和河南省的三产数据相比，其产业结构数据表现为第三产业始终占比较低的状态，可以看出平顶山市的经济发展水平和发展质量在全国及全省范围内也是相对落后的。

表 8-4　　1999—2018 年全国、河南省、平顶山市三次产业结构比例情况

年份	全国			河南省			平顶山市		
	第一产业	第二产业	第三产业	第一产业	第二产业	第三产业	第一产业	第二产业	第三产业
1999	16.1	45.4	38.6	24.54	45.25	30.2	15.1	52.3	32.6
2000	14.7	45.5	39.8	22.61	46.98	30.41	14.7	55.2	30.1
2001	14	44.8	45.5	21.9	47.1	31	15.3	51.9	32.8
2002	13.3	44.5	42.2	20.9	48.8	31.3	14.5	52.8	32.7
2003	12.3	45.6	42	17.59	50.39	32.02	13.2	54.9	31.9
2004	12.9	45.9	41.2	18.69	51.22	30.09	13.3	57.6	29.1
2005	12.1	47.4	40.5	17.9	52.1	30	12	60.4	27.6
2006	10.6	47.6	41.8	16.4	53.8	29.8	11	62.1	26.9
2007	10.2	46.9	42.9	14.8	55.1	30.1	10	63.3	26.80
2008	10.2	47	42.9	14.4	56.9	28.6	9.7	65.9	24.40
2009	9.6	46	44.4	14.2	56.5	29.3	9.34	65.18	25.48
2010	9.3	46.5	44.2	14.1	57.3	28.6	8.8	66.3	24.90
2011	9.2	46.5	44.3	13	57.3	29.7	9.14	65.59	25.28
2012	9.1	45.4	45.5	12.74	56.33	30.94	9.75	60.89	29.36
2013	8.9	44.2	46.9	12.6	55.4	32	10.44	58.23	31.33
2014	8.7	43.3	48	11.9	51	37.1	10.21	53.72	36.08
2015	8.4	41.1	50.5	11.38	48.42	40.2	9.8	52.2	38.00
2016	8.1	40.1	51.8	10.59	47.63	41.78	9.68	49.04	41.28
2017	7.6	40.5	51.9	9.29	47.37	43.34	8.6	50.8	40.60
2018	7.2	40.7	52.2	8.9	45.9	45.2	9.7	50.6	39.70

（三）生态环境恶劣，城市空间发展受制约

平顶山市经过长期的煤炭资源开采之后，一些主要的矿区不仅资源耗竭，还产生了很多环境问题，进而影响到了区域居民的生活环境。首先，在一些矿山地区，在经过长期大量的能源资源开采之后，大量废弃的矿产渣滓便被直接堆放在地表上，不仅占用了大量的土地资源和耕地资源，还产生了大量的固体废弃物，其金属物质渗透进土壤层中，侵占了耕地的使用面积。同时，其产生了废水还污染了大量的地下水，对附

近区域居民的生存造成了严重威胁。其次，大量的滥挖滥采使一些矿山地区的地表下陷，破坏了地表植被和资源型区域地面的生态平衡，更是引发水土流失和泥石流等地质灾害的潜在威胁。再次，除了固体废弃物和废水之外，在能源资源开采加工的初级生产阶段还会产生大量的颗粒物、二氧化碳和二氧化硫，这些有害气体大多直接排入空气之中，使得资源型区域的空气质量远远低于国家标准，同时产生的致癌物质也远高于世界卫生组织所规定的标准。最后，由于受到传统经济发展体制的影响，平顶山市的城市规划具有较强的行政调控的烙印，进而使区域城市空间规划无法满足现代商贸经济的发展需要，其城市发展空间受到的限制较大。另外，平顶山市作为一个典型的煤炭资源型城市，还存在很多"企业型"的城市问题，由于各矿区之间相互独立，使各矿区单位之间无法形成生产销售上的功能互补，进而造成城市内部规划混乱。因此，平顶山市纵然拥有百万级的人口资源，但由于受到城市发展空间有限、生态恶化和产业结构畸形的影响，其适宜建设的土地资源基本已开发殆尽。

五 平顶山市经济转型的对策建议

平顶山市的经济可持续发展面临着产业结构、生态环境及能源资源耗竭等方面的问题，必须根据区域的发展现状因地制宜地设计经济转型的总体路径。因此本研究结合远景目标，提出了推动平顶山市经济转型的相关建议：

（一）将供给侧改革与市场开放相结合

在经济新常态的发展背景下，应该结合能源消费市场低迷和结构优化的现实状态，大力推进能源资源的供给侧结构性改革。将供给侧改革和市场开放相结合，将技术革新与体制革新相结合，提高能源利用效率，突破区域经济可持续发展的瓶颈。首先，化解区域内的能源资源产业过剩，必须要时刻紧跟国家的产业经济发展政策，根据中央对煤炭行业的发展意见和本地区的发展特征，有针对性地调整国民经济产业结构，使去库存和去产能的相关措施得以顺利推进，同时淘汰传统型的落后产能和僵尸企业，培育新兴的具备科技附加值的第三产业，并严格把控煤炭产品的生产量。其次，要去除煤电过剩产能。地方政府应该在煤电等项目的设立和建设过程当中严格把关，及时停建冗余的煤电相关项目。以市场化手段降低煤电产品价格，设立严格的科学性指标倒逼煤电行业进行市场化改革，同时利用煤电市场改革的有利时机对区域电价进行调整，设立机构对电网企业的输送电价严格监管，在电力直接交易的前提下提高煤电市场的活跃度。最后，以能源扶贫的措施提高能源资源的利用率。在精准扶贫的要求下，充分利用好区域当地的风能和光能，将风电、生物质能和光能进行就近消费，以解决煤炭资源枯竭带来的生产生活上的能源不足的困境。同时还将各项能源之间的调度运行进行优化，鼓励风能发电和水力发电，以交通优势和区位优势提高省域和市域之间的跨区输电效率。

（二）将产业延伸与产业多元化相结合

平顶山市的区域经济转型是一项长期的综合性的复杂工程，涉及工业框架、投资结构、消费水平和城乡发展协调性等多重因素的持续性发力。首先，推动产业结构调整。在此方面需提高第二产业的科技附加值，增加第三产业比重，实现区域经济发展的特色化，同时设立严格的淘汰机制和进入门槛，积极淘汰传统的落后产能和僵尸企业，并通过体制创新和科技创新增加各项产品的科技附加值，降低产品生产销售成本。其次，扩大招才引智的范围和力度，充分发挥区域地方政府引导力量，以"大众创业、万众创新"的时代背景积极推动区域创新型企业的成长，增加新型服务业的就业岗位，同时增加区域整体的生产力水平。另外，还需鼓励对传统产业的兼并，以科技创新对传统农业产品进行深层次加工，提高平顶山市区域经济的整体竞争力。最后，根据区域实际发展情况打造新型的生产性服务业，并以先进的技术因素将其打造成为区域新兴的支柱性产业，如旅游展览、科技会展、现代物流等现代化的生产性服务业。并且还要以制度倾斜的方式加强第三产业的引导作用，增加第一产业的农产品科技附加值，提高第三产业的产业结构比重，并着重提高第三产业的经济增长贡献率。

（三）将工业区改造与城市功能完善相结合

资源型区域进行转型离不开老工业区的改造和城市功能的调整升级，平顶山市应该结合时代发展契机，把握老工业区拆迁改造的发展机遇，并将市场运作与政府宏观调控相结合，双管齐下推动区域老工业区的拆迁改造。首先，因地制宜地采取适合的废旧工业区搬迁方案。在转型过程中，平顶山市积极统筹城乡发展的互动性和协调性，在完善县城经济功能的情况下提高县域经济的承载能力，以分类的方式推动重化工业企业的搬迁改造工作。同时通过制定严格的环保安全指标倒逼传统落后的产能退出，并以土地税收优惠等措施吸引新兴的现代化产业集群进驻。其次，改善传统老工业区的基础设施条件。加强对道路交通系统、路网系统、供水供电系统和燃气系统的改造升级，提高人流、物流的互通效率和社会公共服务设施的使用效率，在基础设施改造上打破区域经济发展的瓶颈。同时整合社会各方面资源对旧城区的老旧道路进行改造扩建，为区域经济转型升级增添活力。最后，加强土地的开发利用水平和利用效率。以提升资源型区域的社区服务业为指导方向，对老旧企事业单位的搬迁进行高层次开发，同时以建造大型综合都市为城市规划的发展目标，将住宅区、商贸区和医疗区集于一体，完善养老和医疗等公共基础设施服务。

（四）将生态治理与生态保护相结合

资源型区域的可持续发展离不开生态环境的保护和对被破坏环境的治理，新时代的经济发展也对生态文明建设提出了新的要求，因此环保是资源型区域经济转型的重要内容。资源型区域要始终把生态环境作为区域转型的突破口和转折点，以良好的生态为区域经济发展提供外部环境基础。首先，加强对污染主体的监督力度。在平顶山市的经济转型过程中，必须要严格落实国家生态环保政策，提高化工业污染性企业的排污标准和准入门槛，同时以科技创新和环保机制相联合，提高能源资源的利用率，减少废弃物排放量。其次，要明确环境破坏的责任主体，并推动建立切实可行的生态补偿机制。秉持"谁污染，谁治理；谁收益，谁补偿"的原则，将环境污染的责任主体落实到个人和企业。同时还要宣传生态环境保护的重要性，为环保治理筹集相应的补偿资金，并以生态保护的先进性企业为标杆，设立带头榜样的效应，以提高区域内的企业进行生态环保的内生动力和积极性。最后，加大环保的监管和整治力度，不仅要提高城市居民和区域内企业的生态环保意识，还要从政策倾斜和行政惩罚机制方面入手加强环保力度，并引进相应的资金和智力支撑，在城市布局合理的情况下建立生态环境保护园区，从而大幅度提高平顶山市的生态功能机制。

第九章

结论与展望

第一节 研究结论

资源型区域主要是指依赖于某一种或者多种不可再生资源的开采和加工所发展起来的经济区域。过去资源型区域"高强度开发、低水平利用"的传统模式已不再符合我国当前经济的发展趋势，区域经济转型过程中必然面临着资源开发与补偿、资源产业衰退与援助、新旧产业续接、发展和生态环境等关键性矛盾，新旧矛盾交织导致资源型区域生态经济系统的可持续发展面临着严重的挑战，当前亟须在经济转型路径创新、破解发展瓶颈和生态困境上有突破。通过理论研究和实证研究，对生态视角的资源型区域经济转型路径创新研究，构建资源型区域可持续发展的长效机制，可以为资源型区域实现高质量发展提供全面、客观、科学的决策依据，对丰富和完善资源型地区可持续发展及经济转型路径理论具有重要的贡献。

本书研究的核心是协调经济发展和生态环境之间的关系，初步建立了生态视角下资源型区域经济转型路径创新研究框架体系。以资源诅咒理论、经济转型理论、可持续发展理论和路径选择理论，对资源型区域按空间分布和生命周期进行界定；依据资源型区域的界定划分，分析了不同资源型区域经济发展的路径依赖，并进一步构建资源型区域经济转型评价体系。系统阐释了以下问题：资源型区域产业路径依赖的锁定效应是什么？路径依赖的形成机制如何？相应的解锁条件有哪些？不同资源型区域转型效果如何？如何破解资源型区域发展难点？在此理论基础与理论假设上运用计量经济学和博弈方法，检验了由路径锁定效应带来的资源型区域煤炭租值耗散与治理问题，并进一步解析经济转型中的利益博弈；界定了生态补偿的内涵，并使用动态仿真分析资源开采区的生态服务价值损失量、修复成本等确定生态补偿标准；从多维视角下提出不同类型资源型区域经济转型创新路径，并以河南省资源型区域进行了案例分析。本书创新性地从生态视角研究资源型区域经济转型路径问题，用资源依附理论探讨资源型经济转型的路径创新；并借助系统动力学仿真分析了资源型区域的生态补偿机制，提出动态生态补偿的思想。本书结论如下：

（1）界定资源型区域。根据资源的空间分布划分为优化开发、重点开发、限制开发和禁止开发四类功能区，这四类主体功能区承担着特定的功能，规定着一个地区的空间属性和发展方向，如产业结构升级、保护和恢复生态环境等；根据资源的生命周期可划分为成长型、成熟型、衰退型和再生型四种类型，各类型的发展方向和重点任务主要依据资源保障能力和可持续发展能力的差异来确定。本书既从自然资源、人文资源等定性角度界定资源型区域，又从定量的角度，以城市行政区域、经济指标、社会特征为依据，提出资源型区域界定的原则和标准，为研究资源型区域发展问题厘清概念、奠定基础。

（2）引入路径依赖的分析框架。根据要素禀赋理论，资源型地区丰裕的自然资源很容易让该类地区选择一条过度依赖资源的经济增长之路。如果资源型经济沿着依赖自然资源的路径发展，势必会从资源滥用走向资源约束，从而影响长期的经济增长。同时由于资源型区域经济的产业发展路径会沿着资源产业演进，其他更优的体系很难对它进行替代，引发"锁定"风险，形成路径依赖。对资源型区域发展路径形成锁定的原因进行探讨，并以44个资源型城市为例进行路径锁定效应分析，提出资源型产业从路径依赖向路径创新转变的思路，从生产要素、需求条件、相关和支持产业、企业战略结构和同业竞争、机会、政府六个方面提出资源型区域产业路径依赖的解锁条件，并以环保政策优化为例，对解锁机制进行设计，丰富了路径依赖理论的定量研究。

（3）完善资源型区域经济转型评价体系。基于高质量发展的时代背景下，从产业经济水平、资源利用与保护水平、生态环境水平、社会保障水平四项维度构建资源型区域经济转型评价体系，运用熵值法对资源型区域经济转型进行定量评价，并以黄河流域资源型区域为研究对象进行实证分析，评价结果将黄河流域资源型区域划分为3个类型，资源型产业的路径依赖、发展思路不清晰、制度供给不足以及人本观念的缺失是资源型区域经济转型的难点，针对不同资源型区域经济转型提出路径参考。

（4）建立了经济转型中各利益主体的博弈激励机制。利用区位熵和纳尔逊方法，对我国煤炭资源富集区进行判定，把矿业寻租中的租值耗散分解为社会福利净损失和寻租成本进行测度，并对其影响因素进行分析。结论显示，研究样本区域作为资源富集区，其煤炭资源大规模开发过程中存在较为突出的寻租及租值耗散问题。矿业寻租所导致的租值耗散以塔洛克四边形所表示的寻租成本为主，其与经济规模和资源依赖的经济发展模式高度相关，市场化程度的改善有助于降低寻租带来的社会福利损失。资源富集区经济增长方式由粗放型向集约型转变，从供给侧角度来讲本质上是经济要素变迁中利益博弈关系的演变过程。基于要素变迁中的利益博弈问题，对资源富集区经济转型问题进行分析，并提出了建立健全资源配置中的利益协调机制，强化企业社会责任，鼓励其技术创新，完善矿区生态补偿制度和接续替代产业扶持制度等对策。

（5）提出动态生态补偿的思想。以资源开发及其初级加工为主导的资源型区域，存在经济增长方式粗放、资源损耗与生态环境破坏严重等现象，如何破解资源型区域发展难题，跳出资源优势陷阱，实现区域转型发展，是其面临的重大难题。所以，本书通过设计调研问卷，了解资源型区域资源开采过程中所带来的环境资源问题，掌握资源型区域生态补偿实际情况，运用资源、能源、生态、环境经济学理论，系统分析资源生态环境难题的成因和形成机理，分析生态补偿标准的组成，构建资源型区域生态补偿机制，有效解决资源生态环境难题。同时通过动态仿真，确立生态补偿的标准，建立生态补偿考核和监督机制，实现区域资源生态环境的可持续发展。并以资源型区域平顶山市为例进行实证分析，保证资源型区域生态补偿机制的顺利实施。

（6）从多维视角下分析资源型区域经济转型问题。依据资源型区域经济发展规律，根据资源型区域功能定位，通过制度创新、产业结构优化、资源型区域互动协调，多层次、有针对性推动资源型区域转型升级。从区域空间视角、制度创新视角、产业演化视角、区域互动多维视角下探讨资源型区域经济转型问题。根据区域主体功能定位不同，充分考虑资源禀赋、区位条件，结合资源型区域各种资源分布和管理状况，在吸取已有研究成果与先进经验的基础上，提出适合资源型区域各种资源禀赋与经济发展特点的经济转型路径建议，促进资源的有效管理和合理流动，为资源型区域经济发展服务。

（7）探讨河南省资源型区域经济转型方式。在区域发展现状、转型压力和转型条件的基础上，对"焦作"和"平顶山"模式的经济转型方式进行案例分析，深入剖析资源型区域存在共性的相关问题以及采取的转型策略措施，为资源型区域顺利实现经济转型打下坚实的基础。

第二节　研究展望

资源型区域经济转型是一个较为复杂的研究课题，不仅仅涉及经济问题，还关系到环境问题、生态问题、社会问题，在此过程中离不开全社会的共同参与，更需要各级政府部门强有力的部署和实施。本研究只从浅层次对可持续发展理论视角下资源型区域转型路径做了探讨分析，存在很多不足之处，尚需进一步探讨与完善。

（1）资源型区域的产业转型是一个长期而复杂的工程，涉及的利益主体众多，不仅关系到经济、资源和环境的协调发展，而且受到资料查阅、数据收集和研究时间等因素的限制，所以该研究成果也具有一定的局限性，还需在今后的工作中进行深入探讨。

（2）能值分析理论虽然可以评价无偿的环境资源投入的价值，对系统发展水平的衡量更加真实客观，但不可避免存在一定的局限性。由于区域生态经济系统发展的地域性和主导产业的特殊性，在计算能值流量时能值转换率难免会产生误差；其次受数据的可获得性以及统计年鉴、国民经济与社会发展统计公报的局限性的影响，各地区生态经济系统的能值流量评价只对主要项目进行了计算，因此计算结果难免存在漏缺；最后要将生态经济系统的发展状态和发展趋势进行整体的综合性评价，还需将能值分析方法和其他评价方法相结合，在此方面还需进一步进行深入研究。

（3）本书以四个一级指标为基础，扩建了 23 个三级指标作为资源型区域转型影响因素评价指标体系，但实践中影响因素可能远不止 23 种，指标体系不够全面将影响本研究所得资源型区域转型路径所受影响结果的准确性。在以后的资源富集区经济转型路径选择评价的研究中应从全方位出发，建立更多、更全面的指标体系。

（4）数据的统计口径和可得性问题有局限。本书的研究对象仅局限于地级市；在高质量发展视阈下资源型区域转型评价部分中，选取指标范围有限；在资源型区域生态补偿机制分析中，主要分析的是煤炭资源型区域，而没有分析其他资源型区域；对煤炭需求价格弹性、销售收入、利润、煤炭企业管理成本与常规管理成本的偏离等变量进行测度，指标选取的科学性有待进一步商榷。

附　录

附录1　国家优化开发区域分布

区域名称		区域范围	功能定位
环渤海地区	京津冀地区	位于环渤海地区的中心，包括北京市、天津市和河北省的部分地区	"三北"地区的重要枢纽和出海通道，全国科技创新与技术研发基地，全国现代服务业、先进制造业、高新技术产业和战略性新兴产业基地，我国北方的经济中心
	辽中南地区	位于环渤海地区的北翼，包括辽宁省中部和南部的部分地区	东北地区对外开放的重要门户和陆海交通走廊，全国先进装备制造业和新型原材料基地，重要的科技创新与技术研发基地，辐射带动东北地区发展的龙头
	山东半岛地区	位于环渤海地区的南翼，包括山东省胶东半岛和黄河三角洲的部分地区	黄河中下游地区对外开放的重要门户和陆海交通走廊，全国重要的先进制造业、高新技术产业基地，全国重要的蓝色经济区
长江三角洲地区		位于全国"两横三纵"城市化战略格局中沿海通道纵轴和沿长江通道横轴的交汇处，包括上海市和江苏省、浙江省的部分地区	长江流域对外开放的门户，我国参与经济全球化的主体区域，有全球影响力的先进制造业基地和现代服务业基地，世界级大城市群，全国科技创新与技术研发基地，全国经济发展的重要引擎，辐射带动长江流域发展的龙头，我国人口集聚最多、创新能力最强、综合实力最强的三大区域之一

续表

区域名称	区域范围	功能定位
珠江三角洲地区	位于全国"两横三纵"城市化战略格局中沿海通道纵轴和京哈、京广通道纵轴的南端,包括广东省中部和南部的部分地区	通过粤港澳的经济融合和经济一体化发展,共同构建有全球影响力的先进制造业基地和现代服务业基地,南方地区对外开放的门户,我国参与经济全球化的主体区域,全国科技创新与技术研发基地,全国经济发展的重要引擎,辐射带动华南、中南和西南地区发展的龙头,我国人口集聚最多、创新能力最强、综合实力最强的三大区域之一

资料来源:根据《国务院关于印发全国主体功能区规划的通知》(国发〔2010〕46号)整理。

附录2 国家重点开发区域分布

名称	区域范围	功能定位
冀中南地区	位于全国"两横三纵"城市化战略格局中京哈、京广通道纵轴的中部,包括河北省中南部以石家庄为中心的部分地区	重要的新能源、装备制造业和高新技术产业基地,区域性物流、旅游、商贸流通、科教文化和金融服务中心
太原城市群	位于全国"两横三纵"城市化战略格局中京哈、京广通道纵轴的中部,包括山西省中部以太原为中心的部分地区	资源型经济转型示范区,全国重要的能源、原材料、煤化工、装备制造业和文化旅游业基地
呼包鄂榆地区	位于全国"两横三纵"城市化战略格局中包昆通道纵轴的北端,包括内蒙古自治区呼和浩特、包头、鄂尔多斯和陕西省榆林的部分地区	全国重要的能源、煤化工基地、农畜产品加工基地和稀土新材料产业基地,北方地区重要的冶金和装备制造业基地
哈长地区	位于全国"两横三纵"城市化战略格局中京哈、京广通道纵轴的北端,包括黑龙江省的哈大齐(哈尔滨、大庆、齐齐哈尔)工业走廊和牡绥(牡丹江、绥芬河)地区以及吉林省的长吉图经济区	我国面向东北亚地区和俄罗斯对外开放的重要门户,全国重要的能源、装备制造基地,区域性的原材料、石化、生物、高新技术产业和农产品加工基地,带动东北地区发展的重要增长极

续表

名称	区域范围	功能定位
东陇海地区	位于全国"两横三纵"城市化战略格局中陆桥通道横轴的东端,是陆桥通道与沿海通道的交汇处,包括江苏省东北部和山东省东南部的部分地区	新亚欧大陆桥东方桥头堡,我国东部地区重要的经济增长极
江淮地区	位于全国"两横三纵"城市化战略格局中沿长江通道横轴,包括安徽省合肥及沿江的部分地区	承接产业转移的示范区,全国重要的科研教育基地,能源原材料、先进制造业和科技创新基地,区域性的高新技术产业基地
海峡西岸经济区	位于全国"两横三纵"城市化战略格局中沿海通道纵轴南段,包括福建省、浙江省南部和广东省东部的沿海部分地区	两岸人民交流合作先行先试区域,服务周边地区发展新的对外开放综合通道,东部沿海地区先进制造业的重要基地,我国重要的自然和文化旅游中心
中原经济区	位于全国"两横三纵"城市化战略格局中陆桥通道横轴和京哈京广通道纵轴的交汇处,包括河南省以郑州为中心的中原城市群部分地区	全国重要的高新技术产业、先进制造业和现代服务业基地,能源原材料基地、综合交通枢纽和物流中心,区域性的科技创新中心,中部地区人口和经济密集区
长江中游地区	位于全国"两横三纵"城市化战略格局中沿长江通道横轴和京哈、京广通道纵轴的交汇处,包括湖北武汉城市圈、湖南环长株潭城市群、江西鄱阳湖生态经济区	全国重要的高新技术产业、先进制造业和现代服务业基地,全国重要的综合交通枢纽,区域性科技创新基地,长江中游地区人口和经济密集区
北部湾地区	位于全国"两横三纵"城市化战略格局中沿海通道纵轴的南端,包括广西壮族自治区北部湾经济区以及广东省西南部和海南省西北部等环北部湾的部分地区	我国面向东盟国家对外开放的重要门户,中国—东盟自由贸易区的前沿地带和桥头堡,区域性的物流基地、商贸基地、加工制造基地和信息交流中心
成渝地区	位于全国"两横三纵"城市化战略格局中沿长江通道横轴和包昆通道纵轴的交汇处,包括重庆经济区和成都经济区	全国统筹城乡发展的示范区,全国重要的高新技术产业、先进制造业和现代服务业基地,科技教育、商贸物流、金融中心和综合交通枢纽,西南地区科技创新基地,西部地区重要的人口和经济密集区

续表

名称	区域范围	功能定位
黔中地区	位于全国"两横三纵"城市化战略格局中包昆通道纵轴的南部,包括贵州省中部以贵阳为中心的部分地区	全国重要的能源原材料基地、以航天航空为重点的装备制造基地、烟草工业基地、绿色食品基地和旅游目的地,区域性商贸物流中心
滇中地区	位于全国"两横三纵"城市化战略格局中包昆通道纵轴的南端,包括云南省中部以昆明为中心的部分地区	我国连接东南亚、南亚国家的陆路交通枢纽,面向东南亚、南亚对外开放的重要门户,全国重要的烟草、旅游、文化、能源和商贸物流基地,以化工、冶金、生物为重点的区域性资源精深加工基地
藏中南地区	包括西藏自治区中南部以拉萨为中心的部分地区	全国重要的农林畜产品生产加工、藏药产业、旅游、文化和矿产资源基地,水电后备基地
关中—天水地区	位于全国"两横三纵"城市化战略格局中陆桥通道横轴和包昆通道纵轴的交汇处,包括陕西省中部以西安为中心的部分地区和甘肃省天水的部分地区	西部地区重要的经济中心,全国重要的先进制造业和高新技术产业基地,科技教育、商贸中心和综合交通枢纽,西北地区重要的科技创新基地,全国重要的历史文化基地
兰州—西宁地区	位于全国"两横三纵"城市化战略格局中陆桥通道横轴上,包括甘肃省以兰州为中心的部分地区和青海省以西宁为中心的部分地区	全国重要的循环经济示范区,新能源和水电、盐化工、石化、有色金属和特色农产品加工产业基地,西北交通枢纽和商贸物流中心,区域性的新材料和生物医药产业基地
宁夏沿黄经济区	位于全国"两横三纵"城市化战略格局中包昆通道纵轴的北部,包括宁夏回族自治区以银川为中心的黄河沿岸部分地区	全国重要的能源化工、新材料基地,清真食品及穆斯林用品和特色农产品加工基地,区域性商贸物流中心
天山北坡地区	位于全国"两横三纵"城市化战略格局中陆桥通道横轴的西端,包括新疆天山以北、准噶尔盆地南缘的带状区域以及伊犁河谷的部分地区(含新疆生产建设兵团部分师市和团场)	我国面向中亚、西亚地区对外开放的陆路交通枢纽和重要门户,全国重要的能源基地,我国进口资源的国际大通道,西北地区重要的国际商贸中心、物流中心和对外合作加工基地,石油天然气化工、煤电、煤化工、机电工业及纺织工业基地

资料来源:根据《国务院关于印发全国主体功能区规划的通知》(国发〔2010〕46号)整理。

附录3 国家限制开发区域——农产品主产区分布

区域名称	建设重点
东北平原主产区	建设以优质粳稻为主的水稻产业带，以籽粒与青贮兼用型玉米为主的专用玉米产业带，以高油大豆为主的大豆产业带，以肉牛、奶牛、生猪为主的畜产品产业带
黄淮海平原主产区	建设以优质强筋、中强筋和中筋小麦为主的优质专用小麦产业带，优质棉花产业带，以籽粒与青贮兼用和专用玉米为主的专用玉米产业带，以高蛋白大豆为主的大豆产业带，以肉牛、肉羊、奶牛、生猪、家禽为主的畜产品产业带
长江流域主产区	建设以双季稻为主的优质水稻产业带，以优质弱筋和中筋小麦为主的优质专用小麦产业带，优质棉花产业带，"双低"优质油菜产业带，以生猪、家禽为主的畜产品产业带，以淡水鱼类、河蟹为主的水产品产业带
汾渭平原主产区	建设以优质强筋、中筋小麦为主的优质专用小麦产业带，以籽粒与青贮兼用型玉米为主的专用玉米产业带
河套灌区主产区	建设以优质强筋、中筋小麦为主的优质专用小麦产业带
华南主产区	建设以优质高档籼稻为主的优质水稻产业带，甘蔗产业带，以对虾、罗非鱼、鳗鲡为主的水产品产业带
甘肃新疆主产区	建设以优质强筋、中筋小麦为主的优质专用小麦产业带，优质棉花产业带

资料来源：根据《国务院关于印发全国主体功能区规划的通知》（国发〔2010〕46号）整理。

附录4 国家重点生态功能区的类型和发展方向

类型	区域	综合评价	发展方向
水源涵养	大小兴安岭森林生态功能区	森林覆盖率高，具有完整的寒温带森林生态系统，是松嫩平原和呼伦贝尔草原的生态屏障。目前原始森林受到较严重的破坏，出现不同程度的生态退化现象	加强天然林保护和植被恢复，大幅度调减木材产量，对生态公益林禁止商业性采伐，植树造林，涵养水源，保护野生动物

续表

类型	区域	综合评价	发展方向
水源涵养	长白山森林生态功能区	拥有温带最完整的山地垂直生态系统,是大量珍稀物种资源的生物基因库。目前森林破坏导致环境改变,威胁多种动植物物种的生存	禁止非保护性采伐,植树造林,涵养水源,防止水土流失,保护生物多样性
	阿尔泰山地森林草原生态功能区	森林茂密,水资源丰沛,是额尔齐斯河和乌伦古河的发源地,对北疆地区绿洲开发、生态环境保护和经济发展具有较高的生态价值。目前草原超载过牧,草场植被受到严重破坏	禁止非保护性采伐,合理更新林地。保护天然草原,以草定畜,增加饲草料供给,实施牧民定居
	三江源草原草甸湿地生态功能区	长江、黄河、澜沧江的发源地,有"中华水塔"之称,是全球大江大河、冰川、雪山及高原生物多样性最集中的地区之一,其径流、冰川、冻土、湖泊等构成的整个生态系统对全球气候变化有巨大的调节作用。目前草原退化、湖泊萎缩、鼠害严重,生态系统功能受到严重破坏	封育草原,治理退化草原,减少载畜量,涵养水源,恢复湿地,实施生态移民
	若尔盖草原湿地生态功能区	位于黄河与长江水系的分水地带,湿地泥炭层深厚,对黄河流域的水源涵养、水文调节和生物多样性维护有重要作用。目前湿地疏干垦殖和过度放牧导致草原退化、沼泽萎缩、水位下降	停止开垦,禁止过度放牧,恢复草原植被,保持湿地面积,保护珍稀动物
	甘南黄河重要水源补给生态功能区	青藏高原东端面积最大的高原沼泽泥炭湿地,在维系黄河流域水资源和生态安全方面有重要作用。目前草原退化沙化严重,森林和湿地面积锐减,水土流失加剧,生态环境恶化	加强天然林、湿地和高原野生动植物保护,实施退牧还草、退耕还林还草、牧民定居和生态移民
	祁连山冰川与水源涵养生态功能区	冰川储量大,对维系甘肃河西走廊和内蒙古西部绿洲的水源具有重要作用。目前草原退化严重,生态环境恶化,冰川萎缩	围栏封育天然植被,降低载畜量,涵养水源,防止水土流失,重点加强石羊河流域下游民勤地区的生态保护和综合治理

续表

类型	区域	综合评价	发展方向
水源涵养	南岭山地森林及生物多样性生态功能区	长江流域与珠江流域的分水岭,是湘江、赣江、北江、西江等的重要源头区,有丰富的亚热带植被。目前原始森林植被破坏严重,滑坡、山洪等灾害时有发生	禁止非保护性采伐,保护和恢复植被,涵养水源,保护珍稀动物
水土保持	黄土高原丘陵沟壑水土保持生态功能区	黄土堆积深厚、范围广大,土地沙漠化敏感程度高,对黄河中下游生态安全具有重要作用。目前坡面土壤侵蚀和沟道侵蚀严重,侵蚀产沙易淤积河道、水库	控制开发强度,以小流域为单元综合治理水土流失,建设淤地坝
	大别山水土保持生态功能区	淮河中游、长江下游的重要水源补给区,土壤侵蚀敏感程度高。目前山地生态系统退化,水土流失加剧,加大了中下游洪涝灾害发生率	实施生态移民,降低人口密度,恢复植被
	桂黔滇喀斯特石漠化防治生态功能区	属于以岩溶环境为主的特殊生态系统,生态脆弱性极高,土壤一旦流失,生态恢复难度极大。目前生态系统退化问题突出,植被覆盖率低,石漠化面积加大	封山育林育草,种草养畜,实施生态移民,改变耕作方式
	三峡库区水土保持生态功能区	我国最大的水利枢纽工程库区,具有重要的洪水调蓄功能,水环境质量对长江中下游生产生活有重大影响。目前森林植被破坏严重,水土保持功能减弱,土壤侵蚀量和入库泥沙量增大	巩固移民成果,植树造林,恢复植被,涵养水源,保护生物多样性
防风固沙	塔里木河荒漠化防治生态功能区	南疆主要用水源,对流域绿洲开发和人民生活至关重要,沙漠化和盐渍化敏感程度高。目前水资源过度利用,生态系统退化明显,胡杨木等天然植被退化严重,绿色走廊受到威胁	合理利用地表水和地下水,调整农牧业结构,加强药材开发管理,禁止过度开垦,恢复天然植被,防止沙化面积扩大
	阿尔金草原荒漠化防治生态功能区	气候极为干旱,地表植被稀少,保存着完整的高原自然生态系统,拥有许多极为珍贵的特有物种,土地沙漠化敏感程度高。目前鼠害肆虐,土地荒漠化加速,珍稀动植物的生存受到威胁	控制放牧和旅游区域范围,防范盗猎,减少人类活动干扰

续表

类型	区域	综合评价	发展方向
防风固沙	呼伦贝尔草原草甸生态功能区	以草原草甸为主，产草量高，但土壤质地粗疏，多大风天气，草原生态系统脆弱。目前草原过度开发造成草场沙化严重，鼠虫害频发	禁止过度开垦、不适当樵采和超载放牧，退牧还草，防治草场退化沙化
	科尔沁草原生态功能区	地处温带半湿润与半干旱过渡带，气候干燥，多大风天气，土地沙漠化敏感程度极高。目前草场退化、盐渍化和土壤贫瘠化严重，为我国北方沙尘暴的主要沙源地，对东北和华北地区生态安全构成威胁	根据沙化程度采取针对性强的治理措施
	浑善达克沙漠化防治生态功能区	以固定、半固定沙丘为主，干旱频发，多大风天气，是北京乃至华北地区沙尘的主要来源地。目前土地沙化严重，干旱缺水，对华北地区生态安全构成威胁	采取植物和工程措施，加强综合治理
	阴山北麓草原生态功能区	气候干旱，多大风天气，水资源贫乏，生态环境极为脆弱，风蚀沙化土地比重高。目前草原退化严重，为沙尘暴的主要沙源地，对华北地区生态安全构成威胁	封育草原，恢复植被，退牧还草，降低人口密度
生物多样性维护	川滇森林及生物多样性生态功能区	原始森林和野生珍稀动植物资源丰富，是大熊猫、羚牛、金丝猴等重要物种的栖息地，在生物多样性维护方面具有十分重要的意义。目前山地生态环境问题突出，草原超载过牧，生物多样性受到威胁	保护森林、草原植被，在已明确的保护区域保护生物多样性和多种珍稀动植物基因库
	秦巴生物多样性生态功能区	包括秦岭、大巴山、神农架等亚热带北部和亚热带—暖温带过渡的地带，生物多样性丰富，是许多珍稀动植物的分布区。目前水土流失和地质灾害问题突出，生物多样性受到威胁	减少林木采伐，恢复山地植被，保护野生物种
	藏东南高原边缘森林生态功能区	主要以分布在海拔900—2500米的亚热带常绿阔叶林为主，山高谷深，天然植被仍处于原始状态，对生态系统保育和森林资源保护具有重要意义	保护自然生态系统

续表

类型	区域	综合评价	发展方向
生物多样性维护	藏西北羌塘高原荒漠生态功能区	高原荒漠生态系统保存较为完整，拥有藏羚羊、黑颈鹤等珍稀特有物种。目前土地沙化面积扩大，病虫害和溶洞滑塌等灾害增多，生物多样性受到威胁	加强草原草甸保护，严格草畜平衡，防范盗猎，保护野生动物
	三江平原湿地生态功能区	原始湿地面积大，湿地生态系统类型多样，在蓄洪防洪、抗旱、调节局部地区气候、维护生物多样性、控制土壤侵蚀等方面具有重要作用。目前湿地面积减小和破碎化，面源污染严重，生物多样性受到威胁	扩大保护范围，控制农业开发和城市建设强度，改善湿地环境
	武陵山区生物多样性及水土保持生态功能区	属于典型亚热带植物分布区，拥有多种珍稀濒危物种。是清江和澧水的发源地，对减少长江泥沙具有重要作用。目前土壤侵蚀较严重，地质灾害较多，生物多样性受到威胁	扩大天然林保护范围，巩固退耕还林成果，恢复森林植被和生物多样性
	海南岛中部山区热带雨林生态功能区	热带雨林、热带季雨林的原生地，我国小区域范围内生物物种十分丰富的地区之一，也是我国最大的热带植物园和最丰富的物种基因库之一。目前由于过度开发，雨林面积大幅减少，生物多样性受到威胁	加强热带雨林保护，遏制山地生态环境恶化

附录5 国家禁止开发区域基本情况

类型	个数（个）	面积（万平方千米）	占陆地国土面积比重（%）
国家级自然保护区	319	92.85	9.67
世界文化自然遗产	40	3.72	0.39
国家级风景名胜区	208	10.17	1.06
国家森林公园	738	10.07	1.05
国家地质公园	138	8.56	0.89
合计	1443	120	12.5

注：本表统计结果截至2010年10月31日。总面积中已扣除部分相互重叠的面积。

附录6 全国资源型城市名单（2013年）

所在省（区、市）	地级行政区	县级市	县（自治县、林区）	市辖区（开发区、管理区）
河北（14）	张家口市、承德市、唐山市、邢台市、邯郸市	鹿泉市、任丘市	青龙满族自治县、易县、涞源县、曲阳县	井陉矿区、下花园区、鹰手营子矿区
山西（13）	大同市、朔州市、阳泉市、长治市、晋城市、忻州市、晋中市、临汾市、运城市、吕梁市	古交市、霍州市、孝义市		
内蒙古（9）	包头市、乌海市、赤峰市、呼伦贝尔市、鄂尔多斯市	霍林郭勒市、阿尔山市*、锡林浩特市		石拐区
辽宁（15）	阜新市、抚顺市、本溪市、鞍山市、盘锦市、葫芦岛市	北票市、调兵山市、凤城市、大石桥市	宽甸满族自治县、义县	弓长岭区、南票区、杨家杖子开发区
吉林（11）	松原市、吉林市*、辽源市、通化市、白山市*、延边朝鲜族自治州	九台市、舒兰市、敦化市*	汪清县*	二道江区
黑龙江（11）	黑河市*、大庆市、伊春市*、鹤岗市、双鸭山市、七台河市、鸡西市、牡丹江市*、大兴安岭地区*	尚志市*、五大连池市*		
江苏（3）	徐州市、宿迁市			贾汪区
浙江（3）	湖州市		武义县、青田县	

续表

所在省（区、市）	地级行政区	县级市	县（自治县、林区）	市辖区（开发区、管理区）
安徽（11）	宿州市、淮北市、亳州市、淮南市、滁州市、马鞍山市、铜陵市、池州市、宣城市	巢湖市	颖上县	
福建（6）	南平市、三明市、龙岩市	龙海市	平潭县、东山县	
江西（11）	景德镇市、新余市、萍乡市、赣州市、宜春市	瑞昌市、贵溪市、德兴市	星子县、大余县、万年县	
山东（14）	东营市、淄博市、临沂市、枣庄市、济宁市、泰安市、莱芜市	龙口市、莱州市、招远市、平度市、新泰市	昌乐县	淄川区
河南（15）	三门峡市、洛阳市、焦作市、鹤壁市、濮阳市、平顶山市、南阳市	登封市、新密市、巩义市、荥阳市、灵宝市、永城市、禹州市	安阳县	
湖北（10）	鄂州市、黄石市	钟祥市、应城市、大冶市、松滋市、宜都市、潜江市	保康县、神农架林区*	
湖南（14）	衡阳市、郴州市、邵阳市、娄底市	浏阳市、临湘市、常宁市、耒阳市、资兴市、冷水江市、涟源市	宁乡县、桃江县、花垣县	
广东（4）	韶关市、云浮市	高要市	连平县	
广西（10）	百色市、河池市、贺州市	岑溪市、合山市	隆安县、龙胜各族自治县、藤县、象州县	平桂管理区
海南（5）		东方市	昌江黎族自治县、琼中黎族苗族自治县*、陵水黎族自治县*、乐东黎族自治县*	

续表

所在省（区、市）	地级行政区	县级市	县（自治县、林区）	市辖区（开发区、管理区）
重庆（9）			铜梁县、荣昌县、垫江县、城口县、奉节县、云阳县、秀山土家族苗族自治县	南川区、万盛经济开发区
四川（13）	广元市、南充市、广安市、自贡市、泸州市、攀枝花市、达州市、雅安市、阿坝藏族羌族自治州、凉山彝族自治州	绵竹市、华蓥市	兴文县	
贵州（11）	六盘水市、安顺市、毕节市、黔南布依族苗族自治州、黔西南布依族苗族自治州	清镇市	开阳县、修文县、遵义县、松桃苗族自治县	万山区
云南（17）	曲靖市、保山市、昭通市、丽江市*、普洱市、临沧市、楚雄彝族自治州	安宁市、个旧市、开远市	晋宁县、易门县、新平彝族傣族自治县*、兰坪白族普米族自治县、香格里拉县*、马关县	东川区
西藏（1）			曲松县	
陕西（9）	延安市、铜川市、渭南市、咸阳市、宝鸡市、榆林市		潼关县、略阳县、洛南县	
甘肃（10）	金昌市、白银市、武威市、张掖市、庆阳市、平凉市、陇南市	玉门市	玛曲县	红古区
青海（2）	海西蒙古族藏族自治州		大通回族土族自治县	
宁夏（3）	石嘴山市	灵武市	中宁县	
新疆（8）	克拉玛依市、巴音郭楞蒙古自治州、阿勒泰地区	和田市、哈密市、阜康市	拜城县、鄯善县	

注：带 * 的城市表示森林工业城市。

附录7　生态补偿机制预调查问卷设计

生态补偿机制预调查问卷设计

为了解资源型区域在转型过程中，当地居民对资源开采、生态补偿、生态补偿标准、生态补偿方式等的看法与意见，通过问卷为本书提供分析思路和分析数据，同时为了减少生态补偿标准设定的失误性，本书在生态补偿机制的设计时，我们先在网络与资源型区域小范围内发放问卷调查。

资源型区域生态补偿问卷设计

一、本问卷设计目的与任务

问卷调查目的在于了解当地资源开采的主要危害；当地居民对资源开采所持有的态度；了解区域居民对生态补偿熟悉程度；了解当地居民对生态补偿所持的态度和原因；为团队项目分析提供思路和调查数据，了解居民对于生态补偿标准的看法、对于生态补偿方式的选择着力点，以便于生态补偿标准设计；了解目前生态补偿存在的主要问题，为便在制定政策时作为重要的参考资料。

二、调查对象

本书主要针对资源型区域的所在地居民，以河南省部分城市为主要区域，以个人为单位，进行抽样调查。

三、调查项目

（一）被调查者个人的基本信息：性别、年龄、收入、工作、健康程度等；

（二）被调查者的生态补偿相关了解程度、重视程度、生态补偿来源及构成等；

（三）被调查者生态补偿的意愿、奉献度、投入等；

（四）被调查者对区域生态补偿相关看法、要求及建议。

四、设计调查表或者问卷

（一）生态补偿的必要性；

（二）生态补偿的用途；

（三）生态补偿的标准设计；

（四）生态补偿的方式选择；

（五）生态补偿存在的问题。

五、调查方式和方法：抽样调查、线下和线上相结合

六、研究分析方案

（一）区域居民对资源开采的看法；

（二）区域居民对生态补偿的满意度；

（三）区域居民对生态补偿的重视度；

（四）区域居民对生态补偿标准确定方式及依据；

（五）区域居民对生态补偿方式的选择；

（六）区域居民对生态补偿存在的问题及建议。

资源型区域生态补偿机制研究问卷设计

尊敬的先生/女士：

您好！

感谢您在百忙之中抽出时间来参与我们这次关于"资源型区域生态补偿机制研究"的学术调研活动。本问卷是国家社会科学基金项目"基于生态视角的资源型区域经济转型路径创新研究"（15BJL034）的组成部分，旨在探索资源型区域生态补偿机制的研究，特邀请您参加本次调查活动，谢谢您的合作！

1. 您的年龄是（　　）

A. 20—30 岁　B. 30—40 岁　C. 40—50 岁　D. 50 岁以上

2. 您的受教育程度（　　）

A. 初中及以下　　　　　B. 高中/职高

C. 大学（大专、本科）　D. 硕士及以上

3. 您的职业（　　）

A. 行政事业单位　　　　B. 个体户

C. 农民　　　　　　　　D. 其他

4. 您的健康状态（　　）

A. 健康　　B. 比较健康　C. 一般健康　D. 经常生病

5. 您的月收入状况（　　）

A. 1000—2000 元　　　　　　B. 2001—5000 元

C. 5001—8000 元　　　　　　D. 8001 元及以上

6. 您对生态补偿了解程度？（　　）

A. 从来没听说过　　　　　　B. 听说过，但不了解

C. 基本了解　　　　　　　　D. 非常了解

7. 您觉得资源开采对您所在区域的生态破坏有哪些（可多选）？（　　）

A. 地质灾害损失　　　B. 耕地损失　　　C. 地面设施损害

D. 水资源破坏损失　　E. 其他

8. 您觉得当地资源开采所带来的环境污染是来源于（可多选）（　　）

A. 大气污染　　　　　　　　B. 水污染

C. 固体废弃物污染　　　　　D. 其他污染

9. 您对当地资源开采的态度（　　）

A. 不支持　　B. 不太支持　C. 比较支持　D. 非常支持

10. 您所在的区域是否有针对性的补偿措施？（　　）

A. 有很多　　B. 有，很少　C. 基本没有　D. 不了解

11. 您对生态补偿实施的态度（　　）

A. 不支持　　B. 不太支持　C. 比较支持　D. 非常支持

12. 您对生态补偿实施所持态度的原因（　　）

A. 和我关系不大　　　　　　B. 不支持，生态补偿标准太低

C. 支持，保护生态环境　　　D. 支持，影响生活和生产

E. 其他

13. 您觉得生态补偿对您的影响大吗？（　　）

A. 较小　　　B. 一般　　　C. 较大　　　D. 不清楚

14. 您觉得生态补偿的标准主要依据什么（可多选）？（　　）

A. 生态服务价值量　　　　　B. 区域受损程度

C. 区域财政投入　　　　　　D. 其他

15. 您觉得生态补偿标准变动频率是（　　）

A. 每年一变　　B. 五年一变　　C. 不变　　　D. 不清楚

16. 您觉得谁是生态补偿的主体（　）

　　A. 当地政府　　　B. 国家　　　C. 当地企业

　　D. 不清楚　　　　E. 其他

17. 您觉得谁该接受补偿（　）

　　A. 当地政府　　　B. 当地人　　C. 当地企业

　　D. 不清楚　　　　E. 其他

18. 您希望在哪方面实施生态补偿措施？（可多选）（　）

　　A. 水资源保护　　B. 大气保护　　C. 基础设施

　　D. 耕地保护　　　E. 其他

19. 您最喜欢的生态补偿方式是（可多选）（　）

　　A. 实物补偿　　　B. 资金补偿　　C. 技术补偿

　　D. 教育补偿　　　E. 政策补偿

20. 您愿意为生态补偿每年支付（　）

　　A. 收入的1%　B. 收入的2%　C. 收入的3%　D. 其他

21. 您觉得影响生态补偿标准是（可多选）（　）

　　A. 当地收入　　　B. 当地政策　　C. 当地的受教育程度

　　D. 产业结构　　　E. 其他

22. 您觉得在生态补偿中，政府应在哪个方面给予支持（可多选）？（　）

　　A. 技术支持　　　B. 政策优惠　　C. 人才培训支持

　　D. 信息支持　　　E. 其他

23. 您觉得影响生态补偿效果的主要原因是（可多选）（　）

　　A. 政府效率低下　　　　B. 考核缺乏量化标准

　　C. 利益相关者参与缺失　　D. 资金挪用

　　E. 其他原因

24. 您觉得改进方式有（可多选）（　）

　　A. 加大宣传，完善法规

　　B. 健全和规范补偿体系，建立长效补偿机制

　　C. 生态补偿标准可具体操作

　　D. 加强监督　　　　　E. 其他

25. 您对生态补偿标准其他具体的建议：

附录8 西北资源型区域生态经济系统能值流量评价

指标	能值转换率 sej/单位	单位 (sej)	延安 2007年	延安 2016年	榆林 2007年	榆林 2016年	庆阳 2007年	庆阳 2016年	金昌 2007年	金昌 2016年	克拉玛依 2007年	克拉玛依 2016年
					可更新资源 (R)							
1. 太阳辐射能/J	1	$\times 10^{20}$	1.66	1.81	7.76	7.91	5.99	6.29	4.58	4.78	7.10	7.17
2. 风能/J	623	$\times 10^{21}$	2.62	2.73	16.20	17.90	26.20	27.40	2.83	2.85	39.90	41.20
3. 雨水势能/J	8888	$\times 10^{21}$	1.73	1.82	2.84	2.71	1.04	1.40	6.85	6.64	4.72	4.96
4. 雨水化学能/J	1.54×10^4	$\times 10^{20}$	4.31	4.52	48.50	47.10	4.56	4.72	3.53	3.67	9.52	9.73
5. 地球循环能/J	2.59×10^4	$\times 10^{20}$	8.03	8.29	1.23	1.25	3.50	3.66	2.04	2.29	1.27	1.27
6. 农产品/g (x_1)	4.08×10^{11}	$\times 10^{23}$	2.16	2.96	5.43	2.48	3.59	1.90	1.40	1.32	1.69	1.27
7. 畜产品/g (x_2)	2.50×10^{11}	$\times 10^{22}$	2.19	1.90	4.30	14.30	0.43	1.83	0.35	1.13	0.17	0.54
8. 水产品/g (x_3)	3.02×10^{10}	$\times 10^{19}$	0.74	9.36	7.85	29.00	0.51	4.50	2.28	6.80	1.91	1.99
小计		$\times 10^{23}$	2.44	3.21	6.11	3.17	3.92	2.84	1.54	1.97	1.86	1.79
					不可更新资源 (N)							
9. 煤炭/g	3.98×10^4	$\times 10^{22}$	4.10	17.40	7.30	144.00	4.05	11.16	0.02	1.97	5.48	9.78
10. 原油/g	5.40×10^4	$\times 10^{22}$	4.80	8.15	4.29	5.89	8.73	20.07	0.06	0.65	5.59	6.64
11. 天然气/J	4.80×10^4	$\times 10^{21}$	0.47	6.34	12.25	29.90	16.26	34.56	0.53	4.94	5.52	7.92
12. 发电量/J	1.59×10^5	$\times 10^{22}$	9.69	21.94	25.59	295.91	13.72	28.45	8.22	26.61	5.12	31.01

续表

指标	能值转换率 sej/单位	单位 (sej)	延安 2007年	延安 2016年	榆林 2007年	榆林 2016年	庆阳 2007年	庆阳 2016年	金昌 2007年	金昌 2016年	克拉玛依 2007年	克拉玛依 2016年
13. 水泥/吨	1.98×10^{15}	$\times 10^{22}$	9.73	28.31	24.84	72.86	12.86	25.32	16.78	35.44	4.04	8.54
14. 化肥/吨	4.77×10^{15}	$\times 10^{21}$	7.52	73.46	6.64	64.87	14.59	18.40	5.56	10.21	4.38	9.41
小计		$\times 10^{23}$	2.91	8.33	6.37	52.2	4.32	9.18	2.59	6.58	2.14	5.79
货币流												
15. GDP/¥	8.67×10^{12}	$\times 10^{23}$	5.15	9.36	6.90	24.02	1.74	5.18	0.42	3.80	4.47	5.63
16. 出口/¥	8.67×10^{12}	$\times 10^{21}$	0.14	1.01	0.29	3.55	5.12	2.59	0.21	3.03	0.41	3.79
17. 进口/¥	2.50×10^{12}	$\times 10^{20}$	0.07	0.73	3.92	13.98	0.42	2.50	57.00	183.50	0.82	6.68
18. 实际利用外资/¥	2.50×10^{12}	$\times 10^{20}$	0.04	1.45	0.80	6.15	0.16	1.96	0.05	0.69	0.25	3.00
19. 旅游收入/¥	2.50×10^{12}	$\times 10^{21}$	8.75	57.00	3.53	35.50	0.25	10.45	0.04	4.45	1.24	10.10
输出能值 (O) (16)		$\times 10^{21}$	0.14	1.01	0.29	3.55	5.12	2.59	0.21	3.03	0.41	3.79
输入能值 (I) (17-19)		$\times 10^{21}$	8.76	57.22	4.00	37.51	0.31	10.90	5.75	22.87	1.35	11.07
废物流 (W)												
20. 废水/g	6.66×10^8	$\times 10^{21}$	2.18	19.85	5.28	44.96	2.77	23.58	4.25	23.64	0.67	9.59
21. 废气/g	6.66×10^8	$\times 10^{19}$	0.73	1.28	5.14	13.59	0.04	2.80	0.06	0.48	0.42	2.40
22. 废固/g	1.80×10^8	$\times 10^{21}$	0.37	5.98	2.92	50.22	0.04	0.24	4.38	19.62	0.55	1.85
小计		$\times 10^{21}$	2.56	25.84	8.25	95.31	2.81	23.84	8.64	43.27	1.22	11.47
总能值 (U)		$\times 10^{24}$	1.06	3.14	1.95	13.27	1	2.27	0.47	1.67	0.85	1.91

注：太阳能值根据各地统计年鉴和国民经济与社会发展统计公报计算而得。

参考文献

安树伟、张双悦：《新中国的资源型城市与老工业基地：形成、发展与展望》，《经济问题》2019年第9期。

蔡飞、金洪：《基于区位熵理论的中国资源型地区判定研究》，《技术经济与管理研究》2010年第2期。

蔡乌赶、李青青：《环境规制对企业生态技术创新的双重影响研究》，《科研管理》2019年第10期。

曹海霞：《矿产资源的产权残缺与租值耗散问题研究》，博士学位论文，山西财经大学，2013年。

曹莉萍等：《基于城市群的流域生态补偿机制研究——以长江流域为例》，《生态学报》2019年第1期。

曾坚、张彤彤：《新常态下资源型城市经济转型问题、对策及路径选择》，《理论探讨》2017年第1期。

曾明、廖瑾莹：《利益失衡：社会稳定中的"资源诅咒"之源——基于A省矿区的调研》，《江西社会科学》2015年第11期。

曾明、夏毓璘：《"资源诅咒"：资源丰裕地区的社会稳定困境——以X矿区为例》，《武汉大学学报》（哲学社会科学版）2013年第5期。

常纪文：《国有自然资源资产管理体制改革的建议与思考》，《中国环境管理》2019年第1期。

常建忠：《煤炭开采与水资源利用的利益协调机制研究》，《经济问题》2015年第4期。

陈传明：《自然保护区景观生态开发研究》，《中国人口·资源与环境》2011年第6期。

陈海嵩:《绿色发展法治化的基本构想》,《河南财经政法大学学报》2018年第6期。

陈妍、梅林:《东北地区资源型城市经济转型发展波动特征与影响因素——基于面板数据模型的分析》,《地理科学》2017年第7期。

陈长彬、盛鑫:《供应链一体化下区域物流产业集群升级的演化博弈》,《科技管理研究》2014年第10期。

程鹤:《资源型城市绿色创新能力评价指标体系的构建》,《科技管理研究》2019年第19期。

崔敏:《西部地区资源型经济绿色发展水平测评及转型路径研究》,硕士学位论文,西北大学,2019年。

崔伊霞:《中国资源枯竭型城市绿色转型发展研究》,博士学位论文,吉林大学,2020年。

戴园园、梅强:《我国高新技术企业技术创新模式选择研究——基于演化博弈的视角》,《科研管理》2013年第1期。

邓世平、谢雪金:《论习近平生态文明建设思想的生成逻辑》,《湖南工业大学学报》(社会科学版)2017年第6期。

董锋等:《考虑环境因素的资源型城市转型效率分析——基于DEA方法和面板数据》,《长江流域资源与环境》2012年第5期。

樊辉等:《选择实验法视角的生态补偿意愿差异研究——以石羊河流域为例》,《干旱区资源与环境》2016年第10期。

樊杰:《我国煤矿城市产业结构转换问题研究》,《地理学报》1993年第3期。

冯菊香:《人力资本视域下资源型区域经济发展的路径选择——以陕北为例》,《学术交流》2010年第9期。

付兆刚等:《基于金融配置效率的资源型城市接替产业选择——以鸡西市制造业为例》,《哈尔滨商业大学学报》(社会科学版)2016年第2期。

傅守祥:《应时顺变的改革与国家治理的法度》,《城市学刊》2015年第2期。

傅沂、李静苇:《路径构造框架下资源型城市转型的演化博弈与仿真分析》,《工业技术经济》2019年第12期。

高天明：《我国资源型城市界定及发展特征研究》，硕士学位论文，中国地质大学（北京），2010年。

葛立宇：《要素市场扭曲与企业家寻租及创新关联研究》，《科技进步与对策》2018年第6期。

耿翔燕、葛颜祥：《生态补偿式扶贫及其运行机制研究》，《贵州社会科学》2017年第4期。

古红英：《资源型城市经济转型问题研究》，《经贸实践》2018年第11期。

谷学明等：《主体功能区生态补偿标准研究》，《水利经济》2011年第4期。

郭海霞：《资源型城市转型的国际镜鉴》，《重庆社会科学》2015年第11期。

郭尚花：《以山西为视角论煤炭开采多元生态补偿机制的完善》，《太原师范学院学报》（社会科学版）2016年第5期。

郭田田、刘东：《建立旅游开发生态补偿机制研究》，《管理学刊》2011年第3期。

郭永园、张云飞：《参照与超越：生态法治建设的国外经验与中国构建》，《环境保护》2019年第1期。

韩继秋：《中外矿产资源税费体系比较与设计研究》，博士学位论文，中国矿业大学，2015年。

郝祖涛等：《基于民生满意度的资源型城市转型绩效测度及群体差异研究——以湖北省黄石市为例》，《自然资源学报》2017年第8期。

胡春生、莫秀蓉：《资源型城市产业转型的新结构经济学分析框架》，《经济问题探索》2015年第7期。

胡冬雪、潘勤华：《基于"钻石模型"的上海创意产业竞争力评价研究》，《上海管理科学》2009年第1期。

黄蕊、金晓彤：《我国区域经济非平衡非充分发展的解决路径：创新资源配置方式的优化与重构——基于后发优势理论视角》，《经济问题》2018年第10期。

霍冉等：《基于当地居民感知视角的煤炭资源型城市生态系统服务福祉效应研究——以新泰市为例》，《中国土地科学》2019年第9期。

姬翠梅：《社会主义生态文明观与习近平生态思想关系研究——基于生态意识层级理论视角》，《黄河科技学院学报》2019年第1期。

李博、张旭辉：《资源型城市经济转型与服务业发展——基于我国107座地级资源型城市的比较分析》，《西部论坛》2018年第3期。

李贵芳等：《典型资源型城市脆弱性评估及预测研究——以焦作—大庆—铜陵—白山市为例》，《华东经济管理》2017年第11期。

李海燕：《矿产资源开发利益分配中的博弈分析》，《四川建材》2014年第5期。

李涵、戴文婷：《基于耗散结构理论的资源型城市转型发展分析：以徐州市为例》，《中国矿业》2017年第2期。

李红梅、王翼杰：《资源型城市转型背景下的大气污染治理——以铜川市为例》，《人民论坛》2015年第17期。

李虹、邹庆：《环境规制、资源禀赋与城市产业转型研究——基于资源型城市与非资源型城市的对比分析》，《经济研究》2018年第11期。

李虹：《中西部和东部地区资源型城市转型与发展新动能的培育》，《改革》2017年第8期。

李俊英：《宝日希勒煤矿煤炭资源开发的生态补偿实证研究》，《经济论坛》2013年第4期。

李丽英：《内蒙古煤炭资源开发利益分享机制研究》，《煤炭经济研究》2016年第3期。

李梦雅、严太华：《基于DEA模型和信息熵的我国资源型城市产业转型效率评价——以全国40个地市级资源型城市为例》，《科技管理研究》2018年第3期。

李鹏梅、齐宇：《产业生态化理论综述及若干思辨》，《未来与发展》2012年第6期。

李汝资等：《吉林省资源型城市转型阶段识别及其特征成因分析》，《地理科学》2015年第12期。

李文彦：《煤矿城市的工业发展与城市规划问题》，《地理学报》1978年第1期。

李晓燕、黄宇帆：《污染足迹视角下区域生态补偿标准研究》，《华北水利水电大学学报》（社会科学版）2020年第1期。

李颖等：《农业水价改革情景中农户的节水意愿——基于河北省地下水超采区的实地调研》，《节水灌溉》2017年第2期。

李月、贾绍凤：《水权制度选择理论——基于交易成本、租值消散的研究》，《自然资源学报》2007年第9期。

李争等：《矿粮复合区生态补偿各方利益主体多阶段动态博弈分析》，《科技管理研究》2017年第13期。

梁仁彩：《试论能源基地的类型及其综合发展》，《地理研究》1985年第2期。

林伯强等：《中国长期煤炭需求：影响与政策选择》，《经济研究》2007年第2期。

蔺雪春：《城市生态文明评价：指标体系与模型建构》，《生产力研究》2013年第1期。

刘春林：《耦合度计算的常见错误分析》，《淮阴师范学院学报》（自然科学版）2017年第1期。

刘合等：《石油资源型城市转型的思考与探索——以大庆市（大庆油田）为例》，《大庆石油地质与开发》2019年第5期。

刘铁军、董江爱：《矿权改革中的利益博弈与资源型村庄兴衰的关联——一个典型案例的调查和思考》，《中国农村研究》2018年第1期。

刘希朝等：《基于最小阻力模型的资源型城市景观安全格局诊断研究——以徐州市为例》，《生态经济》2020年第6期。

刘晓萌：《资源型城市转型效果评价与预测研究》，博士学位论文，安徽理工大学，2018年。

刘徐方：《企业技术创新行为的演化博弈分析》，《技术经济与管理研究》2016年第9期。

刘徐方：《生态文明视角下中原经济区产业结构优化》，《改革与战略》2014年第1期。

刘徐方：《现代服务业融合研究》，博士学位论文，首都经济贸易大学，2010年。

刘宇、周雅琴：《文化产业促进资源型城市矿业遗产转型利用的模式研究》，《河南社会科学》2018年第6期。

刘振清：《新中国成立以来中国共产党生态文明建设思想及其演进概观》，《理论导刊》2014年第12期。

卢硕等：《资源禀赋视角下环境规制对黄河流域资源型城市产业转型的影响》，《中国科学院院刊》2020年第1期。

逯元堂等：《2017年中国环保产业政策综述》，《中国环保产业》2018年第8期。

罗福周、张诺楠：《中国省际能源利用—经济发展—环境保护系统的时空耦合协调度分析》，《环境污染与防治》2020年第7期。

吕文震、江可申：《浅论技术创新扩散的微观基础》，《管理探索》2006年第1期。

吕雁琴、马延亮：《新疆准东煤田生态补偿费用估算及标准确定》，《干旱区资源与环境》2014年第6期。

吕忠梅：《超越与保守——可持续发展视野下的环境法创新》，法律出版社2004年版。

马爱慧等：《耕地生态补偿实践与研究进展》，《生态学报》2011年第8期。

马丹、高丹：《矿产资源开发中的生态补偿机制研究》，《现代农业科学》2009年第2期。

马国霞等：《生态系统生产总值核算概念界定和体系构建》，《资源科学》2015年第9期。

马华：《多重利益博弈下的地方政府治理群体性事件路径选择》，《天水行政学院学报》2013年第6期。

马丽等：《中国中心城市内生动力和支撑力综合评价》，《经济地理》2019年第2期。

马玲飞：《基于3E系统耦合的资源型区域协调性发展研究》，硕士学位论文，华北水利水电大学，2019年。

马清裕、孙俊杰：《关于矿区城镇合理布局问题的探讨》，《城市规划》1981年第4期。

马清裕：《我国城镇化的特点及发展趋势的初步分析》，《经济地理》1983年第2期。

马琼：《资源型城市转型中社会保障问题研究——以安徽省淮南市

为例》,《中国财政》2016年第10期。

买洪涛:《资源型城市生态转型中政府作用的发挥——以唐山市为例》,《人民论坛》2015年第11期。

毛显强等:《生态补偿的理论探讨》,《中国人口·资源与环境》2002年第4期。

潘家华:《积极构建新时代生态文明建设新的理论体系和话语体系》,《生态文明新时代》2018年第1期。

蒲方合:《基于资源节约的我国矿产资源税之功能定位及制度重构》,《经济体制改革》2015年第3期。

齐建珍、白翎:《老工业基地振兴的历史经验》,《辽宁经济》2004年第10期。

齐建珍:《改造老工业基地的一种新思路》,《求是》2000年第9期。

钱水苗、王怀章:《论流域生态补偿的制度构建——从社会公正的视角》,《中国地质大学学报》(社会科学版)2005年第5期。

乔蕻强等:《基于条件价值评估法的农业生态补偿意愿及支付水平评估——以甘肃省永登县为例》,《水土保持通报》2016年第4期。

邱立成等:《欧盟环境政策与新能源产业集聚:理论分析与实证检验》,《经济经纬》2013年第5期。

冉燕:《经济转型视域下资源型城市旅游业发展路径创新研究》,《改革与战略》2017年第10期。

任胜钢、袁宝龙:《长江经济带产业绿色发展的动力找寻》,《改革》2016年第7期。

阮本清等:《流域生态补偿研究进展与实践》,《水利学报》2008年第10期。

沈镭:《论矿业城市可持续发展的优势转换战略》,《中国矿业》1998年第3期。

盛锐:《我国油气资源收益分配制度研究》,博士学位论文,东北财经大学,2015年。

石海佳等:《资源型城市的"无废城市"建设模式探讨》,《中国环境管理》2020年第3期。

时晓虹等：《"路径依赖"理论新解》，《经济学家》2014年第6期。

宋蕾：《基于多空间尺度的重庆市耕地利用变化与驱动因素研究》，硕士学位论文，中国地质大学（北京），2019年。

宋丽颖、王琰：《公平视角下矿产资源开采收益分享制度研究》，《中国人口·资源与环境》2016年第1期。

孙国峰：《产权改革与体制低效的"反公地悲剧"现象分析》，《当代经济管理》2014年第7期。

孙浩进：《我国资源型城市产业转型的效果、瓶颈与路径创新》，《经济管理》2014年第10期。

孙荣、彭超：《东北地区煤炭类资源型城市转型的路径探索——基于地方政府主导的视角》，《行政论坛》2016年第5期。

孙晓华等：《资源型城市转型升级：压力测算与方向选择》，《中国人口·资源与环境》2020年第4期。

孙育红、张志勇：《生态技术创新与传统技术创新的比较分析——基于可持续发展视角》，《税务与经济》2012年第4期。

孙早等：《市场化程度、地方保护主义与R&D的溢出效应——来自中国工业的经验证据》，《管理世界》2014年第8期。

索忠连：《资源型城市转型发展的路径探索：以平顶山市为例》，《中国矿业》2020年第4期。

谭志雄：《西部欠发达地区推进绿色发展的路径与政策建议》，《经济纵横》2017年第5期。

唐冀平、曾贤刚：《我国地方政府环境管理体制深陷利益博弈》，《环境经济》2009年第39期。

唐楠等：《基于GE衍生矩阵的资源型城市化工产业延链升级研究——以陕西省韩城市为例》，《地域研究与开发》2018年第1期。

唐荣彬等：《基于区域背景——斑块状态的矿业城市资源型生态关键地段识别》，《工业安全与环保》2017年第2期。

唐迎春等：《基于生态视角下"河长制"长效机制研究》，《价值工程》2018年第7期。

陶国庆：《政府寻租行为分析及治理对策》，《生产力研究》2011

年第 6 期。

陶建群等：《资源枯竭型城市的破局之变——淮南谢家集区转型升级发展的探索与实践》，《人民论坛》2018 年第 4 期。

田洪涛等：《基于 CiteSpace 分析的我国资源城市转型研究知识图谱》，《资源与产业》2020 年第 2 期。

王保忠：《中国能源富集区低碳转型发展研究》，博士学位论文，陕西师范大学，2014 年。

王彩霞：《经济新常态下资源型城市的经济转型问题研究》，《现代管理科学》2016 年第 10 期。

王婵等：《南岭地区铅锌矿找矿方向浅析》，《矿物学报》2015 年第 S1 期。

王昌林、蒲勇健：《市场竞争模式下的技术溢出与技术创新分析》，《管理工程学报》2006 年第 4 期。

王冠：《基于能值—生态足迹法的资源型城市生态安全演变研究：以河南省焦作市为例》，《中国矿业》2018 年第 4 期。

王冠：《资源型城市转型生态可持续性分析——以河南省焦作市为例》，《生态经济》2016 年第 4 期。

王辉：《煤炭开采的生态补偿机制研究》，博士学位论文，中国矿业大学，2012 年。

王丽萍：《非对称企业间环境技术创新的复制动态和演化稳定策略》，《工业技术经济》2013 年第 5 期。

王丽萍：《我国环境管制政策的演进特点及中外政策对比》，《现代经济探讨》2014 年第 10 期。

王莉雁等：《国家级重点生态功能区县生态系统生产总值核算研究——以阿尔山市为例》，《中国人口·资源与环境》2017 年第 27 期。

王青云：《资源型城市经济结构转型的问题和对策》，《今日国土》2004 年第 Z3 期。

王曙光、王彬：《矿产资源依赖型区域的经济转型与营商环境优化：内生增长视角》，《改革》2020 年第 6 期。

王田雨、赵华：《基于 SD 模型的煤炭资源型城市城镇化发展与产业转型研究：以徐州市沛县为例》，《中国矿业》2017 年第 5 期。

王小明：《加快资源型城市转型发展的对策建议》，《经济研究参考》2011 年第 24 期。

王学军等：《基于 TOPSIS 法的资源型城市低碳转型评价体系研究——以焦作市为例》，《生态经济》2015 年第 11 期。

王状等：《西部资源型城市经济增长与能源消耗关系计量研究》，《中国矿业》2019 年第 12 期。

文淑惠、陈灿：《考虑环境因素的财政支持资源型城市转型效率研究》，《地域研究与开发》2019 年第 6 期。

吴鹏、严凤雅：《地方政府合作中的利益博弈和机制创新》，《天水行政学院学报》2011 年第 6 期。

吴晓青等：《区际生态补偿机制是区域间协调发展的关键》，《长江流域资源与环境》2003 年第 1 期。

吴晓园、丛林：《企业技术创新策略与政府 R&D 补贴——基于不完美信息的动态博弈模型》，《科学学与科学技术管理》2012 年第 2 期。

武健鹏：《路径创新、产业融合与资源型地区经济转型》，《宏观经济管理》2009 年第 6 期。

肖滢、卢丽文：《资源型城市工业绿色转型发展测度——基于全国 108 个资源型城市的面板数据分析》，《财经科学》2019 年第 9 期。

肖滢：《资源型城市产业绿色转型研究》，博士学位论文，中国地质大学，2019 年。

谢炜、蒋云根：《中国公共政策执行过程中地方政府间的利益博弈》，《浙江社会科学》2007 年第 9 期。

熊鹰、徐翔：《政府环境监管与企业污染治理的博弈分析及对策研究》，《云南社会科学》2007 年第 4 期。

徐晨、孙元欣：《着眼长远还是急功近利：竞争压力下腐败对企业创新和寻租的影响研究》，《外国经济与管理研究》2018 年第 11 期。

徐嘉南：《资源型城市转型创新模式综述——基于内在功能与周边区域耦合的视角》，《黑龙江社会科学》2016 年第 3 期。

徐君等：《资源型城市创新生态系统的驱动效应分析》，《科技管理研究》2020 年第 10 期。

徐丽婷等：《高质量发展下的生态城市评价——以长江三角洲城市

群为例》,《地理科学》2019 年第 8 期。

徐梦月等:《主体功能区生态补偿模型初探》,《中国生态农业学报》2012 年第 10 期。

徐元晨、邱德荣:《基于双重动态价值网络的资源型城市发展路径分析——来自中国 126 个资源型地级市的考察》,《江西财经大学学报》2020 年第 1 期。

薛曜祖、蒲春玲:《关于企业社会责任履行的资源富集区政府与企业行为博弈分析》,《天津农业科学》2010 年第 3 期。

杨波、徐升华:《基于非对称博弈的虚拟企业知识转移的演化分析》,《图书情报工作》2010 年第 4 期。

杨波:《虚拟企业知识转移的机制与效用研究》,博士学位论文,江西财经大学,2011 年。

杨达、李超:《"一带一路"生态环境风险防范的绿色治理路径创新——以澜沧江—湄公河次区域为例》,《探索》2019 年第 5 期。

杨继瑞等:《资源型城市转型:重生、困境与路径》,《经济理论与经营管理》2011 年第 11 期。

杨建国、赵海东:《资源型城市经济转型模式及优化研究》,《财经理论研究》2013 年第 1 期。

杨桐彬等:《东北地区资源型城市产业结构升级的战略效应》,《商业研究》2020 年第 4 期。

姚建忠:《现代服务业正外部性推动资源型城市转型研究——以迁安市为例》,《经济研究参考》2017 年第 29 期。

尹牧:《资源型城市经济转型问题研究》,博士学位论文,吉林大学,2012 年。

尤瑞玲、杨贵玲:《基于层次熵分析法的旅游资源评价与可持续发展对策——以焦作市为例》,《华中师范大学学报》(自然科学版) 2012 年第 3 期。

游达明、宋姿庆:《政府规制对产学研生态技术合作创新及扩散的影响研究》,《软科学》2018 年第 1 期。

游达明等:《基于期权博弈的企业突破性技术创新决策分析》,《系统工程》2010 年第 11 期。

于立:《资源枯竭型城市社会稳定问题研究》,载辽宁省社会科学界联合会编《辽宁省哲学社会科学获奖成果汇编(2007—2008 年度)》,辽宁大学出版社 2010 年版。

于立宏等:《考虑环境和代际负外部性的中国采矿业绿色全要素生产率》,《资源科学》2019 年第 12 期。

于良春、丁启军:《自然垄断产业进入管制的成本收益分析》,《唯实》2007 年第 1 期。

余波、彭燕梅:《云南省主体功能区生态补偿机制构建研究》,《南方农业》2017 年第 4 期。

俞虹旭等:《海洋生态补偿研究进展及实践》,《环境科学与技术》2013 年第 5 期。

张伯杨、魏强:《中国工业垄断行业福利损失的估计及其影响因素》,《经济与管理研究》2015 年第 5 期。

张春英:《中央政俯、地方政府、企业关于环境污染的博弈分析》,《天津行政学院学报》2008 年第 11 期。

张复明、曹海霞:《我国矿产资源产权残缺与租值耗散问题研究》,《经济学动态》2013 年第 8 期。

张复明:《矿业寻租的租金源及其治理研究》,《经济学动态》2010 年第 8 期。

张复明:《资源型区域面临的发展难题及其破解思路》,《中国软科学》2011 年第 6 期。

张富刚等:《立体思维视角下我国现代土地资源管理体制探索》,《国土资源情报》2015 年第 6 期。

张国兴等:《基于污染强度数据分析的资源型区域转型环保政策研究》,《华北水利水电大学学报》(社会科学版)2019 年第 1 期。

张国兴、马玲飞:《基于能值分析的资源型区域生态经济系统研究》,《生态经济》2018 年第 12 期。

张国兴、马玲飞:《生态恢复视角下资源型区域产业转型路径研究》,《区域经济评论》2018 年第 6 期。

张国兴、苏钊贤:《黄河流域中心城市高质量发展评价体系构建与测度》,《生态经济》2020 年第 7 期。

张国兴等：《南水北调中线水源区生态补偿测算与分配研究》，《生态经济》2020年第2期。

张国兴、徐龙：《基于时空维度的水资源与经济匹配分析》，《水电能源科学》2020年第3期。

张国兴等：《利率市场化、银行多元化经营与流动性风险——基于动态面板的实证分析》，《江西财经大学学报》2020年第4期。

张洪潮等：《资源型区域工业企业两阶段技术创新效率评价——基于绿色增长视角》，《科技管理研究》2017年第8期。

张华兵等：《生态恢复视角下海滨湿地景观模拟——以江苏盐城湿地珍禽国家级自然保护区为例》，《水生态学杂志》2020年第4期。

张娟：《山西省资源型经济转型研究》，硕士学位论文，山西大学，2012年。

张君明：《河南省生态补偿机制的法律保障》，《人民论坛》2016年第17期。

张侃侃、郭文炯：《资源型城市转型中城企协同关系研究——基于阳煤集团与阳泉市的分析》，《经济研究参考》2016年第39期。

张丽雯：《资源型城市利益协调机制构建路径探析》，《法制与社会》2012年第3期。

张梦：《基于系统动力学的铁路桥梁工程工期—成本优化研究》，硕士学位论文，兰州交通大学，2019年。

张米尔、武春友：《资源型城市产业转型障碍与对策研究》，《经济理论与经营管理》2001年第2期。

张萍等：《迈向复合型环境治理——我国环境政策的演变、发展与转型分析》，《中国地质大学学报》（社会科学版）2017年第6期。

张仁枫、王莹莹：《承接产业转移视角的区域协同创新机理分析——兼论欠发达地区跨越式发展的路径创新》，《科技进步与对策》2013年第7期。

张荣光等：《资源型城市转型效率及影响因素——以四川为例》，《财经科学》2017年第6期。

张生玲等：《路径依赖、市场进入与资源型城市转型》，《经济理论与经济管理》2016年第2期。

张伟等：《政府监管模式与企业污染排放演化博弈分析》，《中国人口·资源与环境》2014年第11期。

张学刚、钟茂初：《政府环境监管与企业污染的博弈分析及对策研究》，《中国人口·资源与环境》2011年第2期。

张逸昕、张杰：《创新驱动、政府规制与资源型城市转型效率研究——基于Super-SBM模型的实证分析》，《河南师范大学学报》（哲学社会科学版）2020年第2期。

张湛博：《经济新常态下煤炭资源型城市转型路径研究》，硕士学位论文，郑州大学，2017年。

张震、刘雪梦：《新时代我国15个副省级城市经济高质量发展评价体系构建与测度》，《经济问题探索》2019年第6期。

赵彬等：《基于CiteSpace的国内资源型城市知识图谱研究》，《城市发展研究》2019年第9期。

赵康杰、景普秋：《资源依赖、有效需求不足与企业科技创新挤出——基于全国省域封面的实证》，《科研管理》2014年第12期。

赵黎明等：《资源型城市转型系统仿真——以招远市为例》，《干旱区资源与环境》2015年第8期。

赵森峰、黄德林：《国家公园生态补偿主体的建构研究》，《安全与环境工程》2019年第1期。

赵文善：《技术创新推动资源型城市产业转型的路径及政策研究》，《改革与战略》2015年第10期。

赵欣：《煤炭资源型城市发展低碳经济的路径研究——以鄂尔多斯市的低碳发展为例》，《生态经济》2015年第4期。

赵洋：《我国资源型城市产业绿色转型效率研究——基于地级资源型城市面板数据实证分析》，《经济问题探索》2019年第7期。

赵洋：《中国资源型城市发展阶段研究——基于绿色转型的视角》，《经济问题探索》2020年第2期。

赵莹：《新时代资源型城市经济转型路径探析——基于"递进—关联"支持机制的分析》，《长白学刊》2020年第1期。

甄霖等：《生态技术评价方法及全球生态治理技术研究》，《生态学报》2016年第22期。

郑德凤等：《基于突变级数法的吉林省生态补偿标准核算》，《生态与农村环境学报》2013年第4期。

郑紫颜等：《再生性资源型城市产业结构转型对经济增长贡献的异质性》，《世界地理研究》2019年第4期。

支大林：《我国资源型城市转型与可持续发展的困境及破解对策》，《福建论坛》（人文社会科学版）2015年第4期。

支航、金兆怀：《不同类型资源型城市转型的模式与路径探讨》，《经济纵横》2016年第11期。

钟春洋：《经济增长方式转变的利益博弈研究》，博士学位论文，厦门大学，2008年。

周晨：《政府管制与企业寻租——基于矿产资源开发企业生产行为的分析》，《软科学》2014年第10期。

周贵川、张黎明：《资源型企业间合作技术创新影响因素的博弈分析》，《管理世界》2014年第1期。

周海林：《资源型城市可持续发展评价指标体系研究——以攀枝花为例》，《地域研究与开发》2000年第1期。

周宏浩、陈晓红：《中国资源型城市精明发展与环境质量的耦合关系及响应机制》，《自然资源学报》2019年第8期。

周建波：《资源型经济何以成功转型——转型成功国家的转型战略和启示》，《经济问题》2013年第4期。

周剑学：《关于环境脆弱型资源城市的生态补偿问题研究》，硕士学位论文，中国地质大学，2013年。

周玄德等：《资源型城市转型力评价指标体系构建与测度：以山西省资源型城市为例》，《中国矿业》2018年第4期。

周璇、陶长琪：《知识溢出下区域生态技术创新效率的测算及影响因素研究》，《江西师范大学学报》（自然科学版）2019年第3期。

邹建新：《生态文明战略下资源型城市转型过程中的困境与策略》，《四川理工学院学报》（社会科学版）2017年第4期。

Barzel, Y., *Economic Analysis of Property Rights*, Cambridge University Press, 1989.

Bhagwati, J. N., "Directory Unproductive, Profit-seeking（DUP）

Activities", *The Journal of Political Economy*, Vol. 900, No. 5, 1982, pp. 988 – 1002.

Biao Liu, et al., "Measurement of Sustainable Transformation Capability of Resource – based Cities Based on Fuzzy Membership Function: A Case Study of Shanxi Province, China", *Elsevier Ltd.*, 2020, p. 68.

Bradbury, J. H. "The Impact of Industrial Cycles in the Mining Sector", *International Journal of Urban and Regional Research*, Vol. 8, No. 3, 1984, pp. 311 – 331.

Buchanan, J., "Rent – seeking and Profit – seeking", in Buchanan & Tullock (eds.), *Toward a Theory of the Rent – seeking Society*, Texas A&M University Press, 1980.

D'Aspremont, C., Jacquemin, A., "Cooperative and Noncooperative R&D in Duopoly with Spillovers", *The American Economist*, 1988.

Edwards, R. B., "Mining Away the Preston Curve", *World Development*, Vol. 78, 2016.

Gordon, S., "The Economic Theory of a Common – property Resource: The Fishery", *The Journal of Political Economy*, No. 2, 1954.

Houghton, D. S., "Long Distance Communiting: A New Approach to Mining in Australia", *Geographical Journal*, Vol. 159, No. 3, 1993.

Ironside, R. G., Randall, J. E., "Single – Industry Resource Communities: Barometers of Community Change in Canada", *The Canadian Geograher*, Vol. 40, 1996.

Ji, X., Li, G., Wang, Z. H., "Impact of Emission Regulation Policies on Chinese Power Firms' Reusable Environmental Investments and Sustainable Operations", *Energy Policy*, Vol. 108, No. 9, 2017.

Krueger, A. O., "The Political Economy of the Rent – Seeking Society", *American Economic Review*, Vol. 64, No. 3, 1974.

Lucas, R. A., *Mine Town, Mill Town, Rail Town: Life in Canadian Comunities of Single Industry*, Toronto: University of Toronto Press, 1971.

Nicolas Kosoy, "Payments for Environmental Services in Watersheds: Insights from a Comparative Study of Three Cases in Central America", *Ecological Economics, 2007, Issue 2.

O'Faireheallaigh, C., "Economics Base and Employment Structure in Northern Territory Mining Towns", Resource Communities: Settlement and Workforces Issues, CSIRO, Australia, 1988.

Oyinlola, M. A., et al., "Natural Resource Abundance, Institutions and Economic Growth in Africa", *African Journal of Economic & Sustainable Development*, 2015, p. 4.

Pagiolas, Landell - Mills, and J. Bishop, "Making Market - based Mechanisms Work for Forests and People", in S. Pagiola, J. Bishop, and N. Landell - Mills (eds.), *Selling Forest Environmental Services: Market - based Mechanisms for Conservation and Development*, London: Earthscan. 2002, pp. 261 - 290.

Stijns, J. P. C., "Natural Resource Abundance and Economic Growth Revisited", *Resources Policy*, Vol. 30, No. 2, 2005, pp. 107 - 130.

Ted Gayer, Robert, "United States Environmental Protection Agency", *An Ecological Assessment of the United States Mid - Atlantic Region*, No. 8, 1997, pp. 120 - 138.

Tullock, G., "The Welfare Costs of Tariffs, Monopolies, and Theft", *Western Economic Journal*, Vol. 5, No. 3, 1967, pp. 224 - 232.

Tullock, G., *The Economics of Special Privilege and Rent Seeking*, Boston: Kluwer Academic Pubilshers, 1989.

Wang, L. J., "The Changes of China's Environmental Policies in the Latest 30 Years", *Procedia Environmental Sciences*, Vol. 30, No. 2, 2010, pp. 1206 - 1212.

Wang, P., et al., "Promise and Reality of Market - based Environmental Policy in China: Empirical Analyses of the Ecological Restoration Program on the Qinghai - Tibetan Plateau", *Global Environmental Change*, Vol. 39, No. 7, 2016, pp. 35 - 44.

Weibull, W., *Evolutionary Game Theory*, Cambridge: MIT Press, 1995.

Wessling, W. T., "Institutional Quality, Economic Development, and

Natural Resource Abundance: Towards and Interactive Model of Development", *Dissertations & Theses – Gradworks*, 2014.

Yanxu Liu, et al., "A Solution to the Conflicts of Multiple Planning Boundaries: Landscape Functional Zoning in a Resource – based City in China", *Elsevier Ltd.*, 2018, p. 77.

Zhidong Li, et al., "Fuzzy Comprehensive Evaluation of Decoupling Economic Growth from Environment Costs in China's Resource – Based Cities", *Hindawi*, 2020.